沟通心理学

艺熙◎编著

中国纺织出版社

内 容 提 要

与人沟通是每个人融入社会都必须掌握的技能，简单到逛街买菜，复杂到谈判社交，沟通充斥着生活的每一处地方。良好的沟通技巧无疑会让人更轻松地达成目的，实现愿望。

本书汇集多种沟通技巧，从心理学角度帮助人们认识到有效沟通的重要性，并且由浅入深，帮助读者领悟沟通精髓，掌握说话之道，快速提高沟通能力，从而使自己在人际交往中更加游刃有余。

图书在版编目(CIP)数据

沟通心理学：你不可不知的说话心理策略 / 艺熙编著. -- 北京：中国纺织出版社，2017.5（2022.3 重印）

ISBN 978-7-5180-3240-2

Ⅰ.①沟… Ⅱ.①艺… Ⅲ.①人际关系学—社会心理学—通俗读物 Ⅳ.①C912.1-49

中国版本图书馆 CIP 数据核字(2017)第 019324 号

责任编辑：闫星　　责任印制：储志伟

中国纺织出版社出版发行

地址：北京市朝阳区百子湾东里 A407 号楼　邮政编码：100124

销售电话：010—67004422　传真：010—87155801

http://www.c-textilep.com

E-mail:faxing@c-textilep.com

佳兴达印刷（天津）有限公司印刷　各地新华书店经销

中国纺织出版社天猫旗舰店

官方微博 http://weibo.com/2119887771

2017 年 5 月第 1 版　2022 年 3 月第 12 次印刷

开本：710×1000　1/16　印张：20

字数：250 千字　定价：59.80 元

前言

生活中的人们，在你生活和工作的周围，不知道你有没有遇到这样的人：他们看起来能力并不突出，外貌也不出众，但在他所在的圈子里，他就是如鱼得水，就是“混”得好，仿佛无论到哪里，他都受到欢迎，他们总是能受到上司的器重、客户的关照，所以，他们比别人更容易成功。

其实，那并不是因为他们有什么通天的本事，而是因为他掌握了说话和与人沟通的技巧，他们说出的每句话，都能让别人感到愉快，而且，他们似乎总是能语言引导别人。也许你敬佩甚至是不服气他们的成功，并在心中疑问，他们到底是怎样做到的呢？

在现代社会，无论是职场还是商场，一个人的口才就是软实力，决定了一个人的人际关系，如果别人认同你、喜欢你，就会愿意帮助你、与你开展合作，才能给予你更多的机会，让你获得成功。

当然，要获得别人的认可，除了你自身的实力以外，还有重要的一点事：你说出的话能否打动对方的心，能否拉近彼此的心理距离。

所以，说话对于任何人来说都是一件至关重要的事。要知道，世界上90%的生意都是谈出来的，没有好口才，好的机遇怎会垂青于你？口才训练大师戴尔·卡耐基说过：“一个人成功，约有15%取决于专业知识，85%取决于沟通能力--发表自己意见的能力和激发他人热忱的能力。”的确，一个人如果连话都说不好，还能想着去成功么？

所以，当你在疑惑乃至抱怨那些能说会道的人抢占了成功的先机时，不妨反问自己：为什么你不能成为这样的人呢？

其实,你完全你可以做到这一点。不过,要想让你说的话产生积极的效用,就要从心出发,攻心为上。

的确,同样都是说话,效果却各不相同。怎么样才能让自己的语言达到我们所期望的效果呢?很简单,直指人心的语言才是最有效的。为此,一定要“攻心”。以“心”为重,针对我们说话的对象,具体分析他们的心理状态和弱点,以此来决定什么时机点该说什么话,什么时机点不该说什么话,或是该说多少话。

《沟通心理学》这本书就能帮你做到这一点,在这本书中,你将会学到实用高效的沟通技能,提高你在与人交往方面的语言沟通能力。懂点沟通心理学,它可以使你摆脱无所适从的困惑;这样,无论是在与陌生人的交往中,还是在职场中,或是在商业销售与谈判中,你都能够使用本书所提到的心理沟通技巧,让你在与人沟通中畅通无阻。

本书除了从心理学的角度进行了原理和方法的讲解外,还引用了丰富多彩的案例,这些案例能够打开你的思维,有很好的借鉴作用,同时,也便于你理解本书中提到的各种沟通原理、技巧。

当然,要提高你的沟通能力,并不是一朝一夕就能做到的,需要你进行长时间的认真练习,按照本书中提供的方法进行训练,相信日后你会成为一个对语言沟通驾轻就熟的人。

编著者

2016 年 4 月

目 录

CONTENTS

上篇:由嘴及心的沟通策略

下篇:各种场合的沟通策略

上篇『由嘴及心的沟通策略』

沟通是心与心之间的交流——说话与心理的微妙关系

心理学家认为，语言和心灵是相映的，如果我们能够懂得一些心理学，破解对方的心理，那么，对方心中的那种敌意或者情绪化的误会就会随之消失。由嘴及心的操控术，其心理学的秘密在于“攻心”。有时候，说同样的话，但产生的效果却各不相同，如何才能让自己的语言影响他人的心理呢？说话与心理又存在何种密切关系呢？

说话的语速快慢能够对他人心理产生影响

语言是我们用来表达思想、交流感情、抒发胸臆的工具，同时，也是心理、感情和态度的自然流露。而语速作为语言表达的一部分，其实暗藏心理玄机，究其根源，在于语速的快慢缓急将直接影响他人的心理状态。在日常生活中，我们会发现每个人都有自己相对固定的说话方式，而语速却不是相对固定的，往往快慢有别，这样才能有效地传情达意，同时又能令对方感到悦耳动听；如果语速不当，缺乏快慢变化，始终保持一个速度，那就很难准确、恰当地表达出自己的想法，也会使对方感到厌烦。而且，语速的快慢也会逐渐影响对方的心理，比如，势如破竹的语速往往会给对方带来很大的压力，而过于缓慢的语速则让对方忐忑不安，猜不透你心中的真实想法。

在日常交际中，更多的时候我们是根据表达思想感情的需要来确定语速的快慢的。比如，在表达一般的内容时，语速适中，既不太快，也不太慢；当表达兴奋、激动、愤怒的思想感情时，语速会变得很快；当表达庄重、怀念、失望的思想感情时，语速则放得很慢，娓娓道来。

已到不惑之年的李师长平易近人，受人尊敬。每每遇到下面的士兵，他总是慢条斯理，娓娓道来，语速总是不紧不慢。在一次座谈会上，李师长向大家解释了他语速较慢的原因。李师长说，他说话的语速之所以比较慢，原因有三个：一是性格比较温和；二是由于讲话从来不用稿子，需要思考充分，准确表达出自己的思想感情；三是所说的每一句话都是带着感情的，这样的语速更能表达出自己的感情。坐在李师长身边的小王终于明白他为什么总是那么受欢迎了，那是因为他的语速总是让人感到温暖、平易近人。

一个人的语速通常反映其情绪，而他的情绪将透过语言表达影响到他人的心理。当一个人激动时，他的语速就会不自然地加快，声调也会提高，无形之中就会给他人带来一定的心理压力。相信我们都没有见过耳语般吵

架的情景，也没有看到谁用唱歌的形式作报告，一个慌张的人肯定不会用读圣经的语速来告诉我们他所遇到的危机事件，而一个人也不会用慢条斯理的语速来表达他激动的心情。

地毯销售员张伟慢条斯理地对客户说："我可以让您每天只花一毛六分钱，就能使卧室铺上地毯。"客户对此感到惊奇，此时张伟的语速突然由慢变快地说道："您的卧室12平方米，我厂地毯价格每平方米为24.80元，这样需要297.60元。我厂地毯可使用5年，每年365天，这样平均每天的花费只有1角6分钱。"张伟通过突然的语速转变制造了神秘的气氛，同时，引起对方的好奇，然后在解答疑问时，很巧妙地把商品介绍给客户。

语速突然加快或放慢基本上都是由情绪所控制的，同时，也能反映出人的内心世界的不稳定性或一种渴求心理，而这样的一些心理暗示将直接传递给对方，继而影响对方的心理。我们在与他人进行交流时，经常会出现这样的情形：偶遇很久不见的朋友，激动情绪促使我们语速飞快地将分别后的经历全部吐出来；而当我们在诉说一件伤心的事情时，语速则会自然地放慢。

1.语速过快会给对方不安的感觉

在增强声音的感染力方面有一个很重要的因素就是讲话的语速。在平时的说话中，若语速太快，所传递的气息就是急促、不安、混乱的，也会给对方造成不安的感觉，所营造的气氛就不可能温馨。而且，对方可能还没有听清楚你在说什么，你的话就已经结束了。

2.断断续续的语速表达一种炙热的情感

这样的情况多出现在青年男女身上，他们一旦面对自己心仪的对象，平时又快又急的语速突然变得含含糊糊、断断续续，这就是一种"我喜欢你"的心理暗示。

3.语速由快转慢，引起对方注意

有可能你正在诉说一件事情的时候，发现对方开小差了，这时候可以把平常过快或中等的语速放慢，强调某种观点或某件事，这样做是为了引起对

方的注意。

4.语速由慢转快，一种愤怒的情绪表达

当我们遭到了对方无端的猜疑或者当自己的利益、自尊受损时，会不由自主地加快自己的语速，这就是对无端指责的一种愤怒情绪的表达，或者反击对方的言语行为。

温和理性的人大多说话和缓有条理

在现实生活中，我们经常遇到这样一类人：他们说话比较慢，而且，很有逻辑性、条理性。有这样说话特点的人大多见于长者，他们给人的感觉很温和，永远一种不温不火的状态，而且，他们在分析某些问题的时候，理性大于感性，能够恰到好处地指出事情的利害之处，而这样的人皆可成大事。其实，一个人的说话方式能直接反映其性情特点。一个人说话慢，那表示他正在思考或整理脑中的信息，自然会放慢说话的速度。在说话的过程中，他展现在人们面前的形象自然是温文尔雅、做事有条理。相反，在生活中，有些人说话总是一副急躁的样子，第一句话尚未说完，舌头就已经开始打转，第二句话也快出来了，这样的人说话没有条理性，在他们身上自然体现不出温和与理性来，而如此急性子的人，他们经常会做一些缺乏思考的糊涂事。

一个人说话有条理就注定他说话的速度不能太快，因为他还要花时间将自己想说的话整理整理，把自己脑中的信息编排一下次序再说出来，这样可以体现出他有很强的目的性和逻辑性。说话速度不能太快，他自然是一字一句说清楚，速度慢了下来，言语自然就有了温和的感觉，因为我们从来没见过一个说话像机关枪似的人会表现出温和的姿态。因此，如果你想成为一个温和而理性的人，那么，在说话之前，你需要知道自己的目的是什么，或者先想好了再说话，以免言多必失。说话慢而有条理的人，无论他们说话的时间长短与否，他们都可以轻松应对，而且，在整个说话过程中都能保持

思路清晰，条理分明。

在一所驾校里，平日听到学员们讨论最多的话题并不是自己学到了什么技能，而是“我们教练特别凶、我们教练总骂人”之类的抱怨。其实，教练在教授学员时很辛苦，不仅要忍受风吹日晒，而且要不停地纠正学员的动作。但是，为什么教练如此辛苦换来的却是更多学员的抱怨呢？原来，这个教练是一个不够温和的人，我们来看看他是怎么说话的。

众所周知，驾驶技术不像其他技能，掌握熟练的操作技巧是保证自己和他人生命安全的第一步。因此，教练在教授学员时通常十分认真，不敢马虎，可纠正了几遍之后，发现学员的动作还是不对，他就会急躁，情急之下一嗓子就吼出了：“你脑子是不是进水了？”“你练的那是什么东西？”而通常在这时候，教练如果教授学员驾驶技能，那么，他说话常常缺乏条理性，张口就是：“抓着方向盘别放手……脚踩刹车……”这时，学员就会疑惑地说：“教练，我到底该怎么办呢？”

一个人说话语速过快，他就会陷入急躁的状态，这时，他已经丧失了理性的思考，逮到哪句就说哪句。结果可想而知，说出来的话往往是缺少思考的。其实，说话慢而有条理性，还有一个好处就是能让对方更好地接受自己所说的话。比如，若教练这样说：“今天练得不错，要是油门踩得再轻一点就更好了”、“没问题，考试时你就这么练肯定能过，不要紧张”……说出几句温和的话，学员自然就不紧张了，方向盘就能抓得更稳了，会更有效地掌握动作要领。

一大清早，小王就急匆匆地跑进办公室，呼吸尚未平复，他就慌张地说：“大事，出大事了，不好了……”正在办公室里闲聊的同事纷纷追问：“小王，出啥事了？”“出啥事了，你倒是说啊。”小王上句不接下句地说：“经理……秘书说……咱们部门……反正要完了……”这样一说，同事们更着急了：“到底啥事情，你倒是说清楚啊？”“就是啊，一句不接一句的，我们也不清楚到底出了什么事情啊？”“什么完了？”……

这时，紧随小王的小李也进了办公室，大家纷纷围了上去，问道：“小李，

你知道出了什么事情吗?”小李不慌不忙地喝了一口水,然后慢条斯理地说道:“没什么大事,经理的秘书刚刚告诉我们,由于我们部门上个月业绩不怎么样,可能会暂时停掉我们部门的工作,但是,这只是一个预设,还没有决定呢,所以,你们不要着急。”听到小李这样一说,大家算是明白了。

小王说话急促,速度较快,结果,大家都没听清楚他在说什么,而小李不慌不忙,慢条斯理,如此的说话方式既显温和,又很有条理,大家听后心中就有底了。“温和”有两层含义:一是指说话的方式温和,二是指所说的内容温和。说话方式温和,自然是指开口说话的时候,以温和、安详、委婉的语调和语气说话,既是如此的语调,那自然是速度较慢的说话方式;另外,所说的内容温和,是指所说的内容真实可靠、实事求是,有逻辑性和条理性。如此看来,那些说话慢而有条理的人,性情大多是温和而理性的。

1.说话没条理,做事没逻辑

在许多场合,尤其是公司开会的时候,我们经常会看到这样的现象:上面的人唠唠叨叨讲了很多话,下面的听众却如坠入云里雾里。正在大家猜想到底是什么意思的时候,说话者却说:“以上很简单地发表个人的一点点看法,请各位多多指教。”这时,听众席则传出一阵议论声:“说了大半天,还说这是简单?”“简直在浪费我的时间,说话没条理,想到哪里就说到哪里”。

说话者的说话方式令人生厌,原因之一就是其说话缺乏条理性,没有整理出自己说话的重点,让人听了不知道他在说什么。而说话缺乏条理性的人,他们做事往往也缺乏条理性,经常会把事情搞砸。

2.缺乏条理性的说话者的性情

那些说话缺乏条理性的说话者,他们缺乏理性逻辑思考能力,喜欢以自我为中心,别人的想法和建议,他们从来都听不进去,但自己又拿不出适当的逻辑理论。他们在做事时根本不懂得为别人着想,只是一味地按照自己的想法去做,不为自己的言行负责,也不懂得顾及别人的感受。

说话喜欢夸大、吹嘘的人往往心焦脾气躁

在日常生活中，我们经常可以看到那些喜欢自我吹嘘的人，他们在各种场合、不同的人面前大肆地吹嘘“最近买了新房子，什么时候有空过来参观一下”、“你觉得我这辆新车咋样，比你那个要高贵点哈”、“我觉得月收入五千以下的人都是低等人士，这将直接说明你本人没有能力”，等等。他们喜欢自我吹嘘是希望达到“贬低他人，抬高自己”的目的，但事实上，他们却无法如愿以偿，只不过是图嘴上一时痛快而已。其实，喜欢自我吹嘘的人很容易给人以不实在的感觉，给人留下不好的印象。他们经常会有意或无意地贬低别人，有时候，他们可能并没有想要这样，但在说话时总是一味地强调自己，周围的人听了就会感觉到他们在抬高自己，贬低旁人。然而，他们之所以喜欢自我吹嘘，是源于内心的焦虑。

每个人通常希望自己在各方面都做得很好，包括家庭、生活、工作等。他们喜欢在公众场合吹嘘自己的能力，极力强调自我的价值并乐此不疲。比如，有的人习惯说“我们家房子好像太小了，打算再买套新的”，其实，实际生活却是不管自己的经济能力，一定要买个大房，房屋贷款供款的压力换来的却是“家庭生活不愉快”，在这样的心理焦虑下，他们不得不吹嘘自己的能力，以此获得一种心理上的平衡。

阿伟在一家房地产中介公司上班，他仅仅是一个普通的职业顾问，但他却喜欢跟身边的朋友炫耀自己的工作多么让领导赏识，炫耀自己的家庭有多么幸福。其实，他不过是极其普通的一个人，但他跟朋友聊天或者跟刚刚认识的人喜欢一开口就说：“我手上有好多客户，每天的电话接连不断，上司还准备提携我为业务部经理呢。”实际上根本就没有他说的那么夸张。

前些天几位朋友一起聚会，阿伟竟嘲笑收入不如他的朋友小张。他极其自豪地说：“月薪低于五千元，在我看来可算是下等人了，小张，你之所以

没能跻身上等人之列，就在于你没有很强的工作能力。”听了这话，小张摔门而去，在场的几位朋友最后也不欢而散。其实，阿伟的收入并不比小张多很多，但让朋友不明白的是他怎么会有这种莫名其妙的优越感，大家纷纷怀疑他是不是有某种心理疾病。

阿伟的自我吹嘘是典型的内心焦虑，像阿伟这类人很容易自我陶醉，也很容易得意忘形，更容易忽视身边人的感受。由于在他们内心深处有众多的焦虑，潜意识里他们会转移注意力，尽可能地想从自己优秀的方面来找到平衡点。以至于他们稍微有了一点能力就自我吹嘘，自以为是，在自我陶醉的同时，最容易忘乎所以，导致做事的时候漏洞百出，以致影响和谐的人际关系。所以，当我们因为内心焦虑而滋生出“自我吹嘘”的欲望时，需要克制自己的不良心态，以平和的情绪来面对自己的工作与生活。那么，在日常生活中，我们该如何通过语言来洞悉其心理呢？

1.获得一种心理平衡

喜欢自我吹嘘的人，其心理根源是心理补偿，他们吹嘘自己是为了掩饰内心的不安、焦虑。而自我吹嘘可以消释内心的焦虑，弥补心理落差，在心理上达到自我理想的境界。对于一些人来说，吹嘘就是用语言来卸去身上的沉重负担，卸去社会和家人对他们的期待与苛求；而对于能力较弱的人来说，自我吹嘘就是一种麻醉品。当然，自我吹嘘如果只是稍稍高于自己的实际情况，这属于正常的心理范围，一旦吹嘘得很离谱或完全不符合逻辑，这就是一种精神人格异常的表现。

2.增加自信

自信是治愈内心焦虑症的必要前提，他们对自己没有信心，对自己完成和应付事情的能力表示怀疑，夸大了自己失败的可能性，从而变得忧虑、紧张和恐惧，为了增加自信，他们在说话时就有一种吹嘘自己的成分。偶尔的吹嘘会帮助他们释放一部分压力，每增加一次自信，焦虑的程度就会降低一点。

3.赢得心理博弈的优势

有的人突然出现“喜欢吹嘘”的情况，也许是因为工作压力比较大，需要

借助大量的话语来提高自信、降低内心的焦虑程度。于是,他们企图在刻意“贬低”别人的同时,赢得心理博弈的优势。

“口吃”的人容易感到自卑

听说,有这样一个口吃的男青年,说到他的“口吃”就很有意思,他的口吃有点像数学里的“增函数”,当他遇到的人地位越高,官衔越大,那么,他的口吃就越厉害。相反,若是遇上官衔不如自己、地位比自己低的人,而他则一点也不“口吃”。在这里,“口吃”并不是生理疾病,因为他在面对不同说话对象的时候,他的“口吃”毛病是时有时无的,这就表示在某些时候,他是没有“口吃”的,而在特别的时候,他则有严重的“口吃”。既然“口吃”不是生理缺陷,那就是心理上的问题。有的人平时说话很流畅,一上台讲话就容易出现“口吃”,他们想通过什么仪器、药物来进行治疗,却发现一点效果都没有。这是为什么呢?因为他们忽视了一个严重的问题:“口吃”主要是心理上的问题,是在无数次自卑、害怕、逃避中形成的。事实上,那些说话偶尔“口吃”的人,他们缺乏自信,其内心是自卑的。

在陌生的社交场合,与人交谈的时候,许多人都体验到了不同程度的畏惧心理,而那些性格内向且有偶尔“口吃”的人的体验将更明显一些。他们害怕与人交往的心理过于严重,在与他人交谈的时候,他们经常伴有心慌、气短、出虚汗、面红耳赤、张口结舌、手足无措的现象,越怕,越不能克服,“口吃”的现象就越严重。其实,“口吃”有这样一个规律:越怕,它就越重;越打,它就越强。在对待“口吃”的时候,你对他的作用越小,它对你的反作用力就越小。与人交往,有一定的恐惧心理是很正常的,但千万不要被恐惧、紧张的情绪所控制。要克服内心的自卑,对自己有信心,你才不会被自卑绑住手脚,从而轻松自如地与他人交往。

有一位专门矫治“口吃”的专家讲述了这样一个案例:

有一个姑娘，她在某个招待所工作，负责旅客的住宿登记。不知道从什么时候开始，姑娘染上了一个毛病，当着众人说话就浑身发抖，结结巴巴，把话说得一塌糊涂，或者干脆说不下去了。但是，她也是分人的，比如遇到熟悉的朋友，她说话就很流利，但遇到一些陌生人，或者有名气的人，她就结巴得很厉害。

她来找我咨询的时候，她"口吃"的症状没有了，说话也流利了。这是为什么呢？原来，她一来到我的咨询室，就急于把自己的症状暴露给我，以便我能"对症下药"。这样一来，她对自己平时非常在意、竭力对抗的症状放松了，因而"口吃"的症状反而消失了。不过，当她回到日常生活中的时候，她又开始"口吃"了。

针对她这样的情况，我作了这样的总结："你的口吃是由于内心的自卑引起的，由于缺乏自信，没有明确的自我价值感，你惧怕，你想要遮掩自己某些不足之处的意识很强，在这样的情况下，你很容易产生'口吃'这样的心理症状，并予以不断强化。"

这位姑娘与那位"口吃"男青年一样，他们"口吃"的心理病症的本质在于内心的自卑。当一个人自卑的时候，他们往往很在意别人对自己的看法，尤其很在意那些自己比不上、认为很重要的人的看法。而这样的过分惧怕引发了他们的紧张心理，最终就表现为某种具体的心理症状，诸如口吃。

在中外历史上，有许多名人也曾经是"口吃"患者。比如春秋时期的管仲、英国前首相丘吉尔，而当代文学家沙叶新也曾经患过口吃，他写了一篇《我曾经是……是个结巴》的文章，在文章里，他这样写道："我很小就患口吃……因为'同志'的'同'字怎么也说不出来。憋了老半天，非得重重地一跺脚，才能说出来。每次跺脚时'嘭'的一声巨响，声震四座……上了高中以后，因为发表了诗歌和小说，很受同学的尊重，自信心随之增加，口吃也逐渐地不治而愈。到了大学，更是踌躇满志，自信甚至有点自负，口吃更是消逝得无影无踪……"如此看来，自卑是引发口吃的根本原因，而治疗口吃的最佳途径则是克服内心的自卑。

1.“口吃”是一种心理疾病

有口吃患者曾提出了这样一个问题:“口吃矫治的方法都大同小异,大都是心理疗法、发音法、呼吸法等,但是,我在矫治班里明明已经不口吃了,可回到现实生活中,遇到特殊的场合,还是会复发,这是怎么回事呢?”

其实,他的问题恰恰说明了“口吃”是一种心理疾病,而根本在于克服内心的自卑。如果你对自己还是缺乏自信,那么,即使你在矫治班已经说得很流利,但回到现实环境中也还是会口吃。这个道理很简单,因为你仍然十分在意或惧怕别人怎么看你,你的内心仍然充满了自卑。

2.“自卑”心理疾病的具体表现

自卑的人一般都比较敏感脆弱,经不起挫折打击。一旦遭受挫折,就很容易意志消沉,增强自卑感。另外,自卑的人心理防御机制多数是不健全的,自我评价认知系统多数偏低。因此,他们在遭受挫折与失败的时候,往往怨天尤人,轻视自己,不能客观地分析环境与自身的条件,如此造成心理上的失衡。

说话唠叨的人不太愿意听取他人劝告

“话唠”也称“话痨”,顾名思义,就是话特别多,而且,说话很唠叨,就像痨病患者的咳嗽一样多,喋喋不休。“话唠”是网上流行词,最早,“饭否”的宗旨是聚集人气,让那些没有时间长篇大论更新博客的人有一种更好、更简洁的抒发情感的机会。同时,“饭否”采用了多重终端接入的方式,以求最大限度地为网络用户提供交流平台。在这样的背景下,“话唠者”出现了,他们会莫名其妙地添加好友,经常头脑发热地大肆刷屏,经常对那些上线的朋友做出亲昵的动作,诸如“抱抱”、“亲亲”等。在“饭否”上流行这样一句话:点击好友的好友链接,不出五次链接,你就会看到自己认识的好友。在话唠圈里,这样的现象十分明显,一个“话唠”会把周围的人都改造成“话唠”。

当然，由于“话唠”，“饭否”也成了一个时尚代名词。而这仅仅只是网上的“话唠”，在生活中的话唠，所指的当然也是那些话非常多的人。从早到晚，他们的嘴巴似乎就没有闭合过，不过，他们也不总是像妈妈一样抱怨似的唠叨，有时他们会不停地告诉朋友：什么化妆品好用、哪里出了最新的杂志、哪里开了一家新店、自己买了哪款新衣，等等。这些在别人看来很小的事情，他们却想让全世界的人都知道，结果，导致身边的人不厌其烦。最让人受不了的是，对于同样一件事情，他们会在不同的时间、不同的地点，对同样一个人说同样的话。诸如，他们发现了某种游戏特别好玩，就会疯狂地发信息、打电话：“这个游戏真的很好玩，你试试吧”、“今天晚上一起去哦，你要记得啊”。诸如此类的信息轰炸让朋友直呼“受不了”，而又不能简单地敷衍他们。不过，如此的话唠者，他们是不善于听取他人的意见的。

早上，办公室出了名的“话唠”小王还没等进门，就大呼小叫：“朋友们，有最新的消息，北街新开了一家韩国料理店，咱们晚上去尝尝，怎么样？”同事小李头也不抬地回答说：“话唠，经过你的推荐，我们这个月已经尝了川菜、粤菜、泰国菜、日本菜，荷包已经瘪了，你还想怎么样？”小王赔着笑脸说：“别这样说嘛，虽然花了不少钱，但你们还是满足了食欲啊。真的，我今天早上特意看了一下，那家店新开张，打八折呢，划算吧，我一个人去吃也没意思，咱们一起去呗，就当是联络联络感情，再说了，你上个月不是说想吃韩国料理吗，我保证你吃了会很满意的。”小李不再说话了，她知道自己再说什么都无济于事。

接着，小王将这个消息一一告诉办公室里的所有人，口水四溅，他的宗旨就是劝说他们一起去吃韩国料理。坐在办公室角落里的小柯见此状不妙，他远远地就对小王说：“你先别过来，我马上去厕所了，早上吃了包子，肚子不舒服。”其实他这样做是有意躲避小王那张嘴。

正在小王说得起劲的时候，主任进来了，看到小王那上下翻动的嘴唇，主任说话了：“小王，不要在上班时间随便聊天，我跟你说过多少遍了，你怎么一点儿也没听进去啊，我知道你是一个话唠，张开了嘴就关不住，就算你

不为自己考虑,也要为办公室的同事考虑啊,他们得忍受你多少口水啊。你看你,说得那么多,丧失了多少倾听别人说话的机会。”小王不好意思地笑了笑,心里却直嘀咕:说几句话怎么了,又不犯法,犯得着这样说我吗?

小王就是典型的话唠,面对同事们逃避、不欢迎的态度,他似乎一点儿也没察觉到,依然我行我素。就连主任对他提出的意见,他也不愿意接受,还为自己找借口“说几句话怎么了,又不犯法?”其实,这就是话唠典型的想法,他们总认为自己说的就是对的,对于别人说什么,他们丝毫不理会,依然很快乐地以自我为中心。

1.话唠者大多以自我为中心

在生活中,话唠者说话一般都是“我怎么怎么样”、“你那些都是错的,你要怎么样怎么样”,尤其是在与别人发生争执的时候,他们常常是以这样的口吻针锋相对。话语中彰显出强烈的个人主义,在他们看来,自己所说的才是真理,其他的人都需要听自己的。而对于别人的建议或者看法,他们就当是耳边风,从来听不进去。

2.说话的时间多,倾听的机会少

话唠者说话的时间比较多,因此,他们倾听别人意见的机会自然就很少了。但别人在说自己的看法或观点的时候,他们依然滔滔不绝,以至于错过了许多倾听意见的机会。当然,其根本原因在于他们根本不想听取别人的意见,他们只在意自己说了什么。

幽默而寡言的人往往有大智慧

在生活中,我们经常会被这样的人所吸引:他们平时看起来沉默寡言,言语不变,但是,一开口就博得满堂彩,因为他们说话很幽默、很风趣。如此话语不多但懂得幽默的人,他们往往充满了智慧。一个人的智慧决定其幽默风趣的说话方式,而幽默的语言风格更使一个人绽放出智慧的色彩。幽

默是智慧的迸发，是善良的表达，更是人际交往的润滑剂。不可否认的是，幽默的智慧让一个人看上去更显睿智。一个充满智慧的人，不一定懂得幽默，但一个言语不多却幽默的人，他无疑是充满智慧的。在平日生活中，有朋友做错了事情，你不妨幽默一下："来！谁怕谁，乌龟怕铁锤，蟑螂怕拖鞋。大家一起来！让我们想想看，有什么方法可以解决这个问题！"一下子就将紧张的气氛缓解了，这时，幽默代表着一个人对危机的处理能力以及智慧的反应，它使得一个人更显睿智的魅力。

众所周知，在美国政坛中，每个政客都需要接受幽默的训练，以便在演讲与辩论中抓住听众的心，同时，展现自己的睿智。甚至，在美国，人们都有这样一种潜意识：在美国政界，一个不具备幽默感的人是不配从政的。

汉武帝晚年非常希望自己能长生不老。有一天，他与侍臣东方朔闲聊："相书上说，一个人鼻子下面的人中越长，寿命就越长；人中长一寸，能活一百岁。不知是真是假？"东方朔听了这话，知道皇上又在做长生不老之梦，脸上露出一丝讥讽的笑意。皇上见东方朔似有讥讽之意，喝道："你居然敢笑话我？"

东方朔毕恭毕敬地回答："我怎么敢笑话皇上呢？我是在笑彭祖的脸太难看了。"汉武帝问："你为什么笑彭祖呢？"东方朔说："据说彭祖活了八百岁，如果真像皇上所说，人中长一寸就活一百岁，彭祖的人中就该有八寸长了，那么，他的脸岂不是太难看了吗？"汉武帝听了，不禁哈哈大笑起来。

在这个故事里，东方朔以幽默的语言，用笑彭祖的办法来劝皇帝。整个批驳过程言语不多，但机智幽默，风趣诙谐，令怒不可遏的皇帝转怒为喜，并且愉快地接受了东方朔的看法。由此可见，幽默具有一种特性，一种引发喜悦、以愉快的方式娱人的特性，它更是一种有效的说服方法。

在日常生活中，那些言语不多、说话幽默的人到底有哪些智慧呢？

1.幽默者有较高的观察力和想象力

说话幽默者具有反应迅速的特点，那么，幽默者必须思维敏捷、能言善辩。幽默者只有具备了较高的观察力、想象力，才能对生活中或身边的人和

事观察细致入微，才能在说话的过程中灵活地运用比喻、夸张等幽默的话语方式。

2.幽默者有较高文化修养和语言表达能力

如果一个人了解和掌握了有关古今中外、天南海北、历史典故、风土人情等各种各样的知识，那么再加上丰富的词汇、灵活多样的语言表达方式，这样他讲起话来就会得心应手，说出的话自然就更加活泼、生动有趣。

3.幽默者具有高尚的情趣和乐观的信念

一般来说，幽默的语言是建立在一个人有较高的思想境界和较高的涵养上。如果他心胸狭窄、思想颓废，那么，他是不会懂幽默的。恩格斯曾经说过："幽默是表明人对自己事业具有信心并且表明自己占有优势的标志。"因此，幽默永远是属于那些拥有热情的人，属于那些生活的强者。

说话唯唯诺诺的人内心也胆怯

唯唯诺诺是形容自己没有主见，心中没有主意，总是一味地顺从，恭顺听话的样子。然而，在我们身边的朋友、同事中，有的人就习惯用这样的态度说话。他们好像从来不会说出"不"，总是"好"、"是的"，面对别人的提问，他们从来都是只点头不摇头，好像他们凡事都听别人的。其实，就日常交际来说，那些习惯于这种态度说话的人是不会受到大家欢迎的。或许，有人会觉得这样的人是一个很好的聊天对象，他们从来不反对自己的意见或想法，但是，如果你习惯于对着一个木偶说话，那么你就应该知道跟这样的人交流是一件多么痛苦的事情。难道他们真的没有自己的主见吗？当然不是，每一个人都有自己的想法，他们之所以说话唯唯诺诺是源于心中的胆怯。你可以经常观察那些说话唯唯诺诺的人，其实他们就是内心胆怯的人。

在他们身上总是残留着这样的影子：说话异常小心，害怕自己的言语会遭到对方的反对；不管你的装扮有多么离谱，但如果你执意需要他来评论，

他总是会说“我觉得这身挺好的”，结果弄得你很无语；从来不说自己的意见，百分之百认为对方所说的就是正确的。虽然，我们讨厌那种凡事都喜欢争个高下的人，但是，说话总是唯唯诺诺的人会更加令我们讨厌。因为和这样的人交流，让我们觉得很累，我们根本不知道他们的真实想法是什么，所以也就不知道该怎样和他们说话。大量事实证明，这样的人无论是在工作还是生活中，都将遭遇很大的障碍，他们无法展现出自己的能力，换句话说，他们不敢展现自我。

老李是公司的老员工，辛辛苦苦工作几年了，职位却一成不变。在平时的工作中，他认真负责，与身边的同事相处得也比较和睦，对上司更是敬重有加，不过，进入公司快十年了，许多比他晚进公司的同事都得到了晋升，只有他还在原地踏步。同事戏谑道：“对你的工作挺满意吧？”他总是乐呵呵地回答：“是的。”在与同事的相处中，遇到不同的意见，老李对这位说：“是，你说得对。”回过头，他对那位也说：“对，你说得没错。”他这种没有立场的说话态度，让同事感到很扫兴。

实际上，老李并没有发现自己不受重用的原因就在于自己说话唯唯诺诺，不管是和上司说话，还是和办公室的同事说话，他从来都是“是是是”、“好好好”，从来不会持反对的意见。刚开始同事以为他这样说话是由于陌生的关系，不想得罪人。时间长了，他还是这样的说话习惯，同事就产生了反感，而且，总觉得他这个人比较“虚伪”，不愿意与之交往。上司觉得老李没有自己的想法，只会一味地顺从，这样的人对公司不会有太大的帮助，于是就一直没有重用他。

在公司，没有谁能够与老李谈得来，因为大家觉得他这种模糊的表态方式，唯唯诺诺的说话习惯让自己非常不舒服。结果老李既没有得到领导的赏识，也没有获得同事的好感。

虽然，上司喜欢下属服从自己的命令，但是下属一味地服从自己的命令也会让上司感到厌烦。毕竟在很多时候，上司更希望自己的下属能够积极地发挥主观能动性，为自己出谋划策。假如只是唯唯诺诺地附和上司，即使

发现上司犯了错误也不敢说出来，这样就很容易造成不必要的损失。于是，像老李这样的下属自然不会得到重用。

那些说话唯唯诺诺的人就像是“装在套子里的人”，他们把自己包裹起来，让人们看不到其真实的面目，他们总是以一副永远顺从的样子出现在人们面前。即使谦虚是一种美德，但唯唯诺诺却不是谦虚，只是呈现出内心的胆怯，只会让对方觉得说话者太胆小，同时，也会给对方留下没个性、没主见的印象。

那么，说话总是唯唯诺诺的人，他们内心的“恐惧点”在哪里呢？下面我们来一一分析。

1.童年时期的阴影

有的孩子从小就接受父母“军事化”的教育，比如，从小就被父亲打，无论做对做错都要挨打，必须无条件服从父母的管束。长大之后，他们就自觉地认为别人的话都是对的，自己想的都是错的，别人让他做什么他就去做什么。然而，他们潜意识里却不太相信别人，说话时需要时刻看对方的眼神。因此，他们最终养成了说话唯唯诺诺的习惯，其内心的胆怯是源于童年时期的阴影。

2.对自己的不自信

大多数人说话总是唯唯诺诺，内心胆怯是源于自己的不自信。他们其实并不想笑也并不愿附和，只是害怕自己做出这样的行为之后会遭到对方的讨厌，所以，他们想要讨好所有人，逼自己放弃想法，逼自己说出言不由衷的话，久而久之就养成了习惯。

3.城府很深

有的人习惯于在上司面前说话唯唯诺诺，而且，他们在同事面前也伪装成“老好人”，谁也不得罪，这样的人其实内心也胆怯，但究其原因却在于害怕人们发现他心中不可告人的秘密，所以，他们需要戴面具来生活，这样的人有很深的城府，大有可能在忍耐之后做出一番大事业来，需要谨慎对待。

内心空虚的人才喜欢谩骂和抱怨

在日常生活中，人们习惯于通过语言来表达自己内心的情绪和情感，而且，这种语言的心理表现形式时而隐晦，令人难以察觉；时而表现得异常激烈，比如随意谩骂滋事。不管人们以哪种形式表现出来，其实都是一种心理暗示。人际交往中，人们通常都会求和，以此促使交流的顺利进行。但是，在这其中，也有不少人喜欢用粗俗的语言到处谩骂，甚至随意滋事，这样的人是出于何种心理呢？其实，谩骂滋事者并不是真的与他人有什么深仇大恨，或者对他人深恶痛绝，原因可能就在于只是借此机会发泄自己的不满情绪。于是，偶然的导火线引发了一场谩骂，等到其心理的不满宣泄完毕，他们也就没事了。当心理需求没有得到满足的时候，其心理呈现一种空虚状态，他们总想"整"出点事情，急于宣泄自己的情绪，在这样的心理基础之上，谩骂滋事的行为就产生了。

在现代这个社会，到处充满了激烈的竞争，每个人都在一定程度上承受着生活、工作带来的压力，不满情绪在时间的堆积中达到了崩溃的边缘。从心理学上认为，有了情绪就需要发泄出来，否则会给身心带来一定的危害。当然，每个人采取的发泄方式不一样，如有的人可能大哭一场，有的人可能化悲愤为力量，而谩骂滋事不过是一种过于激烈的方式。其实，那些心中有了不满情绪，习惯通过谩骂滋事这种激烈的方式来发泄的人，只是表明其内心是空虚的。

女朋友带着自己的行李走了，没有告别，只是写了这样一句话"我们分手吧，我走了，你自己好好保重"。连"分手"都感觉是被通知的，小华觉得心里憋屈极了。早上强忍着痛苦去上班，却由于不小心出了差错，被上司训斥了一顿。坐在公交车上，小华对这个世界充满了恨，想着即将回到空荡荡的屋子，心里百般不是滋味。小华总觉得自己做任何事情都受到不平等的待

遇，情感上的受挫，工作上的不顺，都让他心理上的不满一点点积累，今天，他觉得自己达到崩溃的边缘了。

为了女朋友，他来到陌生的城市，连个说话的朋友都没有，内心的空虚与伤痛的折磨让他极度疲惫。他想闭着眼睛睡会儿，可是没想到一个急刹车，站在旁边的一位男士不小心倒在自己的身上，小华立即骂了起来："搞什么吗，没有长眼睛吗？"男士立即道歉："对不起。""说对不起有用的话，要警察干什么，真是……"接着，小华又用家乡话骂了起来，"穿得挺像样的，没想到这么没有素质"、"唉，现在的年轻人啊"……周围的人纷纷议论起来，小华满脸怒气，大声喝道："司机，停车，我要下车……"司机早就注意到他了，听他这么说马上就停了车，小华推搡着下了车，临走时还不忘骂上一句。

这样的情景想来是每天都可以看见的，一些打扮得体的人因为拥挤或被踩了脚就大吵大闹，骂人的粗俗程度令人难以想象，而且，声音高得整个车子的人都能听见。谩骂者语言粗俗，与他们的形象相去甚远，甚至有的人还会因为芝麻大的事情而大打出手。为什么他们会在公众场合毫不顾及形象而大吵大闹呢？其实，他们之所以做出如此"出格"的行为是源于心理的不满，谩骂滋事只不过是发泄情绪的一种途径而已。

那些喜欢谩骂滋事的人，其内心是空虚的，他们在心理上常常会感到焦躁不安，但却没有办法消除，只好积压在心里。生活中的小事不过是导火线，于是，那些小事成了他们借题发挥的工具，趁机发泄自己内心的不满情绪。而且，他们所采取的激烈方式是不分时间、地点、对象的，也不考虑后果。

1.源于生活、工作上的压力

其实，谩骂滋事者有这样的心理是源于生活、工作上的压力。在平时的生活中，他们没有合适的渠道去发泄自己的情绪，长期的积压使得他们的心理极度空虚，于是就借生活中的小事与他人大动干戈。当然，谩骂滋事这样的发泄方式是不合适的，而且，也是过于激烈的。

2.自我缺乏信心

通常情况下，人们对于心中的不满情绪都会找到合适的发泄途径，比如

与朋友聊天，或者转移重心，等等。而有的人选择谩骂滋事这样激烈的方式，这主要是因为他们缺乏自信，不敢或不好意思告诉朋友，也没有能力找到合适的发泄途径，只好发泄到无辜对象的身上。

3.源于自己的经历

有的人由于儿时的经历或记忆，使得他们的内心非常阴暗，他们怀疑社会，怀疑别人。心理学家认为，在潜意识里谩骂别人是骗子可能是由于自己就有骗人的经历。从心理学上分析，很有可能他们有过类似的经历，比如受过骗、上过当。

说话尖酸刻薄的人内心也充满不幸

在我们日常生活或工作中，经常会遇到尖酸刻薄之人。他们言行刁钻，举止无礼，往往出言不逊，语言刻薄，令人生厌。当然，他们的尖酸刻薄大多体现在嘴上，正所谓“蚊虫遭扇打，只为嘴伤人”，那些说话尖酸刻薄者往往人际关系紧张，为人处世不和谐。然而，如果你仔细观察就会发现他们有一个共同点，那就是他们曾经都是一个不幸者。为什么内心不幸的人说话却是这样的姿态呢？按常理说，内心有过不幸的人，他们的话语更应该有一定的疗伤作用，而不是句句都带“刺”。其实，所谓的不幸者在经历了一些事情之后，他们的内心会有很大的改变，有的人会从中有所获得，振作起来，重新扬起生活的风帆；有的人则会产生心理阴影，害怕自己再也回不到从前，在这样的心理基础之上，他们甚至希望看到自己的不幸降临到别人的身上。很明显，说话尖酸刻薄的人属于后者，换句话说，他们并没有真正地从不幸的经历中解脱出来，反而在自己的心理阴影中越陷越深。

顾老师在镇上是出了名的良师，她和蔼可亲，对待学生就像是对待自己的孩子。可是，这种温和的形象在一次事情之后就改变了。那年，顾老师读大学的儿子在一次意外事故中不幸遇难了，顾老师休息了半年多。当她再

次回到熟悉的讲台时，学生惊讶地发现老师好像变了一个人似的。一位学生在测验中只考了65分，比班上的平均分整整少了20分，使整个班级的成绩排到了后三名，使顾老师的威名扫地。顾老师当即火冒三丈，在期末试卷评析时，她把试卷狠狠地摔在了地上，连珠炮似的话脱口而出："瞧你那样，自以为是！考得分数真不错呀！乖乖，平时那些分数都抄谁的呀？……""没有！"学生分辩道。"你的眼睛瞎了还是怎么的，你家是不是被大火烧了，烧得瓦片直飞……"学生们看到老师如此反常的举动都惊呆了，顾老师居然说出如此刻薄的话，真是出乎所有人的预料。

顾老师在不幸中迷失了自己，她再也不是那个温和的老师，而是成为了一个说话尖酸刻薄的可怜人。尖酸刻薄者习惯于在各种场合出风头，当面或者暗中贬低他人，诋毁他人，想显现自己优越于对方，想证明对方不如自己。内心的不幸让他们失去了安全感，总是对这个社会充满恐惧，于是，攻击性语言便成为了自己的"伪装"，即使面对素不相识的人，他们说话也决不客气。

美琳在三十岁那年离婚了，从此，她就到处宣扬"男人都不是好东西"，以前那个心地善良、待人热情的她不见了，取而代之的是一副说话尖酸刻薄的姿态。每天在办公室里，都能听到她那尖锐的声音。这不，她又对一位因发胖而羞赧的同事说："哟，你又长膘啦？你老公净弄什么给你吃，把你喂得这么肥啊？"同事听到这话，忍不住躲进卫生间里痛哭。同事刚刚穿了身新衣服，她便凑上前去挖苦："哎呀，你这身西服剪裁得真不错，可就是颜色跟你里头的衬衫太不协调！干吗非搭配得这么桃红柳绿？中间有点过渡色的东西点缀一下才好。"最近，同事王姐失去了丈夫，正处在悲痛之中，这本是最不幸的事情，可美琳却极端热情地邀请王姐去看外国喜剧片，还嘻嘻哈哈地说："装什么假正经嘛！谁不想开开心心，乐上一乐。"同事都远远地躲着她，天知道下次会从她嘴里说出什么样的话来。

尖酸刻薄者有一种近乎病态的心理，他们看见他人成功就妒忌，忍不住浇浇冷水；看见他人幸福就不舒服，总要奚落几句才罢休；看见别人愉快就

难过，忍不住贬损几句。他们这样做的目的就是要在心理上去毁掉那些有意义、有价值的东西，这样他们自己才会高兴起来。他人的不幸是他们内心的安慰，他人的难过就是他们的愉快，他们就像是吸食毒品上瘾的人，其兴奋和刺激都是建立在打击他人并让对方难过的基础上的。

那么，这种尖酸刻薄者的心态是怎么形成的呢？

1.内心深处的怀疑

尖酸刻薄者说话既没有根据又没有逻辑，好似对什么都有看法却又没有真正的真知灼见。经历了不幸事件之后，他们内心深处有了诸多的不确定，滋生出严重的怀疑心理，他们怀疑别人的程度远远超过了自信，内心的不安促使他们找那些无辜者或弱者来发泄。

2.害怕面对真实的自己

在不幸面前，他们被彻底打败了，因此，他们害怕面对真实的自己。欺软怕硬成为了尖酸刻薄者人格的一部分，他们肆无忌惮地去挖苦他人，他们最擅长的就是欺负弱者，其实，所有恶劣的行为都是一种“伪装”，或者可以说是一种病态心理，他们害怕面对真实的自我。

3.贬低他人心理上抬高自我

现实生活中的不幸使得他们认为自己已经成为弱者，但是，在他们内心深处又不愿意承认这个事实。他们不愿承认自己曾有过不幸的经历，在这样的偏执心理中，他们在言语上表现出来的就是贬低他人，以贬低他人来抬高心理上的自己。

内心平静的人言谈往往儒雅得体

亚诺·本奈曾说：“日常生活中大部分的摩擦冲突都起因于恼人的声音、语调以及不良的谈吐习惯。”如果我们仔细观察身边的人，就会发现生活中许多的矛盾与冲突都源于“不适当的言语表达”，谈吐不雅可能会导致事

业的失败,也可能导致人际关系的恶化,等等。由此可见,“不适当的语言”的确会给我们的生活带来一些不必要的麻烦。然而,语言的儒雅与粗俗也在一定程度上反映出一个人的心理:语言粗俗表明其内心空虚,反之,儒雅言谈则表明一个人内心的平静。一个有着儒雅谈吐的人,其内心一定是平静的,这里所说的“平静”并不单单指情绪上的平和,还指其宁静、淡泊的心境。换句话说,他们在任何时候,面对任何对象,都能以最优雅的语言表达自己的意见或想法,这是一种心境,更是一种修养。

有着儒雅言谈的人,不但能给他人留下良好的印象,而且能广结人缘,处处受欢迎,这不能不说是一种影响力,是一种影响他人心理的力量。大多数人的说话本领并不高明,这是因为他们内心并不平静,他们宁肯随便用粗俗的语言,也不肯以平静的内心思考,将自己的意见用文雅、优美的语言表达出来。有的人终日只以粗俗的语言闲聊琐事,用这样的说话方式,若是面对陌生人,定会招致他人的反感。

老师:“请李丽同学回答问题!”李丽回答:“我不回答你!”老师继续和蔼可亲地说:“李丽同学,你既然不回答我的问题,必定有原因。你能告诉我是什么原因吗?既然你不肯说明,那我来分析一下:是不是我有什么地方做得不好,不能为人师表,不能让同学们信服,甚至玷污了人民教师这个光荣的称号,才导致你这样呢?”

李丽慌忙摇头:“老师,没有,没有的事。”老师面带微笑继续说:“既然我还称职,我想你也不是有意让我难堪。那么,让我猜测一下你是怎么想的吧。我认为,不外乎有三种情况:第一,可能是我的启发式教学索然无味,问题提得过于浅薄,引不起你的兴趣,你不屑于回答,是这样吗?”李丽继续摇头,脸都涨红了:“不,不是。”老师提出第二种情况:“第二,是你能回答这个问题,但不想回答。如果是这样,你现在回答也不迟。”李丽吞吞吐吐道:“我……我……”老师提出了最后一种可能性:“第三种情况可能是你不会回答,但又碍于情面,不肯承认自己不会回答的现实,忽然一时糊涂,想以强硬的态度搪塞过去。但我为什么要这样认真呢?因为我实在不愿看到你交不

上答卷呀。”李丽着急得掉下了眼泪：“老师，您，您别说了……请告诉我这个问题该怎么回答……”

在与学生交流的整个过程中，老师心平气和地耐心引导，消除学生内心的反感情绪，终于打开了学生的心灵之门。相反，如果老师一上来就不问青红皂白地批评学生一番，这样学生的抵触情绪会更大，绝不会轻易认错，而老师不仅没有达到自己的目的，恐怕连课都无法继续上了。

曾经有一位企业老板这样“批评”女秘书：“你这件衣服很漂亮，你真是一位迷人的小姐，只是我希望你打印文件时注意一下标点符号，使你的文件像你一样可爱。”女秘书愉快地接受了“批评”，从此打印文件很少出错。试想，假如以一副难听的口吻说：“你怎么工作的？连标点符号都搞不清楚，亏你还是大学生呢？”这样只会让秘书感到难堪，反而达不到纠正对方错误的目的。

那么，日常生活中如何做到儒雅交际呢？

1.谈吐优雅

哈佛大学前任校长伊立特说过：“在造就一个有教养的人的教育中，有一种训练是必不可少的，那就是，优美而文雅的谈吐。”我们在说话时要讲究措辞文雅，态度大方自然，这样才能有效地影响他人的心理。

2.言语富于感情

说话时不仅需要优雅的谈吐，同时还需要我们的言语富于感情，时刻流露出自己的善意与友好的态度。在交流过程中，唯有充满温暖、感情的话语才能够引起对方的注意。如果你的话语冷淡而寡情，是不会招人喜欢的。

3.懂得尊重别人

有的人本来他的出发点是不错的，但由于说话时不尊重对方，有可能会给对方带来误解和冲突。每个人都渴望被尊重，我们需要以儒雅的言语来体现对他人的尊重，只有你先尊重了对方，相应地，你才会获得对方的尊重。

爱东问西问的人大多多疑

在我们身边，大多数人的性格都比较敏感、多疑，常常对一些事情喜欢"打破砂锅问到底"。对此，心理专家认为，敏感的性格并不一定是坏事，事实上，许多职业都会受益于敏感的特质，比如侦探工作、刑侦工作，从事这样工作的人能更细致地发现一些蛛丝马迹。不过，心理专家也提出了警告，过于敏感、猜忌，就有可能是一种病态。如果把多疑的特质带进人际关系之中，有可能会给自己的人际关系带来摩擦与冲突，同时，也会给自己带来一定的困扰。在很多时候，一个人过于多疑、敏感的性格将会直接影响其幸福的生活，而且，还会影响其工作。多疑的人所表现出来的最大特点就是喜欢问三问四，而且，不达到自己的目的绝不罢休。怀疑是其心理的根源，他们愈是怀疑，就愈忍不住发问；而愈问下去，他们的疑心就更加严重。如此循环反复，搞得被猜疑的对象十分愤怒、生气，因为任何人在毫无理由的情况下被他人怀疑，都是很难忍受的，他们有可能为此而断绝彼此的关系，毕竟，人的尊严底线是不能轻易触碰的。

娜娜和阿美是一对好姐妹，大学毕业后进入了同一家公司，就职于同一个部门。娜娜性格活泼开朗，待人热情，而阿美的性格则比较安静，敏感多疑。进入公司半年后，娜娜晋升为经理助理，而阿美虽然工作没有那么顺利，但情场却很得意。有一天，阿美偷偷告诉娜娜，自己正在和隔壁部门经理交往，幸福感溢于言表，不过，阿美再三叮嘱娜娜不许说出去。原来，两人刚进公司的时候，上司就警告"不准办公室恋爱，否则其中一人必须主动离职"。娜娜笑着点点头说："这么幸福的事情，我怎么会告诉别人呢，你呀，就这么不相信我。"

可是，就在两个月以后，阿美谈恋爱还是被总经理知道了，阿美为了男朋友的事业，只好主动离职。然而，伤心的阿美心中一直怀疑这是娜娜说出

去的，娜娜个性活泼，什么话题都爱聊，而且，就在事情“暴露”的前一天，同事还亲眼看到娜娜进了总经理的办公室。阿美忍着伤痛问娜娜：“听同事说，昨天你去总经理办公室了？”“是啊，我是去交一份文件。”娜娜回答道。“你有没有跟总经理说什么啊？”阿美继续追问，“说什么，我能说什么，我交了文件就出来了啊。”娜娜满脸疑惑，不过，阿美眼里却充满了怀疑。“难道你在怀疑我“泄密”吗？”明白过来的娜娜开口询问。“不是你，能是谁呢？整个公司，这事情只有你知道。”阿美句句都是刺，两人多年的情谊也随之破碎。后来，阿美得知，原来整件事情是总经理无意中看见的，可是，这段友谊却无法挽回了。

阿美性格中敏感多疑的特质，使得她想弄清楚娜娜在前一天到底跟总经理说了什么。于是，不住地追问，即使娜娜回答“只是交文件”，她心理上的疑虑也还是没有消除，反而愈加固执地认为这件事情就是娜娜说出去的。最终，由于自己的多疑，使得她失去了这段珍贵的友谊。

每天丈夫回到家，小雨都习惯性地询问：“今天都跟谁在一起啊？”如果丈夫回答是“朋友”，小雨会问：“哪个朋友？”因为丈夫所有的朋友她都认识。如果丈夫回答是“客户”，那她就着急了：“什么客户？男的还是女的？”接下来，小雨的问题更加犀利而尖锐，“都聊些什么啊？”“吃饭能吃到这么晚才回来？”“在哪个餐馆吃的？”“你送那个女客户回家了？”这些问题令丈夫头痛不已，而小雨也在不断追问的过程中变得面容憔悴。小雨和丈夫结婚一年多，两人感情很好，工作也都很稳定，收入也不错，在朋友眼里他们是典型的郎才女貌。但令小雨苦恼的是，她总是不由自主地怀疑丈夫有外遇，虽然她知道丈夫很爱自己，但这样的担心和怀疑总是没有任何理由的出现，而且与日俱增，致使她和丈夫几乎天天吵架。

小雨问三问四的行为是多疑的直接表现，其实，对于夫妻之间的感情来说，小雨需要改变这种多疑心态，且认识到产生多疑的真正原因。通常情况下，夫妻双方之间产生的误会往往是缺乏感情上的交流所致，如果经常坦诚相待，聊天谈心，就会消除猜疑和误会。当然，也有不少女人在多疑的路上

越走越远，愈追问愈怀疑，不信任带来的危害性是巨大的，最终，她们亲手葬送了自己的感情与婚姻。

那么，那些喜欢问三问四的人是出于何种心理呢？

1.缺乏安全感

多疑的人由于性格使然，他们并不是针对所怀疑的对象，而是怀疑这个社会，怀疑身边的人，究其根源，是其内心缺乏安全感。内心的不安让他们觉得随时都可能被他人欺骗，或者自己现在所获得的幸福与成功很快就会失去。于是，他们总是怀疑身边的人，忍不住问三问四。

2.缺乏自信

一些多疑的人都有这样的心路历程，怀疑的心理促使其追问，越追问越怀疑，深陷纠结心理而不能自拔。于是，他们明知道这些事情是不可能发生的，但还是忍不住要追问下去，以求自己心安。实际上，他们的怀疑他人的心理已经远远超过了自己的自信，不自信是其产生疑心的一大原因。

沟通之中运用心理策略——用语言让他人心存感激

许多人认为心理学比较玄乎，难以运用到人际沟通中来。其实心理学并没有那么神秘，它与我们的日常交际有着极为密切的关系，甚至是决定我们沟通成败的重要因素之一。在很多时候，沟通之所以产生障碍并不是因为口才方面的问题，而是因为心理策略不到位。在人际交往中，只有掌握了沟通的心理策略，才能打开沟通之门。在本章将介绍一些常见的沟通策略与技巧，使你能够轻松自如地提高自己的沟通能力，让他人不在嘴上为难你，继而改善你的人际关系，全面提升你的个人影响力，达到操控他人心理的目的。

措辞恭敬礼貌，别人才愿意和你接触

许多人善于言谈，却不是那么会说话，给人的感觉总是很别扭，使人远远避之而唯恐不及，究其原因，就在于说话时少了礼貌的措辞。其实，在日常生活中，说话礼貌是十分有必要的，它是一个人素质的直接体现，也是能够赢得对方尊重的先决条件。有的人说话不礼貌，这样不仅仅会令人厌烦，而且最终只能导致沟通失败。尊重别人就是尊重自己，无论我们在社会上扮演了什么角色，有着什么样的身份，礼貌一直是维持人际关系不断互动的规则。一个说话礼貌的人走到哪里都会大受欢迎，而一个习惯于出口不逊的人，无论如何都得不到别人的喜欢和尊重。

章老师是一所高校有名的教授。有一天，一位隔壁学校的同学来找章教授，要章教授做他校外论文的评阅人。因为当时规定，论文答辩时要请一个校外的专家来指导。这位同学一进门，见章老师的屋里坐了好几位老师在商讨什么问题。他也搞不清哪位是章教授，张口就问道："谁是章炳山呀？"章老师听到这个学生直呼自己的名字，脸色微微一变，其他几位老师也面面相觑。不过，章老师还是很有礼貌地说："我就是，找我有什么事吗？"那位同学大大咧咧地说："噢，你就是章炳山呀，我可早就听说过你了，我是某某教授的学生，我的论文你给我看一下！"章教授毕竟是有涵养的人，看到这个学生说话虽然没有礼貌，但还是随口说道："那你放那里吧！"这名学生就把自己的论文往章老师的桌子上一扔，对章老师说："你快点看呀！后天我们要论文答辩，你可别耽误我的事！"章老师这么有涵养的人最后还是忍受不了了，怒火中烧，他对这位同学说："这位同学请留步。请问一下是谁找谁办事呀？请你把论文拿走，我没有时间给你看！"

一向很有涵养的章教授怎么会忍不住生气呢？原因就在于那位同学说话不懂礼貌，章老师是很有名气的教授，那位同学至少应该礼貌地称呼"章

老师”，而不是直呼其名，另外，那位同学话语中透露出“目中无人、随意指使”的不礼貌行为，更让章教授生气。其实，无论是求人办事还是普通的交谈，我们都需要以礼貌的措辞来进行交谈，如果那位同学说话能够礼貌一点，那么章教授一定不会为难他，定会乐意帮忙的。

有位士兵骑马赶路，临近黄昏还没找到客栈，这时他看见前面来了位老农便高喊：“喂，老头儿，离客栈还有多远？”老人回答：“五里！”士兵策马飞奔十多里，仍不见人烟。“五里、五里”，他猛地醒悟过来，“五里”不是“无礼”的谐音吗？于是他掉转马头赶回来亲热地叫了一声：“老大爷”。没等他话说完，老农便说：“你已经错过路，如不嫌弃，可到我家一住。”

语言本是思想的衣裳，它可以直接表现出一个人的高雅或粗俗。同时，语言交流是一种心灵沟通，要想使彼此之间的沟通畅通无阻，就应该得体地运用礼貌措辞，这样才会让对方感到“良言一句”的温暖，使自己与他人的感情很快变得融洽起来。

何谓礼貌措辞？其实就是我们日常交际中所使用的“敬语”与“谦词”，这些口语表达可以体现出对他人的尊重，诸如“请教、指教”、“劳心、费心”等。如果我们能在日常交际中使用这些谦词和敬语，对方肯定乐意与你接触，与你建立友好和谐的关系。

1.丰富礼貌用语

在平时生活中，我们习惯这样打招呼“你吃饭了吗？”“你到哪里去？”这样的日常用语显得过于单调、乏味，同时，也缺乏应有的礼貌。这时候，我们应该丰富自己的礼貌用语，比如“早安，你好吗？”“请代问全家好”等。

2.使用礼节性语言

语言的礼节就是寒暄，有一些最常见的礼节语言惯用形式，比如，问候语“您好”，告别语“再见”，致谢语“谢谢”，致歉语“对不起”，回敬语“没关系”、“不要紧”、“不碍事”等。

3.养成使用敬语、谦词、雅语的习惯

敬语也就是敬辞，表示尊敬礼貌的词语。我们常用的敬语“请”，第二人

称“您”，代词“阁下”、“尊夫人”等；谦语是向人表示谦恭和自谦的一种语言，比如称自己为“愚”、称自己的父亲为“家父”等；雅语是指一些比较文雅的语言，比如你端茶招待客人，应该说：“请用茶”。

4.善于言辞

交谈中，一般都会选择大家感兴趣的共同话题，但是，对于一些不该触及的敏感话题，比如对方的年龄、收入、婚姻状况等，应该尽可能地避开。询问对方这样的信息，就是不礼貌和缺乏教养的表现。

说出合人心意的话，别人才不会反驳

聪明人在说服对方的时候，懂得去暗合对方的心理，这样能让他人感到受尊重。当然，在说话时利用语言来暗合对方的心理，需要“合”得巧妙，千万不能让对方看出破绽。在日常生活中，面对不同的场合、不同的对象，每个人都有自己的心理，也有自己不同的心理需求。当我们在与他们进行语言交流的时候，需要从对方的言语中明白其心理需求，或者通过察言观色来洞悉对方的心理，然后通过语言表达来暗合对方的心理，令对方无法反驳。

安东尼·提莫克只是一个办公室的小工，他希望向纽约银行行长推销一些公债券。他是新英格兰穷牧师的儿子，刚刚从菲利浦斯学院毕业，18岁的他还处于人生事业的起步阶段。他在替一个商人干杂活，挣着一个星期一块半的工资。老板觉得他是个十分聪明的小伙子，就让他去销售铁路公债券。所以，安东尼·提莫克希望能与纽约银行行长摩西·泰勒说几句话，他知道泰勒对铁路很有兴趣，但自己怎么做才能引起这位银行行长的注意呢？

一天，当安东尼·提莫克走到泰勒的办公桌面前时，泰勒正烦躁地对一个饶舌的人说：“说正题！说正题！”不一会儿，泰勒就把那个人赶了出去。接着，他向安东尼·提莫克点头，示意他过去。安东尼·提莫克把公债券放

在了办公桌上，说："97。"泰勒很奇怪地看了他一眼，拿过他的支票簿问："你的老板叫什么名字？""伯兰克先生。"提莫克回答，签好支票后，泰勒又问："伯兰克先生给你多少回扣？""0.25%。"提莫克继续回答，"太少了，你管他要1%的回扣，如果他不付给你，我就替他付。"泰勒开玩笑地说道。就这样，提莫克成功地卖掉了公债券，同时，他也成功地使行长注意到了他。3年后，他变成了百万富翁。

提莫克凭借敏锐的眼光，看出泰勒是一个有着倔强脾气的人，他喜欢使用简洁的语言，讨厌那些不必要的繁文缛节。所以，当提莫克了解了泰勒的心理需求之后，他就一直使用简洁的语言来附和他，不说一句废话，这暗合了泰勒的心理，泰勒再也不会大声说"说正题"，也不再为难提莫克。后来，泰勒继续购买提莫克的公债券，还在其他事情上给了他有力的支持。提莫克用这个简单的方法暗合了许多人的心理，得到了他们的鼎力支持。然而，提莫克之所以能成功，是因为他早就懂得这样一个心理策略的重要性，那就是：从最细微的细节去暗合他人的心理。

每个人都有自我的一面，当对方的言语触碰了心里的禁忌的时候，他们像被攻击的刺猬一样，会用尖锐的语言反击对方，为难他人。鉴于这样的心理特点，为了获得对方的好感与信任，我们需要了解对方的心理需求，同时，还需要通过语言来暗合对方的心理，这样才会说服对方，令对方无法反驳。

小娜是一位汽车推销员，这天，她约见了一位客户，一开口就礼貌地询问："先生，请教您一个问题，增加贵店利润的三大原则是什么？"客户乐意地回答："第一，降低进价；第二，提高售价；第三，减少开销。"小娜立即抓住话题说下去："您说的句句是真言。特别是开销，那是无形中的损失。比如汽油费，一天节约20元，如果贵店有3辆车，一天节省60元，一个月就有1800元。累积下去，10年可省21万元。如果能够节约而不节约，岂不等于把一张张百元钞票撕掉？如果把这笔钱放在银行，以5分利计算，一年的利息就有1万多元，不知您觉得有没有节油的必要呢？"听到小娜这样的分析，客户觉得自己应该解除这种恶劣情况，最终购买了节油汽车。

小娜的话语暗合了客户的心理特点，既然汽车可以节油，为什么还要继续“浪费”下去呢？于是，客户就会想方设法用节油车来解除之前“浪费”的恶劣情况，从而购买了节油汽车。

那么，在日常交际中，我们该如何来暗合对方的心理呢？

1.适时赞美，满足其虚荣心

在日常交际中，赞美的话不可或缺，它就如沁人心脾的淡淡花香，会在不知不觉中悄悄渗入对方的心灵之中，让他们沉醉不已。比如“经理，您把那事谈成了？怎么谈的呢？以后您可得教教我，我要拜您为师”“王总，这么大的工程，您一个人就搞定了，可真了不起，不过您可要注意身体啊”。

2.把话说到心窝里，满足其自尊心

每个人都有脆弱而敏感的自尊心，因此，我们在说话时要考虑到对方的自尊心，适时把话说到对方的心窝里。比如“小伙子，你提出的建议真不错，我好好考虑，真是谢谢你”，对方听了这样的话，会觉得自己所做的很值得，心理得到了极大的满足，也就不会再有什么反对意见了。

多谈论对方感兴趣的话题，沟通才能更顺畅

著名口才大师卡耐基说：“即使你喜欢吃香蕉、三明治，但是你也不能用这些东西去钓鱼，因为鱼并不喜欢它们。你想钓到鱼，必须下鱼饵才行。”简单地说，当我们在与对方进行语言交流的时候，需要“忘记”自己的兴趣与爱好，用对方的兴趣和爱好来展开话题，这样会使彼此之间的沟通更加顺畅。在沟通过程中，谈论对方的兴趣与爱好，这样能让对方有受重视、受尊重的感觉，继而赢得了对方的好感与信任。许多人习惯于谈论自己的兴趣和爱好，从来不考虑对方，这样的人永远不会得到对方的认同。所以，赢得对方好感与信任的诀窍在于：用他人的兴趣与爱好来展开话题，谈论他们最喜欢的事情，达到影响他人心理的目的。

阿美是一家房地产公司总裁的公关助理，奉命聘请一位特别著名的园林设计师为本公司的一个大型园林项目担任设计顾问。但这位设计师已退休在家多年，且此人性情清高孤傲，一般人很难请得动他。

为了博得老设计师的欢心，阿美在正式拜访之前做了一番调查，她了解到老设计师平时喜欢作画，便花了几天时间读了几本中国美术方面的书籍。这天，她来到老设计师家中，刚开始，老设计师对她的态度很冷淡，阿美就装作不经意地发现老设计师的画案上放着一幅刚画完的国画，边欣赏边赞叹道："老先生的这幅丹青，景象新奇，意境宏深，真是好画啊！"一番话立即使老先生产生一种愉悦感和自豪感。

接着，阿美又说："老先生，您是学清代山水名家石涛的风格吧？"这样，就进一步激发了老设计师的谈话兴趣。果然，他的态度转变了，话也多了起来。接着，阿美对所谈话题着意挖掘，环环相扣，使两人的距离越来越近。最后，阿美说服了老设计师，担任其公司的设计顾问。

人类本质里最深层的驱动力就是希望具有重要性，而且，一个人的兴趣与爱好是其人生中最看重的一部分，他希望自己的兴趣与爱好能够得到别人的认同与肯定。一旦你在谈话中巧妙地契合了他的兴趣所在，他就会转变之前的冷淡态度，开始滔滔不绝起来，在自己感兴趣的话题面前，任何人都会激起一种谈话的欲望。所以，如果你想让对方对你的谈话感兴趣，那就只能以对方的兴趣来展开话题，这样才能有效地影响其心理，令之后的沟通畅通无阻。

一位漂亮的女士在一家首饰店的柜台前看了很久，售货员问道："这位女士，您需要买什么？""随便看看。"女士的回答明显缺乏足够的热情。不过，售货员发现这位女士总是有意或无意地触摸自己的上衣，好像对自己的上衣很是满意，售货员忍不住说："您这件上衣好漂亮呀！您的眼光真不错。""啊？"女士的视线从陈列品上移开了，移到了自己感兴趣的上衣上面，"这种上衣的款式很少见，是在隔壁的百货大楼买的吗？"售货员满脸热情，笑呵呵地继续问到。

“当然不是，这是从国外买来的。”女士终于开口了，并对自己的回答颇为得意。“原来是这样，难怪在国内从来没有看到这样的上衣呢。说真的，您穿这件上衣，确实很吸引人。”“您过奖了。”女士有些不好意思了。“只是……对了，可能您已经想到了这一点，要是再配一条合适的项链，效果可能就更好了。”聪明的售货员顺势转向了主题。“是呀，我也是这么想的，只是项链这种昂贵的商品怕自己选得不合适……”

在日常交际中，最忌讳彼此沉默不语，或者对方总是一副爱理不理的样子。那么，如何打开对方的话匣子呢？最好的方法就是先从对方的兴趣谈起，这样会使整个谈话过程变得愉悦而畅快。当然，在这其中，我们可以通过提问的方式来深入了解对方的心理需求、心理动机以及所感兴趣、关心的事情，顺势展开话题，对方就会侃侃而谈。

1.找到对方的兴趣点

每个人都有自己的兴趣和爱好，因此，在谈话过程中，我们要想办法找到对方的兴趣点。可以在与对方交谈之前做好准备工作，打听对方有什么兴趣和爱好；也可以通过自己的观察或提问来获得对方感兴趣的事情。

2.话题先从对方的兴趣说起

在沟通过程中，为了获得更多有关对方的信息，也为了满足其自尊心，我们需要让对方尽可能多地说话。所以，话题要先从对方的兴趣说起，这样顺势展开的话题有利于整个沟通的顺利进行。

准确到位的赞美让对方心花怒放

美国历史上第一个年薪过百万的管理人员叫史考伯，他是美国钢铁公司的总经理。记者曾问他：“你的老板为什么愿意一年付你超过 100 万美元的薪金，你到底有什么本事？”史考伯回答：“我对钢铁懂得并不多，我最大的本事是我会鼓舞员工，而鼓舞员工的最好方法就是表现真诚的赞赏和鼓

励。”其实，史考伯年薪过百万是因为他善于赞美他人。每个人都渴望自己受到别人的赞美，希望自己的价值得到认可，这主要是源于其自尊心和虚荣心。而赞美是一种说话的艺术，合乎人们心理的，精准的赞美言辞会使人感到开心和快乐。在日常交际中，渴望获得赞美的人不计其数，因此，赞美的言辞不可或缺。事实上，我们可以通过赞美的言辞来影响他人的心理，满足其自尊心和虚荣心，从而赢得对方的好感与信任。

在镇压太平军的行营里，一次，曾国藩与几位幕僚闲谈，评论当今英雄。他说：“彭玉麟、李鸿章都是大才，为我所不及。我可自许者，只是生平不好谀耳。”一个幕僚说：“各有所长：彭公威猛，人不敢欺；李公精敏，人刁能欺。”说到这里，他说不下去了。曾国藩问：“你们以为我怎么样？”众人皆低头沉思。忽然走出一个管抄写的后生，插话道“曾帅仁德，人不忍欺。”众人听后皆拍掌称是。曾国藩十分得意地说：“不敢当，不敢当。”后生告退后，曾国藩问道：“此是何人？”幕僚告诉他：“此人是扬州人，人过学，办事还谨慎。”曾国藩听后说：“此人有大才，不可埋没。”不久，曾国藩升任两江总督，就派这位后生去扬州任盐运使。

那位后生不过说了一句话，就得到了曾国藩的赏识，同时，改变了自己的命运，这真可以说是“一言定升迁”。究其原因，就在于那位后生说出的对曾国藩的那句赞美之词“曾帅仁德，人不忍欺”，大大地满足了曾国藩的自尊心，而后生也因此赢得了曾国藩的信任与好感。

卡耐基曾说：“当我们想改变别人时，为什么不用赞美来代替责备呢？纵然部属只有一点点进步，我们也应该赞美他。因为，这样能激励别人不断地改进自己。”赞美，不仅满足了对方的心理需求，而且还能够增强对方的自信心，促使对方不断地取得进步。生活中是不能缺少赞美之词的，有赞美才会有愉悦的心情，才能与他人建立和谐友好的人际关系。我们不仅要学会赞美，而且要不吝于赞美，每个人都有闪光点，当我们发现了对方的优点时，就要大方地开口赞美，不能吝于赞美。

清朝时，一名叫彭玉麟的官员，有一次路过一条狭窄的小巷。一个女子

正在用竹竿晾晒衣服，竹竿一不小心掉下，正好打在彭的头上。彭勃然大怒，指着女子大骂起来。那女子一看，正是官员彭玉麟，冷汗不禁冒了出来。但她急中生智，便正色地说："你这副腔调，像行武的人，所以这样蛮横无理。你可知彭官员在我们此地！他清廉正直，假使我去告诉他老人家，怕要砍了你的脑袋呢！"彭玉麟一听这女子在夸赞自己，不禁喜气上升，转而意识到自己的失态，马上心平气和地走了。

女子那番赞美并不是当面"夸赞"，但却胜过当面的赞美，几句话就说得彭玉麟心里美滋滋的。原来自己在民间有这么好的名声美誉，实在不应该为这些小事情而生气。于是，彭玉麟经过了一番思索，只好转怒为笑，心平气和地走开了，而那位女子也是巧用赞美之词化解了自己的困境，足以见得赞美言辞的影响力。

那么，什么样的赞美言辞才能够有效地影响他人心理呢？

1.赞美对方不为人知的优点

即使再差的人，在其身上也有一两处不为人知的优点，我们都可以巧妙地利用。比如说"你这件礼服真漂亮"、"你的发型真好看"、"你这身打扮真有气质"，这样的赞美会使对方感到高兴。

2.赞美要具体而微

在日常交际中，我们要善于发现对方的细微之处，并不失时机地予以赞美，这时候赞美言辞用得越具体就越有效果，如"认识你这么久了，还不知道你的厨艺那么棒"。

3.赞美要有新意

赞美的言辞不能千篇一律，要有新意，一般而言，一些突出个性、有特点的赞美会收到更好的效果。比如，爱因斯坦这样赞美比利时的王后："您演奏得太好了！说真的，您完全可以不要王后这项职业"。

说话缜密,不落破绽授人以柄

在日常交际中,同样是说话,有的人由于词不达意而处处碰壁,有的人却口吐莲花而左右逢源。这是为什么呢?其实这就是言语的缜密性,前者言语不够缜密,经常被他人抓住“把柄”,后者言语谨慎小心,把话说得滴水不漏。在语言沟通中,无论是赞美他人,还是批评他人,我们都应该谨慎使用言语,把话说得恰到好处,不给对方反驳的机会,不让对方有空子可钻,以缜密的言语来影响他人的心理。可是,在现实生活中,许多人说话不经过大脑思考就脱口而出,常常会因为言语中出现的漏洞而被对方反将一军,或者自作聪明地认为自己掌握了话语的主动权,结果却在无意之间被对方抓住了“把柄”,最终只能以惨败收场。所以,我们不仅要善于言辞,更要会说话,努力把话说得滴水不漏,不让对方抓住“把柄”。

暑假期间,火车上十分拥挤。一位年轻姑娘中途上车,见对面两张座位上坐着三个年轻人,而旁边的座正好空着,就走过去问:“同志,这儿没人吧?”对方回答:“没有。”于是年轻姑娘放下东西,准备就座。不料,一个男青年竟突然把腿放到了座位上。姑娘一愣,问:“你这是为什么?”“因为你不会说话。”那个男青年故意刁难道:“那么,请问该怎么说?”姑娘好意请教,对方眯起眼睛装腔作势地说:“看来你是井里的青蛙,没见过多大的天地。让大哥告诉你。你得这样说:‘大哥,这有人吗?小妹我坐这儿可以吗?哈哈哈……”说完,便肆无忌惮地狂笑起来。姑娘脸上一阵发烧,心里很生气,但转念一想:“有道是兵来将挡,水来土掩。你要滑嘴,我难道没口才不成?”于是姑娘说:“听你这么一说,我确实没有见过你这种独特的‘礼貌’方式。不过,你既然见过世面,又有自己独特的‘礼貌’方式,见到我,就应按你的‘礼貌’方式办事才对。”“你说怎么办?”男青年不解地问,“那还不容易?看见我来了,就该起身肃立,躬身致礼,说:‘大姐,这儿没人,小弟请你赏脸,坐这

儿可以吗？'哎，可惜呀，你连自己的'礼貌'信条都做不到，还想教训别人，真是土里的蚯蚓，一点蓝天都没见过！"

男青年自作聪明地卖弄口舌，没想到一番唇枪舌剑之后，他话语中的把柄却被姑娘抓个正着。最后，姑娘用短短几句话就反击了男青年的"谬论"，语气中流露着讥讽之意。出现这样的结果，就在于男青年没有使用缜密的语言，想到什么就说什么，最终掉进自己的言语陷阱里。

有时候，沟通就是一场语言的战争，谁先露出了破绽，谁就输了。因此，我们在沟通过程中，语言不仅可以为我们传情达意，而且还能够成为我们的防卫"武器"。一旦言语中有了"空子"，就给对方提供了反驳的机会，最后就有可能被对方抓住把柄。所以，为了打赢"语言"这场战役，我们需要谨慎使用每一字每一句，为自己筑起坚固的心理防卫，不让对方抓到把柄，牢牢把握"胜利"的机会。

1.三思而后说

俗话说："三思而后行。"说话也一样，语言经过了大脑的思考才更有说服力，而且，也能经得起对方的"检验"。所以，无论是在什么场合，面对什么人，我们都需要"三思而后说"，这样说出的言语才会显得缜密、谨慎。

2.懂得随机应变

面对对方咄咄逼人的问题，有可能你会乱了阵脚，于是，那些不该说的便脱口而出。在这样的情况下，对方很可能会从你的话语中抓住把柄，并且伺机通过言语攻击你。因此，在面对别人的提问时，我们要懂得随机应变，把答案说得滴水不漏，让对方找不到把柄。

弄懂对方心思，几句话就能打破僵局

在日常交际中，人们常常因固执己见而争论不休，因为一句不适当的话而冷场，或者因为突发状况而形成难堪情境，等等，各种原因都会造成僵持

的局面，难以缓和的气氛横亘在交流的双方中间，整个场面就如同冰山一般冷冰冰了。这时候，作为当事人或者局外人，需要适时地说几句话来打破僵局，化解尴尬的气氛，使交流得以正常的进行下去。其实，生活中难免会发生一些猝不及防的意外，这会让当事人遭遇尴尬或不快，甚至引发不必要的麻烦，轻则令人恼心，重则在心里结下疙瘩。在这时候，如果利用突发事件与语言之间的玄妙之处进行机智的解答，就会使当事人转忧为喜，也会使整个紧张气氛得以缓解。峰回路转，只需要三言两句就可以打破僵局，通过语言影响他人的心理，为大家营造愉快的气氛。

有一次，小娜和几个同事一起去参加省里的业务考试，当她们走进考场时，只见阿梅的桌子上钉有三颗大钉子，且凸出很高。不难想象，这不仅会刮破衣服，而且也会影响答题的速度。阿梅一脸的怒气要求监考老师换桌子，可监考老师说："现在不能换，别违反考场纪律！"阿梅气得柳眉倒竖，连连抱怨："真倒霉，不考了。"小娜见此情况连忙说："有几颗钉子算什么！"阿梅说："你说得轻松，这可是三颗钉子，躲都躲不过去呢！"小娜说："你太幸运了，我还求之不得呢！"阿梅说："你别拿我开心了，这么倒霉的事要是让你碰上，你还能说幸运？"小娜说："你知道这三颗钉子说明了什么吗？这叫板上钉钉！说明你今天的三科考试铁定都能过关。"阿梅听后马上转怒为喜："借你吉言，我要是三科都及格了就请你吃饭。"结果一个月后发布成绩，阿梅三科成绩顺利过关。

本来桌子上有三颗大钉子是令人生气的，更何况还需要坐在这里考试。这时候，小娜为了打破僵局，在阿梅恼羞成怒的时候，将"板上钉钉"的俗语与考试联系了起来，积极地联想，冒出吉言"三科铁定都能过关"，这话正好说到了阿梅的心里。于是，尴尬的气氛得以化解，阿梅借小娜的吉言也获得了好成绩。

在日常交际中，如何利用三言两语打破僵局呢？

1.幽默解说

在交际场合，过于严肃和枯燥的气氛往往不被人们所接受，这时候就需

要用幽默的语言把它变得灵活些、有趣些。有时候，一个敏感的问题就会使整个场面僵化，甚至妨碍了正常交际的进行，这时候可以通过幽默的解说将问题诙谐化，打破僵局，使交际得以顺利进行。

2.强调问题的合理性

有时候对方因为在特定的场合做出了不合时宜、不合情理的举动，令旁人看起来很费解，导致整个局面陷入僵持，这时候我们就需要找一个角度或借口，强调对方行为的合理性，这样就能打破僵局，缓解气氛。

3.利用谐音巧解

有一个货车司机的车牌号码是“16444”，亲戚朋友都说这个数字不吉利，车主一下子无言以对。这时候，有人却说“大爷，你这个号码好，它们可以理解为‘多拉发发发’，只要你多拉货，就一定能发财”。可见，利用谐音巧解，打破了僵持的局面。

4.逆向思维

面对突如其来的尴尬局面，当事人无可奈何的时候，我们可以跳出固定思维，从问题、事情的反面去思考，作出让双方都满意的解释，打破原本僵持的局面。

话不在多，看准时间说出就能起作用

那些会说话的人之所以能获得成功，并不在于他说了多少话，而在于他是否掌握了说话的时机。正所谓“言多必失”，成功者要注重把握说话的时机，不管在什么场合都显得落落大方，该说话的时候言辞充分，不该说的时候保持沉默。口齿伶俐，在各种场合口若悬河、滔滔不绝，这是很多人所向往的场景，但如果自己在不适当的时机口无遮拦，说了错话，说漏了嘴，这也是难以弥补的过失。著名作家大仲马说过：“不管一个人说得多好，你要记住，当他说得太多的时候，终究会说出蠢话来。”我们每个人都应牢牢记住这

句至理名言，要明白言不在多，但一定要把握说话的时机，这样才能深入地影响对方的心理。

有一个经营印刷业的老板，在经营了多年之后萌发了退休的念头。他原来从美国购进了一批印刷机器，使用几年后，扣除磨损费应该还有 250 万美元的价值。他打定主意，在出售这批机器的时候，一定不能以低于 250 万美元的价格出让。有一个买主在谈判的时候，针对这台机器滔滔不绝地讲了很多缺点和不足，这让印刷业的老板十分恼火。但是他在自己刚要发火的时候，突然想起 250 万美元的低价，于是又冷静了下来，一言不发，看着那个人继续滔滔不绝。到了最后，那人再没有说话的力气，却突然蹦出一句："嘿，老兄，我看这个机器我最多能够给你 350 万美元，再多的话我们就只好放弃了。"于是，这个老板很幸运地比预想多卖了整整 100 万美元。

正所谓"静者心多妙，超然思不群"。一些习惯于滔滔不绝的人往往是最沉不住气的人，一旦遇到了冷静的对手，他便最容易失败，因为急躁的心情让他们没有时间考虑自己的处境与位置，也不会静下心来思考有效的对策。而在上面这个案例中，那位喋喋不休的买主正好中了老板无意设下的"陷阱"，不等对方发言，就迫不及待地提出建议价格，等于自己拿空子让别人钻。

言不在多，少说话可以使自己有更多的时间思考，经过思考之后，再找准说话的时机，这样说出的话会更精彩。在日常交际中，我们应该少说话，特别是当一个比自己经验丰富的人在场的时候，如果自己说得太多了，就无疑自曝其短，这样的结果将对自己很不利。

一家小公司与一家大公司就毛衣进行了一次谈判，大公司的代表倚仗自己的实力，滔滔不绝地向对方介绍情况，而小公司的代表则一言不发，埋头记录。大公司的代表讲完后，征求对方代表的意见。小公司的代表好像突然睡醒了一样，迷迷糊糊地回答说："哦，讲完了？我们完全不明白，请允许我们回去研究一下。"于是，第一轮会谈结束了。

几星期后，谈判重新开始，小公司的代表声称自己的技术人员没有弄清

楚对方的讲解。结果大公司代表没有办法，只好再次给他们介绍了一遍。谁知，讲完后小公司代表的态度仍然不明朗，于是要求道："我们还是没有完全明白，请允许我们回去再研究一下。"就这样，第二次会谈结束了。

过了几天，第三次会谈中小公司的代表还是一言不发，在谈判桌上故伎重演。唯一不同的是，这次，他们告诉大公司，一旦有讨论结果将立即通知对方。过了一段时间，当大公司觉得这次合作已经没戏的时候，小公司的代表找上门来开始谈判，并且拿出了最后的方案，以迅雷不及掩耳之势逼迫大公司，使对方措手不及。最后，达成了一项明显有利于小公司的协议。

一家小小的公司居然能够打败大公司，在谈判中获得了成功，关键在于小公司懂得沉默，懂得掌握说话的时机。在说话时机尚未成熟的时候，他们一直保持沉默，使对方摸不着头脑，盲目骄傲自大，同时也为自己赢得了研究对手方案的时间，给了大公司措手不及的一击。可见，说话看准时机比多说话更有效，它能起到滔滔不绝完全达不到的效果。那么，在日常生活中，我们该如何看准说话的时机呢？

1.占据优势时少说话

在谈话过程中，当我们完全占据了优势的位置时需要少说话，正所谓"桃李不言，下自成蹊"，对方在无措之时自会露出破绽。

2.不了解情况时少说话

有时候，在不了解对方的情况时不要盲目地乱说，否则有可能会给对方提供可乘之机，使自己遭受很大的损失。所以，在不了解对方情况的时候，不要轻易把话说出口，需要谨慎用语。

3.气氛紧张时少说话

当自己或对方的情绪正处于激烈的状态时最好少说话，这时候一旦开口不慎就会引发一场争执。最佳的说话时机是等双方都冷静下来，能够心平气和地谈话时再安排时间交谈，只有这个时候双方的交流才能顺利地进行下去。

温言暖语宽慰他人，令人心存感激

在我们身边有许多人渴望得到宽慰，有可能是失业的朋友，有可能是身患绝症的同事，有可能是正在经历婚变的大学同学，有可能是患重病的亲人，等等。面对这些正在经历伤痛的人，我们能给予他们哪些帮助呢？对我们而言，目击他人的伤痛与不安，是一件异常痛苦的事情，我们经常会想办法解决它，或者采取某些行动。然而，有的人不懂得宽慰对方，或者为了避免说错话，选择什么都不说，从而错失了表达关心的机会。其实，当朋友需要支持，或者需要帮助的时候，我们应该尽可能地用言语去宽慰对方，或者付诸一定的实际行动，帮助他们熬过最伤痛的日子，这不仅是一种友善的行为，而且也会令对方心存感激，继而使彼此之间的关系更为亲密。

美国有一个女孩名叫莉莉，因车祸而被压在车轮底下，此刻被撞翻的油罐正在她四周肆意燃烧。消防队员大卫见状，奋勇冲上前去抱住了莉莉。又痛又怕的莉莉不停地嚷："我害怕，别离开我！"大卫听罢强忍住灼伤，搂着她安慰道："你放心，我发誓，绝不离开你，我们生死都在一起！"当其他消防队员用水笼头灭火时，莉莉已神志不清，大卫禁不住大声同她"聊"了起来："莉莉，你爱看什么电视节目？""你喜欢马吗？等我们出去以后，我保证带你骑上我女儿的马！"奄奄一息的女孩喃喃道："我要是出不去了，告诉妈妈我爱她。"大卫一直安慰她："你要亲口告诉妈妈你爱她，我保证过不离开你的，现在，你也要保证不离开我！"经过40分钟的抢救，由于大卫不停地说着各种转移对方痛楚的话，使莉莉的心灵得到安慰，受到激励，小姑娘终于获救了。最后，内心充满感激的莉莉与大卫成为了忘年交。

大卫那唇齿相依的宽慰语言，使莉莉的心灵得到安慰，内心受到激励的她与死神做最后的抗争，最终赢得了生命。有人说，宽慰是一种巨大的力量。在那危急关头，大卫的宽慰之语成为了莉莉求生的希望，那看似简单的

话语却给予了莉莉慰藉与鼓舞。宽慰的话语可以平息他人的创伤，而在这个案例中还发挥了起死回生的作用。

在心理学上有“言语暗示”这种说法，因此，我们在安慰生病的朋友时，如果能够给予对方以心灵抚慰的话，就有可能促使对方的病情向好的方向转化，比如“看来，你的危险期已经过去了，这就好多了，以后，你就多了一种免疫功能，比起我们，就增加了一道屏障”，这样的宽慰之语会让对方获得一种心理上的满足感，不再为病情所担忧。

一个因丧妻而患严重忧郁症的老年男子，对任何人的安慰都十分反感。一日，一个老朋友登门造访，全然不提病情、疗法之类，只是问：“不知是否想过，假如你先去世，而尊夫人还继续活着，那会是怎样一种情形呢？”这位男子脱口说道：“噢，那对她来说太可怕了，她将承受多么巨大的痛苦啊！”那老朋友听罢便继续开导：“你看，现在她却没有这个痛苦，那是因为你的安然无恙才使她免除了痛苦，所以，现在你必须尽一份义务，付出一点代价，那就是以继续健康地活下去的决心，为你心爱的人免除痛苦，这代价是值得的！”

短短一席话，让老人心底豁然开朗，同时，也令老人心中充满了感激。人生在世，总会遭遇诸多不幸，当我们健康幸福地生活着的时候，也不要忽视了身边的朋友、同事以及亲人的伤痛，适时为他们送上亲切的宽慰之语，令他们心里充满感激。若他日我们有了什么困难，他们也不会袖手旁观的，这就是人情所在了。

适时适宜的宽慰之语，无疑会成为抚平对方心灵的一剂良药，下面我们就介绍几种合适的宽慰言语。

1.同病相怜的宽慰之语

共同的话题是相通的纽带，宽慰对方的时候，如果能结合自身曾经经历过的类似的遭遇，就很容易产生“同病相怜”的效果。比如“去年，我也曾遇到过你这样的情形，当时我咬牙一挺就过去了，相信你也能做到的”。

2.醒慰之言

对于一些深陷痛苦的人来说，一般的宽慰之语不能起到作用。这时候，

如果能够触及根本，促使对方从伤痛中幡然醒悟，或许可以收到宽慰之效。比如，“听着，小王，我年纪比你大多了，懂得人生的真理，那就是不要为你不能改变的东西而哭泣”。

3.诙谐宽慰

有时候，宽慰语言并不是一本正经地表达某种同情，它也可以诙谐一点儿，这样所表达出来的效果会更贴切。比如，安慰失恋的朋友，可以这样说“你虽然失去了一棵大树，但却换来了一片森林呀”。

说话绕点圈子，让他人无法击中你的要害

迂回，是一种战术，即当自己处于劣势的时候不直接与对方抗衡，而是采取你进我退，你退我进，巧妙周旋，从而躲过对方的进攻的策略。然而，我们在进行语言表达的时候，也经常会用到“迂回”这一口才心理策略。迂回的说话方式实际上就是一种拖延战术，目的就是找到沟通的最佳契合点，或者争取更多的时间使沟通得以顺利进行。当对方采取言语攻击，或者沟通不畅的时候，我们可以依靠迂回的说话方式，绕开原来所谈论的话题，巧妙躲过对方的言语攻击，突破沟通障碍，以此使沟通顺利进行。有人说，说话越简短越好，但是简短的语言并不是都得单刀直入地说，我们可以把话说得迂回婉转，既巧妙回避了对方尖锐的问题，又一针见血地表达了自己的想法，如此一来，将有效地影响他人的心理。

在一次新闻界的餐会之中，美国总统艾森豪威尔应大家的要求站起来讲话。他说：“大家都知道，我是个不善言辞的人。小时候我曾经拜访过一个农夫，我问这个农夫：‘你的母牛是不是纯种的？’他说不知道，我又问：‘这头牛每个星期可以挤出多少牛奶呢？’他也说不知道。最后，他被问烦了，就说：‘你问我的我都不知道，反正这头牛很老实，只要有奶，它都会给你。’”艾森豪威尔笑了笑，对所有在场的新闻界人士说：“我也像那头牛一样老实，反

正有新闻，一定都会给大家。”此话一出，令大家哄堂大笑。

艾森豪威尔在这里就使用了迂回的说话方式，他并没有正面回答新闻记者的问题，而是兜着圈子告诉大家：你们没事就别紧追着我问，反正我有新闻一定会给你们的嘛！言辞中得体地表达了自己对新闻媒体总是紧紧追问的反感，而且，迂回而又幽默的表达方式令在场的人都忍俊不禁，为整个餐会营造了愉快的氛围。

萧伯纳的名剧《武器与人》首演时，获得了极大的成功，他应观众的要求来到台前谢幕。这时候，有一个人在首座高喊“糟透了”。对于这种无理的语言，萧伯纳没有怒气冲冲，他微笑着对那人鞠了一躬，彬彬有礼地说道：“我的朋友，我同意你的意见。”他耸了耸肩，又指着正在热烈喝彩的观众说道：“但是，我们俩反对这么多观众又有什么用呢？”台下顿时又爆发出更为热烈的掌声。

面对无礼者的言语攻击，萧伯纳并没有正面回应，而是巧妙地迂回，躲过了对方的攻击。而且，萧伯纳在回答对方的过程中无论是温文尔雅的举动，还是幽默的言辞，都显示出一种平和的情绪，单单这平和的情绪就能压倒对方。

其实，在我们日常交际中，经常会或多或少地运用到迂回的策略。比如说话绕圈子，绕道而行；用比喻、影射的方法举例说明；讲故事、寓言；找出彼此之间的关系；采用游击战术，不正面产生冲突，拖延时间，静观其变，等等。那么，我们在使用迂回战术时应该注意哪些方面呢？

1.保持平和的情绪

遭遇对方的言语攻击，我们需要做的就是切勿激动，学会控制自己的情绪。在这时候保持平和的情绪，会对反击对方十分有利，一方面可以表现自己的涵养，另一方面可以冷静、从容地思考最佳的对策。

2.含蓄地表达

对他人无理的言语攻击，我们可以含蓄地表达自己的不满情绪，但不宜锋芒毕露，而是旁敲侧击，可使对方无“把柄”可抓，这样的表达方式更有

效果。

3.适当反击

面对他人的言语攻击,我们不仅需要巧妙迂回,保护好自己,而且还需要适当的反击,一下子击中对方的要害,使对方哑口无言,令对方刮目相看。

说话用情,让他人不好意思拒绝

在与人相处的过程中,情是最能打动人心的,正所谓"欲晓之以理,必先动之以情"。一般情况下,当我们与他人展开交谈的时候,彼此都会产生一种防范心理,双方都不为所动。这时候,你要想说服对方,就需要消除对方的防范心理。从一定程度上说,防范是一种潜意识的自卫心理,也就是当我们把对方当做假想敌时所产生的一种自我保护。而消除对方这种防范心理最有效的方法就是以情动人,通过那些充满真情的话语使对方感到你是朋友而不是敌人,用真情去瓦解对方筑起来的"防范墙",继而有效地影响其心理。真情,也可以是嘘寒问暖,可以是予以关心,可以是予以帮助等。所以,我们在日常交际中,要善于用情说话,使对方无法抗拒。

罗斯福是美国第26任总统,他是一位善于用情说话的人。有一次,他仆人的太太问总统:"鹌鹑鸟长得是什么样子?"仆人太太从没有见过鹌鹑鸟,于是,罗斯福总统详细地为她描述了一番。过了很长一段时间,罗斯福突然打电话给仆人太太:"在你窗口外面恰巧有一只鹌鹑鸟,你往外看,可能还看得到。"每次,他经过仆人的小屋,就算看不到人,也会轻声地叫出:"呜,呜,呜,安妮!"或"咆,咆,詹姆斯!"这是他路过时一种友善的招呼方式。

实际上,罗斯福总统之所以能成为美国伟大的领导人之一,就是因为他在运用语言时善于以情动人,而不是以劝压人。他在作报告或者讲话的时候,善于运用朴实无华的语言,亲切入耳,具有较强的感染力,从而赢得了人们对他的喜爱。

心理学家指出："情感如同肥沃的土地，道理好比种子。没有情感的沃土，道理的种子再好，也发不了芽"。我们在说服对方的时候，更需要以情动人，否则，即使你说再多的道理，对方仍然不为所动。

1.话语中注满真诚

谚语说："真诚贵于珠宝，信实乃人民之珍。"要想自己说出的话语能够打动对方，就需要在话语里注满真诚，只有真诚才能打动人。如果你仅仅依靠几句花言巧语或者虚情假意的表达，反而令对方心生厌恶。

2.把话说到对方的心里

人都是有感情的，说话能做到动之以情，晓之以理，就是最完美的沟通。我们在说话时要注意对方的反应，学会从对方的反应中修正自己的话语，尽可能把话说到对方的心里。把话说到对方的心里，才能真正地打动对方。

3.站在对方的立场说话

如果你在说话时总是想着自己，这样说出来的话是不会有感情的。因此，我们应该处处为他人着想，站在对方的立场说话，这样说出的话才有感情，才能打动对方。

小心危险语言，别让不好的话语阻碍沟通

说话，是我们天天都在做的事情，但善于说话，能准确、清楚地表达自己的意图，使对方乐意接受，却是一件不太容易的事情。心理学家理查德·班得勒说过，当你对他人说话时，你不是想给他传递信息，就是想改变他。但在这过程中，对方是否会接受你的意思，你沟通的目的是否能够实现，却又是另外一回事了。其中的症结在于你是否说了避讳的语言，或者把话题置于危险的境地，这将会决定你沟通的成与败。许多人说话不经过大脑思考，只图嘴巴痛快，常常"语出惊人"，踏入"雷区"，最后导致整个沟通的失败。其实，善于说话并不是一件很简单的事情，它将意味着你所说的话能够令对

方乐意接受，而且，你的话语能够巧妙绕过险境，直入对方心里，继而影响对方的心理。沟通是双向的交流，它的成败不取决于你说了什么，而是取决于对方的反应，对方不接受你所说的话，那你说得再多也没用。所以，为了让对方乐意接受，我们在说话时需要避开险境，把“危险语”吞进肚子里，这样才能有效地影响他人的心理。

古代有这样一个国王，一天晚上做了一个梦，梦见满嘴的牙都掉了。醒来后，他就找了两位解梦的人。看到这两人来，国王迫不及待地问：“满口牙怎么全掉了，到底是怎么一说？”第一个解梦的人说：“皇上，在你所有的亲属都死去以后，你才能死。”皇上一听，心里非常不高兴。第二个解梦人这样说：“至高无上的皇上，您将是您所有亲属当中最长寿的一位呀！”大家看一看，同样的内容，同样的事情，就有两种不同的说法。第一个解梦人把皇帝惹生气了，皇帝龙颜大怒，杖他一百棍；然后，拿出100个金币，奖给第二个解梦的人。

上面这个案例中，同样的一件事情，两个人表达的是同一个意思，为什么一个挨打，一个却受赏呢？分析他们所说的内容，我们就可以明白了。在沟通过程中，往往因为一两个“危险词语”而使整个话题处于危险的境地，第一个解梦的人话里出现了“死”这样的危险字眼，而且还不止一次出现；第二个解梦的人却从另外一个角度巧妙地将其解释为“长寿”。于是，两个人话里的字眼不同，最终两个人的待遇也千差万别。

公元1368年，朱元璋登基，建立明朝。一天，一位穷朋友从乡下来到京城皇宫门前求见明太祖。朱元璋听说是以前的老朋友，非常高兴，马上传他进殿。谁知这位穷朋友一见朱元璋端坐在宝座上，昔日的容颜似乎没有多大变化，便忘乎所以地直愣愣地说：“我主万岁！您还记得我吗？从前你我都替人家放牛，有一天我们在芦花荡里把偷来的豆子放在瓦罐里清煮。还没等煮熟，大家就抢着吃，甚至把罐子都打破了，撒了一地的豆子，汤也被泼在泥地里。你只顾满地抓豆子吃，不小心连红草叶子也塞进嘴里，叶子梗在喉咙里，苦得你哭笑不得，还是我出的主意，叫你把青菜叶子吞下去，才把红

草叶子带下肚里去……”还没等那个穷朋友说完，朱元璋就忍不住了，嫌这个孩提时的朋友太不顾颜面，于是大怒道：“推出去斩了！推出去斩了！”

后来，这件事让另外一个穷朋友知道了，心想这个老兄也太莽撞了，于是，他心生一计，信心十足地去见他小时候的朋友，即当今的皇帝。这个穷朋友来到京城求见朱元璋。行过大礼，这个人便说：“我皇万岁万万岁！当年微臣随驾扫荡泸州府，打破罐州城，汤元帅在逃，拿住了豆将军，红孩儿挡关，多亏了菜将军。”朱元璋一听，不禁大笑，他认出了眼前的这个是孩提时的朋友，心中更为此人巧妙地暗示他们小时候在一起玩耍的事而高兴，于是让他做了御林军总管，留在了自己的身边。

同是儿时朋友，所受到的待遇却是迥然不同。前者说话太莽撞，把朱元璋儿时的糗事一股脑儿说出来，这时已身为明太祖的朱元璋怎么能受这样的戏谑，最终那位穷朋友非但没有讨到好处，反而赔上了自己的性命；而后者只是简单地聊了儿时的趣事，其中还包含了对朱元璋的敬仰，最后竟然获得了御林大将军一职。

在日常交际中，有一些话题是沟通的“雷区”，稍有不慎就会被炸得粉身碎骨，所以，我们应该尽可能地避开这些“雷区”，避开一些敏感、危险的词汇，这样才能促使沟通的顺利进行。

1.避开隐私

隐私就是不可公开或不便公开的某些事情，有可能是缺陷，也有可能是秘密。因此，我们在进行语言交流的过程中，需要避开彼此的隐私，这既是一种礼貌，同时，也可以很好地保护话语的“安全性”。

2.切勿不懂装懂

我们并不是万能博士或者百事通，即使自己知识渊博，也总有一些地方不如人，总有不懂得的知识。因此，无论是面对有教养有知识的人，还是面对默默无闻的人，我们都应该保持谦虚谨慎的态度，不可妄发言论。

3.避开忌讳

在谈话过程中，我们需要避开一些忌讳，比如关于“死”的避讳语，还有

"棺材"、"寿材"等;对方的生理缺陷,比如"残疾人";对一些不可公开的事物或行为,比如"大小便"等,这些避讳词语都是需要避开的。

4.避开粗口秽语

在交流过程中,我们需要避开粗口秽语,使用文明的语言。言语粗鄙是最无礼的语言,而且很可能会给自己带来一些不必要的麻烦。

对待不同的人用不同的说话方式

俗话说:"求神要看佛,说话要看人。"人上一百,形形色色,每个人都有自己的性情,每个人都有不同的心理。这时候,我们的语言表达方式也需要因人而异,需要迎合对方的性情、心理特点,才有可能影响对方的心理。否则,一味地强势或一味地退却,只会使我们在交往中处于越来越被动的位置。所以,我们在与他人交往的时候,需要看准人下"话药",如此这般,才能使自己在人际交往中如鱼得水、应对自如。

两千多年前,孔子的学生仲有问:"听到了,就可以去干吗?"孔子回答:"不能。"这时,另一个学生冉求也问了同样的问题:"听到了,就可以去干吗?"孔子回答说:"那当然,去干吧!"公西华听了,对于老师孔子的回答感到很疑惑,就询问孔子:"这两个人问题相同,而你的回答却相反,我有点儿糊涂,特来请教。"孔子回答:"求也退,故进之;由也兼人,故退之。"

孔子的意思就是,冉求平时做事喜欢退缩,所以我要给他壮壮胆;仲有好胜,胆大妄为,所以我要劝阻他,做事要三思而后行。孔子诲人也不是千篇一律,更何况是说话呢。我们在面对不同的说话对象,需要看准人下"话药",时而强势,时而退避三舍,这样才能有效地影响他人的心理。

《红楼梦》里林黛玉抛父进京城,小心翼翼初登荣国府的时候,王熙凤先是人未到话先到:"我来迟了,不曾迎接远客!"尚未出场,就给人以热情似火的感觉。随后拉过黛玉的手,上下细细打量了一回,仍送至贾母身边坐下,

笑着说："天下竟有这样标致的人物，我今儿算见了！况且这通身的气派，竟不像老祖宗的外孙女儿，竟是个嫡亲的孙女儿，怨不得老祖宗天天口头心头一时不忘。只可怜我这妹妹这样命苦，怎么姑妈偏就去世了！"一席话，既使老祖宗悲中含喜，心里舒坦，又使林妹妹情动于衷，感激涕零。而当贾母半嗔半怪说不该再让她伤心时，王熙凤话头一转，又说："正是呢！我一见了妹妹，一心都在她身上了，又是喜欢，又是伤心，竟忘了老祖宗。该打，该打！"

短短几句话，王熙凤就把初次见到林妹妹的悲喜爱怜的情绪，表达得淋漓尽致。而那一字一句都值得细细品味，这些语言都彰显其性格特征。她知道黛玉是贾母最疼爱的外孙女，先恭维"天下竟有这样标致的人物，我今儿算见了！况且这通身的气派，竟不像老祖宗的外孙女儿，竟是个嫡亲的孙女儿，怨不得老祖宗天天口头心头一时不忘"，看似称赞林黛玉，实际上却是讨好贾母，还捎带博得了迎春等嫡孙女的欢心。然后提到黛玉的母亲，硬是"抢先用帕拭泪"，看见贾母笑了，她也由喜转悲。她拉着黛玉的手问这问那，主要是为了炫耀自己在贾府中的地位和权势，同时，又在贾母面前表现出对黛玉的关心。

战国时期著名的纵横家鬼谷子曾经说："与智者言依于传，与博者言依于辨，与贵者言依于势，与富者言依于豪，与贫者言依于川，与战者言依于谦，与勇者言依于敢，与愚者言依于锐。""说人主者，必与之言奇，说人臣者，必与之言私。"一个人要善于说话才会受欢迎，而且要能够根据不同的人说不同的话，使自己的话语有"弹性"，那么，你的人际交往也会相应地收放自如。

1."什么人说什么话"

在我们开口说话之前，需要仔细观察了解对方，或是了解其性格特征，或者了解其喜好。在交谈的过程中，势必要"见什么人说什么话"，比如，对上司不能强势，只能退避三舍；自己的利益受侵犯，必须强势，要维护自己的利益。

2."对方想听什么，你就说什么"

当我们置身于一个谈话环境，你就必须清楚与对方的关系，了解对方的喜好禁忌，了解对方喜欢听什么，讨厌听什么。这时候，洞悉其心理，对方想

听什么,你就说什么,那些讨嫌的话绝对不能说。

3."肚子里有货才能倒得出来"

当然,为了能够应对各种人,我们必须不断地积累知识,拓展自己的知识面,这样才能和形形色色的人打交道,才能够说出对方喜欢听的话。

致歉要诚恳而巧妙,两三句话解开矛盾

俗话说:"智者千虑,必有一失。"一个人再聪明,再能干,也总有失败犯错误的时候。著名军事家孙子曾说:"过也,人皆见之;更之,人皆仰之。"在日常生活中,我们都不可避免地会做错一些事情,但是,做错了事情并不可怕,只要能够认识到错误并改正错误,及时向对方诚恳地道歉,这样就会解开矛盾,缓解笼罩在彼此之间的怨气。与人交往,有可能会说错话,有可能会做错事,这就难免会得罪他人,导致原本和谐友好的人际关系出现裂痕。但是,在错误发生之后,如果我们能及时道歉,主动承担责任,一般情况下,是能够得到对方的原谅的。当然,假如你发现自己错了,却不愿意道歉,甚至处处找借口为自己辩解,这样的结果不仅得不到朋友的谅解,反而还会受到道德的谴责。因此,我们不能小看道歉的作用,而且,我们还需要学会巧妙道歉,这样才能赢得对方的谅解。

从卡耐基家步行一分钟,就可以到达森林公园。因此,卡耐基常常带着一只叫雷斯的小猎狗到公园散步。因为他们在公园里很少碰到人,又因为这条狗友善而不伤人,所以卡耐基常常不给雷斯系狗链或戴口罩。

有一天,他们在公园遇见一位骑马的警察,警察严厉地说:"你为什么不给你的狗系上链子或戴上口罩?你难道不知道这是违法的吗?""是的,我知道。"卡耐基低声地说,"不过,我认为它不至于在这儿咬人。""你不认为!你不认为!法律是不管你怎么认为的,它可能在这里咬死松鼠,或咬伤小孩。这次我不追究,假如下次再被我碰上,你就必须跟法官解释了。"警察再次提

出了警告。

卡耐基照办了，可是，他的雷斯不喜欢戴口罩，他也不喜欢这样做。一天下午，他和雷斯正在一个小坡上赛跑，突然，他看见那位警察大人正骑着一匹棕色的马过来。卡耐基想，这下完蛋了！他决定不等警察开口就先发制人。他说："先生，这下你当场逮到我了。我有罪。你上星期警告过我，若是再带小狗出来而不给它戴口罩，你就要罚我。""好说，好说。"警察回答的声调很柔和，"我知道没有人的时候，谁都忍不住要带这样一条小狗出来溜达。""的确忍不住。"卡耐基说道，"但这是违法的。""哦，你大概把事情看得太严重了。"警察说，"我们这样吧，你只要让它跑过小山，跑到我看不到的地方，事情就不追究了。"

在这个案例中，卡耐基使用了一个口才心理策略，那就是先发制人，率先批评自己，这使对方有一种被尊重的感觉。因为，当卡耐基一个劲儿地责备自己的时候，警察已经流露出宽容的态度。如果我们免不了遭受责备，为什么不自己先认错呢？至少，谴责自己总比挨别人批评好受得多。当你清楚地知道对方将责备你的时候，不妨先把对方责备你的话说出来，这样一来，对方一定会以宽大、谅解的态度来对待你。

诚恳而巧妙地道歉，能够挽救友谊危机，化解尴尬气氛，继而巩固友谊，推进新的人际关系的发展。不过，在这其中，道歉也是需要技巧的，比如，温斯顿·丘吉尔对亨利·杜鲁门的第一印象十分不好，后来丘吉尔告诉杜鲁门，自己曾一度严重地低估了他。他仅用了一句高明的恭维话就表示出了自己的歉意。

1.道歉用语

诚恳地道歉需要适宜的道歉用语，比如"对不起"、"请原谅"、"很抱歉"、"请你转告王先生，就说我对不起他"、"对不起，是我的错"、"我错怪你了"、"不好意思，给你添麻烦了"，等等。

2.把握道歉的最佳时机

当你发现自己说错了话或者做错了事情，就需要及时地道歉，道歉越及

时越有效果，我们很难想象在几十年后才说“对不起”会产生什么效果。当然，道歉的最佳时机还应该选在双方都心平气和的时候，在对方情绪比较好的时候，会更容易接受你的道歉。

3.先批评自己

等对方的责备劈头盖脸袭来再道歉似乎为时已晚，这时候你已经激起了对方的怒火。因此，我们需要先发制人，率先批评自己，这样对方就不好意思再责备你了，而且，也会宽容地谅解你的错误言行。

4.巧借物传情

如果直接道歉不太适合，可以选择打个电话或写封致歉信，也可以请一位彼此信任的朋友或同事代为转达歉意。等对方心情平复之后，再登门致歉赔礼。

求人帮忙妙用心理策略——三言两语让他人甘心为你效劳

在与他人的沟通过程中，我们需要巧用话语攻心策略。“攻心”就是要把话说到对方的心里，在日常交际中，左右逢源、应对自如；相反，不管你的口才有多好，如果你的话不能攻到对方的“弱点”，说得再多也无济于事。因此，我们在求人办事的时候，需要巧用话语攻心，或是找出对方的心理弱点，或是先“瓦解”对方的心理防线，影响对方的心理，经过一番言语说辞，让他人乐意为你效劳。

大方说出自己的诉求，不让对方心生反感

在日常生活中，一个人的能力有限，于是，求人办事就是一件再正常不过的事情。但是，却有许多人羞于开口，他们不肯寻求帮助的理由是害怕给对方添麻烦，或者害怕被对方拒绝而使自己丢面子。其实，求人办事者完全没有必要这样脆弱，假如自己真的需要他人的帮忙，却又带着这样一种心理，就会影响你的"诉求"效果，如此吞吞吐吐、含含糊糊，一开口就令对方心生反感。因此，只要你能放下心理包袱，大方自然地提出自己的诉求，相信大多数人还是十分乐意帮助你的。有时候，给对方一个机会帮助别人，他们也会感到很开心的。所以，在向他人提出诉求的时候，需要巧用话语攻心策略，让对方消除反感，让对方乐意为你效劳。

小雨在广告策划公司上班，这个月碰巧接了一个大项目，虽然每天忙得焦头烂额，但策划方案还是没有最终敲定，她也不知道该怎么办了。无奈之下，她想到了请同事阿美帮忙，阿美是研究生毕业，专业功底比较强，而且，她已经在公司做了两年，经验相对来说比较丰富。可是，小雨感觉自己始终拉不下面子提出自己的要求，而且，阿美现在是策划总监，每天工作那么忙，她担心自己会被拒绝。思来想去，小雨还是决定试一试。

为了走进阿美那间办公室，小雨为此做了一个星期的心理斗争，最后终于鼓起勇气走进了阿美的办公室。"阿美，在忙什么呢?"小雨小心翼翼地问道，"哦，正忙着写总结呢，好久没有到我这里来了，进来坐吧。"阿美亲切地打招呼，并安排秘书给小雨倒茶，小雨局促不安地坐在沙发上，考虑该如何开口，"有什么事情吗？看你的样子好像很紧张。"阿美关心地问，"哦，没什么事情，我就随便坐坐。"小雨不知道如何开口，只好用几句话搪塞过去，"你最近忙吗?"小雨小声地问道，"嗯，很忙啊，忙得我晕头转向，我已经很久没有好好休息了。"阿美并不知道小雨的用意，如实告诉她自己每天的行程，听

了阿美的话，小雨已经不抱任何希望了，她坐了一会儿就失望地离开了，阿美有点疑惑，小雨是不是遇到了难题有求于自己呢？

小雨怀着不安的心情想获得同事的帮助，但是，在整个谈话过程中，她并没有提出自己的诉求，凭着自己的感觉就断言自己已经没有希望了。其实，如果小雨自然大方地提出"上次你给我的那个项目比较难，有些问题我不是很清楚，想跟你请教一下"，阿美显然是不会拒绝的，毕竟碍于同事的面子。相反，小雨吞吞吐吐的样子，不敢直接开口，反而令阿美产生疑惑。

对于大多数人来说，能够给予身边朋友或同事一定的帮助，他们是非常愿意的。但是，如果你总是藏着掖着，不敢直接提出自己的诉求，说话吞吞吐吐、含含糊糊，把本来很简单的事情说得很复杂，对方一听就感觉有压力，顿时心生反感，马上就想到了推托之词或者拒绝之语。所以，我们在求人办事的时候，不要总是怀着害怕被拒绝的心情，或者害怕给对方添麻烦的心理，这样只会令你的"诉求"失败，不妨怀着自然大方的心态，诚恳地提出自己的诉求，让对方消除反感。

1.放松紧张心理

自然大方地提出自己的诉求，就是这么简单，根本没有必要紧张，因为最终这个决定取决于对方，你的诉求是否可行，对方定会有自己的判断。如果你不确信对方是否答应，害怕被拒绝，那可以问问自己，你们之间的关系是否足够密切并经得起拒绝。

2.注意自己的表达方式

当然，如果不想遭遇对方的拒绝，你需要适当注意自己的表达方式，让对方感觉你诉求的帮助是非常有必要的，比如"这事可能有点麻烦，但对我来说真的很重要"。

3.放下架子

在日常生活中，向同事或朋友求助，比如请他们延长一些工作的截止时间，或者向他们询问一些意见，这并不会损坏你的形象，也不代表你的能力不够，只是证明你想做好一件事情。所以，有时候需要放下自己的架子，在

他们面前承认自己有脆弱的一面，大方自然地提出自己的诉求，让对方消除反感。

把自己的“价值”透露给对方

有的人在求人办事时会抱着“有事有人，无事无人”的态度，他们把他人的帮助看做是理所当然的行为，当自己的诉求得到了回应，办好自己的事情后就不再理睬对方了。有这样心态的人大多数都会被抛弃，当他们再次需要帮助的时候，相信没有人会给予他们帮助的。其实，在日常交际中，人与人之间是建立在互惠互利的基础之上的，没有互惠互利，就没有互信互助。鉴于人们这样的心理，当他们在面对你的诉求的时候，其实很想知道你是否有一定的“利用价值”，换句话说，他们的效劳会不会换来一点回报。于是，在求人办事的过程中，如果你的言语中透露出了自己的“利用价值”，大多数情况下，对方都会乐意帮助你的。所以，作为提出诉求的我们应该尽量展现自己的“利用价值”，以此获得他人的帮助。

小然换了新房子，可自己对粉刷和装修一窍不通，这时她想到了朋友艳艳，艳艳平时工作不忙，最重要的是她对装修房子很在行。于是，小然拨通了艳艳的电话：“艳艳，我是小然，你最近忙吗？要是不忙的话，你来我这里住几天吧，可以当做散心或者旅游，我管你食宿。”“行啊。”艳艳爽快地回答，“不过，我这边有点小事需要你帮忙，就是帮我看看房子怎么装修，你不介意吧？”小然提出了要求，“好，没问题。”艳艳一口就答应了。

小然言语里透露出令人欣喜的可“利用价值”：“来这里住几天”、“散心或旅游”、“管食宿”。虽然，这样的“恩惠”是出于朋友之间的亲密关系，但是，对方无形之中也会觉得有点“愧疚感”，白吃白住朋友的，心里多少都有点过意不去。于是，出于心中的那点“愧疚感”，以及给予帮助后的“补偿心理”，对方定会乐意效劳。因此，要想他人为你效劳，就应该大方展现自己的

“利用价值”，这会让对方更加乐意为你效劳，而那些所谓的“利用价值”，不妨就作为对方的酬谢了。

三国时期，邓芝受命出使东吴。到了东吴，孙权对他持怀疑态度，因此不肯接见他。过了两天，邓芝给孙权写了一封书信。孙权见书上写道：“臣今到此，非但为蜀，并且为吴。若大王不愿见臣，臣就走了。”孙权犹豫不定，一些大臣也都想刁难一下邓芝。后来，孙权采纳了张昭“先给邓芝个下马威”的意见，在殿前放一个沸腾的油鼎，命武士各执兵器，站立在两侧，召邓芝入见。

邓芝得知孙权召见他，便从馆舍出来，毫无惧色，昂首走入大殿。邓芝进入殿内，就对孙权说：“我特为吴国利害而来，大王却设兵置鼎，以拒一儒生，可见大王度量太小。”孙权听后，觉得很惭愧，忙令人赐座。邓芝问道：“大王欲与魏和还是与蜀和?”孙权说：“孤非不欲和蜀，但恐蜀主年幼国小，不足敌魏。”邓芝侃侃道：“大王为当世英雄，诸葛亮亦一代豪杰。蜀有山险关隘，吴有三江，若互为唇齿，进可兼并天下，退可鼎足峙立。如大王甘心事魏，魏必然会征大王入朝，索王子做质子，一不从命，便起大兵讨伐，那时蜀国再顺江东下，臣恐大王两面受敌，江东之地不能复有了，请大王熟思!”为赢得孙权的信任，表示诚意，邓芝又说：“若大王以为愚言是不可取的谎言，吾愿立即死在大王面前，以杜绝说客之名。”说着，撩起衣服，就装做向油鼎跳去。孙权忙令人将邓芝拦住，请入后殿，以上宾之礼相待。

在整个谈判中，邓芝言语中透露出蜀国因地势险要而有一定的“利用价值”：“诸葛亮亦一代豪杰，蜀有山险关隘，吴有三江，若互为唇齿，进可兼并天下，退可鼎足峙立。如大王甘心事魏，魏必然会征大王入朝，索王子做质子，一不从命，便起大兵讨伐，那时蜀国再顺江东下，臣恐大王两面受敌，江东之地不能复有了，请大王熟思!”最终邓芝凭着敏捷的思维，伶俐的口齿，说服了孙权。

1.给对方一点好处

当你求人办事的时候，不妨给对方一点好处，这样对方也会从中获得一

些恩惠。比如“你过来我包你车费，还管你食宿，咋样”、“只要你给我把这件事办好了，我就送你最喜欢的包包”、“前天我妈妈从老家带来了一些特产，你过来拿点吧”。

2.表明自己的回报之心

在寻求帮助的时候，最好能让对方觉得当他以后有困难的时候，你也一定不会袖手旁观，这样一种互惠互利的“承诺”，会让对方觉得你还是有“利用价值”的。当然，许下的承诺就要做到，否则就有可能失去这个朋友。

言语中表达出和对方情投意合

在求人办事的过程中，说服对方最基本的要点之一，就是巧妙地引导对方的心理或感情，投其所好，言谈中表达出“志同道合”，这样对方会卸下心理防备，更加乐意为你效劳。如果你总是一味地强调自己的事情有多么重要，或者口若悬河地谈起自己的喜好，这样会令对方心生反感。心理学认为，如果自己特别强调自己的事情，企图使自己占上风，对方反而会加强防范心理。在求人办事的时候，我们需要了解对方的喜好、性格和欲望，揣摩其心理，投其所好，让对方感到愉悦，深信不疑。如此一来，利用情趣把对方吸引住了，对方才肯为你的事情付出代价。所以，我们在提出自己诉求的时候，需要避免谈论自己，投其所好，使对方产生一种优越感，继而影响其心理，使对方乐意帮助自己。

赫蒙是美国有名的矿冶工程师，毕业于美国的耶鲁大学，又在德国的佛莱堡大学拿到了硕士学位。可是当赫蒙带着所有的文凭去找美国西部的大矿主赫斯特的时候，却遇到了麻烦。那位大矿主是个脾气古怪又很固执的人，他自己没有文凭，所以就不相信有文凭的人，更不喜欢那些文质彬彬又专爱讲理论的工程师。当赫蒙前去应聘并递上文凭时，满以为老板会乐不可支，没想到赫斯特很不礼貌地对赫蒙说：“我之所以不想用你就是因为你

曾经是德国佛莱堡大学的硕士，你的脑子里装满了一大堆没有用的理论，我可不需要什么文绉绉的工程师。”聪明的赫蒙听后不但没有生气，反而心平气和地回答说：“假如你答应不告诉我父亲的话，我要告诉你一个秘密。”赫斯特表示同意，于是赫蒙对赫斯特小声说：“其实我在德国的佛莱堡并没有学到什么，那三年就好像是稀里糊涂地混过来一样。”想不到赫斯特听后笑呵呵地说：“好，那明天你就来上班吧。”

赫蒙了解到“赫斯特是一位脾气古怪而又固执的人，他自己没有文凭，所以就不相信有文凭的人，更不喜欢那些文质彬彬又专爱讲理论的工程师”。于是，在与赫斯特正式交谈的时候，赫蒙巧妙地投其所好，告诉对方“其实我在德国的弗森堡并没有学到什么，那三年就好像是稀里糊涂地混过来一样”。最后，赫蒙运用了必要时不妨投其所好的策略，从而在一个非常顽固的人面前轻易地通过了面试。

美国的一家化妆品公司曾有一名优秀的“推销冠军”。有一天，他还是和往常一样，把公司里刚推出的化妆品的功能、效用介绍给顾客，然而，他所介绍的女主人并没有表示出太大的兴趣。于是，他立刻闭上嘴巴，开动脑筋，并细心观察。突然，他看到阳台上摆着一盆美丽的盆栽，便说：“好漂亮的盆栽啊！平常似乎很难见到。”

“你说得没错，这是很罕见的品种。同时，它也属于吊兰的一种。它真的很美，美在那种优雅的风情。”

“确实如此。但是，它应该不便宜吧？”

“这个宝贝很昂贵的，一盆就要花700美元。”

“什么？我的天哪，700美元？那每天都要给它浇水吗？”

“是的，每天都要很细心地养育它……”女主人开始向推销员倾囊相授所有与吊兰有关的知识，而推销员也假装聚精会神地听着。最后，这位女主人一边打开钱包，一边说道：“就算是我的先生，也不会听我嘀嘀咕咕讲这么多的，而你却愿意听我说了这么久，甚至还能够理解我的这番话，真的太谢谢你了。希望改天你再来听我谈兰花，好吗？”女主人爽快地买下了化妆品。

在日常交际中，“投其所好”通常被视为一个贬义词，当然，在某些时候是因为有的人是出于不可告人的目的，但是，如果为了说服对方或者求得帮助，这就是光明正大的“投其所好”。在案例中，女主人特别喜欢盆栽，而这一细微之处被推销员发现了，于是，通过女主人的兴趣爱好愉快地展开了话题，使女主人的心情变得愉悦起来，最后，推销员也达到了自己的目的。

那么，我们在求人办事的过程中，如何做到“投其所好”呢？

1.模仿对方

山田久二是日本非常有名的一个推销大王。他成功的秘诀就是说话看对象，见什么人说什么话，积极求同。他不仅模仿对方的口音、语言、身体姿态，还依据对方的爱好、职业等特点来装扮自己，使对方感到特别亲近可靠。其实，每个人都希望他人与自己是同类人，而模仿对方无疑会给对方一种志同道合的感觉。

2.从对方的兴趣爱好说起

每个人都有自己的兴趣爱好，如果你表现出对他人的喜好很感兴趣的样子，这会令对方的心情相当愉悦。因此，我们在谈话的过程中，需要了解对方的兴趣爱好，尽可能地先从对方的兴趣爱好说起。

3.从对方得意的事情说起

每个人都渴望得到他人的尊重与认同，尤其是自己所取得的成绩。我们在求人办事的时候，不妨从对方得意的事情说起，给对方戴一顶“高帽子”，这样对方一定会乐意帮助你的。

说话巧妙，博得对方同情心

每个人的内心都有最柔软的地方，那里遍地盛开的都是同情心。实际上，人心都是肉长的，我们在求人办事的关键时刻，不失时机地说一些柔情话语，甚至可以扮可怜状以博得对方的同情心，使彼此之间在情感上靠近，

并产生共鸣,这就为事情的成功奠定了基础。这种“柔情攻略”的求人办事之术,使对方更加乐意为你效劳。在求人办事的过程中,利用话语来博得对方真切同情的说话技巧会给对方一种慰藉,一种体贴。像这种通过言语示弱来博得同情,其目的在于使整个话题重心不偏不倚,使对方获得一种心理上的满足,从而达到影响他人心理的目的,而自己的问题也可以得到圆满的解决。

约翰固执地爱上了商人的女儿柯尼亚,但柯尼亚始终拒绝正眼看他,因为他是个古怪可笑的驼子。这天,约翰找到柯尼亚,鼓足勇气问道:“你相信姻缘天注定吗?”柯尼亚眼睛盯着天花板答了一句:“相信。”然后反问他:“你相信吗?”约翰回答:“我听说,每个男孩出生之前,上帝便会告诉他,将来要娶的是哪一个女孩。我出生的时候,未来的新娘便已经配给我了。上帝还告诉我,我的新娘是个驼子。我当即向上帝恳求‘上帝啊,一个驼背的妇女将是个悲剧,求你把驼背赐给我,再将美貌留给我的新娘’。”当时,柯尼亚看着约翰的眼睛,并被内心深处的某些记忆搅乱了心扉。她把手伸向约翰,之后便成了他最挚爱的妻子。

约翰通过柔情的话语赢得了爱情,他的话语触碰到了柯尼亚心中最柔软的位置。在日常生活中,只要我们能够合适地运用说话技巧,就很容易达到自己的目的。虽然,“柔情攻略”这种说话方式显得有点“煽情”,但是它却不失为一种很好的说服对方给予帮助的方法。当然,如果你总是说一些有利于自己的话,对方通常都会怀疑你所说的话,这时候不妨借他人之口,说自己之事,让别人来替你说话,以此激发对方的同情心。

亚伯拉罕·林肯出生于一个鞋匠家庭,而当时的美国社会非常看重门第。林肯竞选总统前夕,在参议院演说时,遭到了一个参议员的羞辱。那位参议员说:“林肯先生,在你开始演讲之前,我希望你记住你是一个鞋匠的儿子。”林肯看看他,没有表现出愤怒的样子,而是深沉地说:“我非常感谢你使我想起我的父亲,他已经过世了,我会永远记住你的忠告,我知道我做总统无法像我父亲做鞋匠那么好。”听了林肯这一席话,参议院陷入了沉默,林肯

又转头对那个傲慢的参议员说："据我所知，我的父亲以前也为你的家人做过鞋子，如果你的鞋子不合脚，我可以帮你改正它。虽然我不是伟大的鞋匠，但我从小就跟随父亲学到了做鞋子的技术。"然后，他又对所有的参议员说："对参议院的任何人都一样，如果你们穿的那双鞋是我父亲做的，而它们需要修理或改善，我一定竭尽所能帮忙。但是有一件事是可以肯定的，我无法像他那么伟大，他的手艺是无人能比的。"说到这里，林肯流下了眼泪，所有的嘲笑都化成了真诚的掌声。后来，林肯如愿以偿地当上了美国总统。

林肯虽然出身卑微，也许，他没有任何贵族社会的硬件，但从这个案例中来看，他却有着出类拔萃的才华，而且能够扭转不利的局面。那番对父亲的表达情感的言语为他赢得了所有参议员的尊重，而在关键时刻留下的眼泪，为他赢得了成功。

1.以情动人

充满感情的话语是能够打动人心的，如果你能够有感情地提出自己的诉求，甚至把自己当下的难堪情境说出来，对方多少都会因为同情而给予你帮助的。

2.适当示弱

在求人办事的过程中，我们需要以一个弱者的姿态来赢得对方的同情。当然，这里所说的示弱并不是真的示弱，只不过是以话语来博得对方的同情，以达到自己的目的。俗话说："软刀子更扎人。"说的就是以话语来博取同情的说话技巧吧。

3.多进行感情投资

松下幸之助是一个主动进行感情投资的人，他每次看见员工都会亲自上前为其沏茶，并充满感激地说："太感谢了，你辛苦了，请喝杯茶吧。"正因为平时生活中的感情投资，促使员工都乐意为其效劳，从而助他把"松下"做成了国际品牌。

主动的亲昵举动,让对方领会你的好感

在日常生活中,小孩子和女人最擅长的就是“撒娇”,往往在撒娇之后,他们都会获得自己想要的东西,这也是一种求人办事的说话技巧。当然,通常情况下,“撒娇”只会出现在亲密的朋友之间或夫妻之间,而且,这样的说话方式常常是被小孩和女人所使用,试想,我们没有见过一个大男人通过“撒娇”来获得帮助吧!而且,通过言语表现出自己的亲昵,以一种撒娇的姿态来赢得对方的帮助,还需要掌握好适当的度。比如,女秘书希望总经理能够帮自己查看一下年度总结,只要稍微示弱就可以了:“总经理,我怕自己弄不好,你先帮我看一看,好吗?”没有必要用那种极度“黏人”、“娇嗔”的语气说出来。因此,我们在求人办事的过程中,只需要适当表现自己的亲昵,对方就会乐意帮忙的。

某班级要到一家商店参加社会实践活动。第一次派了一个同学去联系,那个同学很不讲礼貌,开口闭口就谈市里有精神,你们应该接待我们,结果遭到了商店的拒绝;第二次又派了一个同学去联系,该同学在经理办公室外面等经理办完了事,才轻轻敲门,得到允许后进到屋里,拿出介绍信,委婉地说:“叔叔,我们有件事要麻烦您和商店里的叔叔阿姨……请您大力支持……谢谢您啦。”这一番话说得经理心里暖呼呼的,他当然不会再拒绝了。

两个同学都是求助,为什么第一个同学被拒绝了,而第二个同学却受到了欢迎呢?分析其话语“叔叔,我们有件事要麻烦您和商店里的叔叔阿姨……请您大力支持……谢谢您啦”,首先,“叔叔阿姨”表现了亲昵,拉近了彼此之间的心理距离,语气恳切,一番话说得经理心里暖呼呼的,而且,他所面对的又是一个学生,自然不好意思再拒绝了。

贝尔那·拉弟埃是个著名的推销专家,当他被推荐到“空中客车”公司

时，他面临的第一项挑战就是向印度推销飞机。这是件棘手的事情，因为这笔交易已由印度政府初审，却没有得到批准，能否重新寻找成功的机会，靠的便是特派员的谈判本领。拉弟埃作为特派员，深知自己背负的重任，他稍做准备后就飞往了新德里。接待他的是印航主席拉尔少将。拉弟埃到达印度后，同他的谈判对手讲的第一句话就是："正因为你，使我有机会在我生日这一天又回到了我的出生地。"

当然，拉弟埃的那句开场白"正因为你，使我有机会在我生日这一天又回到了我的出生地"十分得体，并没有"撒娇"的意味，不过，语气之中透露出来的亲昵，却使拉弟埃与拉尔少将之间的距离更近了一步。结果是拉弟埃的印度之行取得了圆满成功。

在商业谈判中，面对客户，签单并不是一件容易的事情，但却未必真的不好商量。适当亲昵一些，客户很有可能会"乐意为你效劳"。比如，聪明的女士可能会夸张对方的强势，突出自己的难处："已经没有利润了，您吃肉，让我们也喝点粥嘛。"这时候撒娇是一种策略上的示弱，使自己变为主动，最终达到自己的目的。但是，通过语言表现亲昵一些，你需要把握好尺度、技巧、方式，不是暧昧，不是谄媚，这样才能达到最好的效果。

我们在求人办事的时候，如何通过话语表现得亲昵一些呢？

1.亲切问候

见到对方我们应该致以亲切的问候，拉近彼此之间的心理距离。比如"老杜，您好"显得亲切；"您早，早上好"比"您好"显得更为亲昵。沟通过程中，亲切的问候可以赢得对方的信任与好感，继而使对方愿意为你效劳。

2.攀亲带故

赤壁之战中，鲁肃见到诸葛亮时说的第一句话就是："我，子瑜友也。"这里所说的子瑜，就是诸葛亮的哥哥诸葛瑾，鲁肃是他哥哥的同事挚友。短短一句话就定下了与诸葛亮的交情。其实，我们只要稍微留意，就能发现那些攀亲带故的关系，比如："您是体育界老前辈了，我爱人可是个体育谜，你我真是'近亲'啊。"

3.表达自己的仰慕之情

在谈话过程中,表达出自己的仰慕之情,也可以表现出“亲昵”的意味。当然,这需要掌握说话的分寸,比如“您的大作我读过多遍,受益匪浅,想不到今天竟能在这里一睹作者的风采,真是太荣幸了!”这样一说自然会令对方心情愉悦,借机再提出自己的诉求,就不用担心被拒绝了。

言辞中透露你的回报之心

在求人办事的过程中,我们要善于通过言语中的诱导,表明自己的回报之心,毕竟利益比空口说教更有效果。也许,在你提出诉求的时候,对方会有所犹豫,在这关键时刻,你指出自己的诉求和与他合作有利的地方,这样他自然会乐意为你效劳。在请求对方帮助之前,你应该清楚对方为什么会帮助你?你凭什么让他来帮助你?毕竟有一部分人是为了利益而生存的,那么你就可以利用这样一种方法:直接告诉对方在帮助你之后会获得什么利益,诱导对方帮助自己渡过难关。其实,人与人之间的关系就是互惠互利,当对方意识到自己在付出之后还能有所得,他一定会毫不犹豫地答应你的诉求。所以,在求人帮忙的时候,我们要懂得“诱导”,适时表明自己的“酬谢”,满足对方的心理。

公元前659年夏天,晋国兴兵攻伐虢国。伐虢就必须经过虞国,但是如果虞国不借道给晋国,晋国就束手无策。大臣荀息建议晋献公把自己国家的两件国宝——千里马和玉璧送给虞国国君虞公,晋献公接受了荀息的建议,于是,晋献公向虞国国君传递出这样的信息:“只要你借道予我,我就把两件国宝送给你。”同时,派人把千里马和玉璧送给虞公,虞公不听谋臣宫之奇的劝告,借路给晋国。晋军经虞国到达虢国,攻占了虢国的都城,迫使虢国迁都上阳。公元前655年,晋国聚集精兵良将,再次向虞国借路攻伐已迁都上阳的虢国。虽然,宫之奇劝说虞公道:“虢虞两国相互依存,虢国灭亡

了，虞国也就日落西山了。所谓‘辅车相依，唇亡齿寒’说的正是虢虞两国今天的形势。还请大王三思而行。”可是虞公再次拒绝宫之奇的劝告，借路给了晋国。

晋献公的“利诱”之计正好击中了虞国国君爱财的弱点，如此一来，他自然同意了晋国“借道”的请求。不管身边大臣如何规劝，虞国国君毅然答应对方的再次“借道”，以致最后葬送了自己的国家。由此可见，言语中“利益”的诱惑性之大。

大学生黄东刚刚大学毕业，被分配到山东某钢铁总公司工作，由于嫌厂里工资低，他进厂不久就偷偷跑到南方打工去了。过了一段时间，他回厂里准备提取档案，正好碰上李经理。黄东会以为李经理要批评他几个月没上班，但出乎他的意料，李经理开口就说：“从国家大局讲，人才流动是大趋势，你走是对的。你们收入低，我也没有关心到你们，这是我的失职，不过，上次由于人事变动，空缺了许多职位，我就想好好栽培像你这样的年轻人，如果你愿意继续留下来，估计用不上两年，你就会坐上我的位置。”接着，李经理详细介绍了公司的薪资待遇以及今后的发展，黄东听得热血沸腾。

李经理不愧是一位优秀的领导，他的一席话，使这位原本要南飞的“孔雀”留了下来。当然，在说服黄东继续留下的话语中，采取了一定的诱导方法，这成为黄东留下来最关键的因素。

郑板桥的画画得很好，他擅长画竹、兰、石、菊，字写得也很棒。当时，有位富豪盖好了一幢新房，想弄两幅郑板桥的字画，挂在客厅里。然而，郑板桥恃才傲物，鄙视权贵，一些达官显贵想索求书画，哪怕推着装满银子的车来，也都会被郑板桥拒之门外。然而，一位富豪通过巧妙“利诱”，使郑板桥自愿为其画画题字。俗话说：“无利不起早。”连一向不俗的郑板桥也经受不住“利诱”，更何况是我们呢？没有一个人愿意去做没有好处的“无用功”，只要你了解了对方这样的心理，继而主动满足其欲望，他就会乐意为你效劳。“以利诱之”，对方会觉得这次不会白忙活，因此，他们就会主动地为你解决问题。

求人办事，应该以对方的切身利益为准，送礼也就应运而生了。现在，大多数人都经历了送礼这样的事情，送礼品、给红包也被认为是理所当然的事情。于是，我们在向对方寻求帮助的时候，不妨给予对方一定的好处，否则自己会觉得过意不去，或者担心对方不会尽全力地帮助自己。

1.许诺“酬谢之礼”

在向对方提出诉求的时候，我们需要顺带许诺“酬谢之礼”，这样才能让对方觉得这个忙不是白帮的，比如“事成之后，你就可以晋升为科长了”，这样一来，他既能从中有所获得，又满足了其欲望心理，自然答应得异常痛快，而且，在帮助我们时也会尽心尽力。

2.“舍不得孩子套不住狼”

如果你总是斤斤计较，或者表现得一毛不拔，一个劲儿地表示“希望你能帮助我”，但言语中一点也不涉及具体的利益，对方就有可能会心生反感：这种费力不讨好的事情，估计没有人愿意干。因此，求人办事，需要舍得才会有所获得，比如“这事就拜托你了，我最近工作比较忙，忙过这段时间我请你吃饭”。

3.“吃人家嘴短，拿人家手短”

一旦对方接受了你一定的好处，再拒绝反而不好意思开口了。所以，我们在求人办事的时候，需要了解对方这一心理，不妨先给予对方一定的好处，然后再提出自己的诉求，这样对方就不好意思再拒绝了。

表达崇敬之情，令对方不好意思负你所望

每个人都喜欢听赞美的话，谁也不能免俗。这是因为每个人都有一种渴望被尊重的心理需要，而赞美会使对方的这种需要得到极大的满足。爱听好话是人的天性，俗话说：“良言一句三冬暖。”赞美他人意味着认定了对方的价值，这时候，对方通常都会喜不自胜，在这样的心理基础之上，你再提

出自己的请求，对方自然就会爽快地答应。心理学家认为：对方心理上的亲和，实际上就是接受你意见的开始，同时，也是转变其态度的开始。由此可见，要想在求人办事中获得成功，我们应该给予对方真诚的赞美，而对方一定不会负我们所望，最终达到我们的目的。

日本加藤清正家的老臣阪田觉兵卫是一位勇猛又擅长军略的武将，但在加藤清正去世，宗族被追加了爵位后，阪田觉兵卫却辞官在京都过起隐居的生活。有一次，他对别人说："我第一次在战场上建功时，目睹了许多朋友因战殉职。当时，心想这是多么可怕的事情，我再也不想当武士了。可是，当我回到营里，加藤清正将军夸赞我今天的表现，随后又赐给我一把名刀。这时，我不想当武士的念头被打消了。后来，每次上战场，我总是有"不想再当武士"的念头。可是每次回到营里时，总又会受到夸赞和奖赏。周围的人，都以钦羡的眼光看我。所以，我的心意一次次地动摇，总是没能达成我的心愿，也就一直服侍清正公。现在想来，清正公真是巧妙地"利用"了我。"

即便是阪田觉兵卫这样英勇的士兵在面临战争时也会害怕，心中有不想当武士的念头。但是，在加藤清正的赞美之下，他把自己的一生都贡献给了国家。加藤清正的高明之处就在于，通过对武士的真诚赞美，留下了阪田觉兵卫这样一个忠勇的部下，并心甘情愿为其效力。

赞美对方是一种有效的情感投资，而且投入少，回报大，这是一种非常符合经济原则的行为方式。赞美同事，会令同事更乐意为你整理文件；赞美上司，会令上司更加重用你；赞美下属，会令其更加乐意为你效劳。真诚的赞美，会令对方获得心理上的愉悦，开心之余定会答应你所托之事。当然，要想对方帮你办事，为你效劳，就要给予真诚的赞美，只有真诚的赞美才有感染力，如果你只是虚情假意或者讽刺挖苦，对方不仅不会帮助你，反而会厌恶你。真诚的赞美是发自内心的，是心灵的呼唤，只有真诚的赞美才能收到好的效果，才能使对方受到感染，愿意伸出援助之手。

科劳德是毕加索的小儿子，他的母亲弗朗索瓦兹·吉洛特非常喜欢绘

画，一进画室便不希望被别人打扰。一次，儿子想让妈妈带他出去玩，可吉洛特已全身心投入到绘画上，听到敲门声和儿子的喊声，只是回应了一声“哎”，之后又接着埋头作画。过了一会儿，儿子又说：“妈妈，我爱你。”可得到的回应也只是：“我也爱你呀，我的宝贝儿。”门却没有打开。儿子又说：“我喜欢你的画，妈妈。”吉洛特高兴了，她答道：“谢谢！我的心肝，你真是个小天使。”可是门仍然没有打开。儿子又说：“妈妈，你画得太好看了。”这时吉洛特停下笔，却没有说话也没有动。儿子又说道：“妈妈，你画得比爸爸画得还好。”听了这话，妈妈把门打开了，并答应带儿子出去玩。

刚开始的时候，无论儿子怎么央求，妈妈都不为所动，当儿子说出“妈妈，你画得比爸爸还好”这样的赞美之词后，妈妈的心被打动了。虽然，吉洛特的画显然比不上绘画艺术大师毕加索，但那句赞美却说到了妈妈的心里，她又怎么忍心拒绝呢？

1.给对方戴一顶“高帽”

在求人办事的时候，需要适时给对方戴上“高帽子”，比如“最近你的皮肤变白了”、“最近你的工作表现很优秀”，令对方心情愉悦，之后再提出自己的要求，大部分情况下都不会遭到拒绝。

2.从细微之处赞美对方

虽然，每个人都有一些公认的优点或长处，不过，为了体现自己的“特别关注”，我们应该尽量从细微之处赞美对方，令对方产生被重视、被尊重的感觉，比如“你这衣服真好看”、“只错了一点点，你就重新写了一遍，真认真啊”，这会令对方有意外之喜。

3.肯定对方

当我们在肯定对方的时候，实际上就是暗示对方具备某种能力，然后，对方就会按照这种能力要求自己，最终他们的行为会达到你所期望的目标。

说点装可怜的话，激发对方的保护欲

人们总是不由自主地同情弱者，对他们不愿意袖手旁观，置之于不顾，并且比较容易答应弱者的请求。当对方不愿意帮忙或者正犹豫不决的时候，我们不妨开口就“装可怜”，激起对方的保护欲，一旦对方觉得你的说法真实可信，很有可能就会作出让步，答应你的请求。求人办事，要放得下面子，做个可怜人，以情乞悯，从而达到自己的目的。在日常生活中，当人们在讲述自己不幸的经历，比如幼年丧父、生活艰苦等，大多数人都会不由自主地给予宽慰和帮助。装可怜虽然并不是被人们常用的一种方法，但却是非常有效的一种方法。所以，我们在求人办事的过程中，应该巧妙地运用这一方法，开口“装可怜”，激起对方的保护欲，达到影响他人心理的目的。

汽车巨头亨利·福特公司的业务很忙，他的桌子上总是堆满了各种账单。福特每次大概看一眼后，就把账单扔在桌子上，对经理说：“你们看着办吧，我也不知道该先付谁的好！”但是有一次，他从一大堆的账单中抽出一张对财务经理说：“马上付给他！”这是一张传真来的账单，除了列明货物标的、价格、金额外，在大面积空白处还画了一个头像，头像正在滴着眼泪。“看看，人家都流泪了，”福特说，“以最快的方式付给他吧！”

我们都明白，这个催账人并非真的在流泪，他之所以急着催账，有可能是另有隐情或者急需资金。那催账单上的几滴泪珠帮助催账人迅速引起他人的重视，以最快的速度催回了大笔的货款。由此可见，“装可怜”的威力实在是不能小看啊！

鲍尔温交通公司总裁福克兰，在年轻的时候因巧妙处理了一项公司的业务而平步青云。他当时是一个机车工厂的普通职员，由于他的建议，公司买下了一块地皮，准备建造一座办公大楼。居住在这块土地上的100户居民，都得因此而搬迁。居民中有一位爱尔兰的老妇人，首先跳出来与机车工

厂作对。在她的带领下，许多人都拒绝搬走，而且这些人抱成一团，决心与机车工厂一拼到底。福克兰对工厂领导说："如果我们建议通过法律途径来解决问题，会费时费钱。我们更不能采用其他强硬的办法，以硬对硬，驱逐他们，这样我们将会增加更多的仇人，即使建成大楼，我们也不得安宁。这件事还是交给我来处理吧！"

这一天，他来到了老妇人家门前，坐在石阶上默默地流起了眼泪。这种行为自然引起了老妇人的注意。良久，她开口发问："年轻人，有什么伤心事吗？说出来，我一定会帮助你。"福克兰趁机走上前去，他擦擦眼泪，没有直接回答她的问题，却说："您在这时无事可做，真是天大的浪费呀！我知道您有很强的领导能力，实在是应该抓紧时间干一番大事业的。听说这里要建造新大楼，您是不是准备发挥超人才能，做一件连法官、总统都难以做成的事：劝您的邻居们，让他们找一个快乐的地方永久居住下去。这样，大家一定会记得您的好处的呀！"第二天，这个强硬顽固的爱尔兰老妇人便成了全费城最忙碌的妇人了。她到处寻觅房屋，劝说她的邻人搬走，并把一切都办得稳稳妥妥。办公大楼很快便破土动工了。而工厂在住房搬迁过程中，不仅速度大大加快，而且所付的代价竟只有预算的一半。

在这个案例中，福克兰装出一副可怜的样子，用眼泪打动了老妇人的心，使对方心甘情愿地为福克兰办成了一件大事。事实上，我们要善于抓住人性的弱点，这样就能使自己在求人办事中获得成功。

1.用眼泪打动对方

三国时期，蜀主刘备是精于哭道的高手，于是，有人戏称"刘备的江山是哭出来的"。虽然，这样的说法有失偏颇，但是，"哭"的确是求人办事的"秘密武器"，在提出自己诉求的时候，不失时机地流下几滴眼泪，会激发对方的保护欲，使对方爽快地答应你的请求。

2.先批评自己

在求人办事的时候，你应该率先进行自我批评"不好意思，都是我不好，把这样的事情告诉你，给你带来了麻烦"，不妨装一下可怜，使对方产生同情

心，以此达到自己的目的。

3.表示自己的无助

在提出自己诉求的过程中，你不妨通过语言表现自己的无助，比如"我也是没有办法，不然，我是无论如何都不会来麻烦你的，还希望你能够帮我这个忙"、"现在我是一点办法都没有了，希望你能帮忙出个主意"，对方看到你无助的样子，定会毫不犹豫地答应你的请求。

委婉表达自己的难处，让对方主动帮助你

有这样一则寓言故事：有位车夫拉车上桥，坡很陡，走到半路实在拉不动了。他急中生智，用力顶着车把，放声唱起歌来。听到他的歌声，前面的人都停下来观察他，后面的人想看看究竟发生了什么事，几步走过去追上他，而车夫则抓住这个好时机央求大家帮着推车，于是大家一齐用力，车就这样被推上了桥。在这个寓言故事中，车夫懂得抓住人们好奇围观的心理，本来是自己求人帮忙，最后却成了大家自觉自愿的行为于是，求人办事不露痕迹，让对方主动帮助自己是高明的手段。求人办事也需要委婉含蓄，讲究"曲径通幽"，留给彼此一定的余地。如果你直言直语，就有可能损伤对方的面子，伤害其自尊心，这样就很容易抹杀你与对方原来的交情，最后将得不偿失。因此，求人办事，也需要温婉曲折地表达，影响其心理，让其主动帮助自己。

雷特是美国《纽约时报》的总编辑，他身边缺少一位精明干练的助理，于是他把目光瞄向了年轻人约翰·海。他需要约翰帮助自己成名，帮助格里莱成为这家大报的成功的出版家。而约翰当时刚从西班牙卸除外交官一职，正打算回到家乡伊利诺伊州从事律师一职。

雷特抓住了这个机会，请他到联盟俱乐部吃饭。饭后，他建议约翰到报社去玩玩，从许多电讯中间，雷特找到了一条重要消息。那时恰巧刚刚开始

编辑国外新闻,于是他对约翰说:“请坐下来,为明天的报纸写一段关于这则消息的社论吧。”约翰自然无法拒绝,于是提起笔一气呵成。社论写得很棒,雷特看后很赞赏,于是又请他再帮忙顶缺一星期、一个月,最后竟让他担任这一职务。约翰就这样在不知不觉中放弃了回家乡做律师的打算,而是留在纽约做起了新闻记者。

约翰或许并没有想要从事新闻工作的意愿,他原本打算回家乡从事律师这个职业。雷特巧妙地抓住了机会,先是婉求他“写一篇关于这则消息的社论”,之后又“请他帮忙顶缺一个星期”,接着是“一个月”,时间长了,约翰已经习惯了这份工作,最终放弃了自己之前的打算。在整个过程中,约翰由“被人请求”而产生的行为转变为自觉自愿的行为,无疑,其中获利最大的人应该是雷特。由此可见,求人办事,央求不如婉求。

1.引起对方的兴趣

求人办事,尤其是请求对方给予帮助的时候,首先应该引起对方的兴趣,这样才能让其主动钻进“套子”,继而达到自己的目的。

2.激起对方的自尊心

当你请求对方为自己去做一件事情的时候,不妨先给对方一个强烈的刺激,使对方对做这件事有一定的要求,在这样的情况下,就激起了对方的自尊心,他会很渴望去完成这件事情,而你将很快达到自己的目的。

3.运用婉转的表达方式

要想达到求人办事的目的,要学会运用一些婉转的表达方式,说一些委婉含蓄的话,这样会使你事半功倍,同时也能有效地影响对方的心理。

说出具体步骤或诉求,让对方知道该怎么办

大多数人在请求他人帮忙的时候,由于害怕被拒绝而丢面子,或者不好意思开口,这样的心理从话语里反映出来就是“含糊、支支吾吾”,就连具体

的要求也没有说清楚。结果，话已经说完了，对方还没有听清楚，以致对方心里产生了疑虑：什么样的请求啊，可能自己真的不能胜任。通常情况下，对方都会婉拒，而自己只好哑巴吃黄连——有苦说不出。事实上，如果你把自己的要求说得越具体，对方会越容易接受。每个人都有一定的疑虑心理，对于被求者来说，他们的心里也是异常矛盾的：他没有说清楚具体干什么，我怎么能答应呢？万一做不好，我怎么向他交代呢？实际上，他们心中有许多的不确定因素，在没有明白自己究竟要干什么的时候，他们是不会贸然作决定的。所以，为了打消对方心中的疑虑，我们应该把要求说得具体些，消除对方的矛盾心理，令其接受我们的要求。

那么，究竟该如何说话才能让对方更容易接受呢？

1.说话要有中心、有重点

往往很多人在表达的时候，没有中心，没有重点，往往想到什么说什么，结果表达了很多，却让听的人云里雾里，不知道你究竟在说什么。这往往会让别人失去继续跟你交流的兴趣。要想把话说到刀刃上，那么就要练习让自己的表达有中心，有重点。

比如：你取得了优异的成绩，想要对所有支持你的人表达感谢。那么你就要把中心定在"感谢"上，重点定在别人对你的帮助上。至于别人帮助你之前的情况，以及帮助了你之后的进步表现，完全可以一带而过。如果你不懂简略，顾此失彼，那么你所表达的就不是感谢了。

2.表达尽量从简切忌啰嗦

通常，我们和人交流的时候，总是希望以最简单的话传递尽可能明确的信息。这就要求我们说话要说到点子上来，把话说到刀刃上去。如果你总是为了表达，说一些废话、套话，往往会让人心生厌恶，觉得和你交流实在太痛苦，继而想要迅速的结束和你之间的交流。

比如别人问你，看了这部电影有什么收获，而你却说电影进展中你的心情，尽管这对于你来说或许也是收获，但是却让听的人犯迷糊。相反，如果你简单明了地说："很不错，有洗涤灵魂的感觉。"或者是"让人耳目一新"，别

人就清晰明了地得知了你的感受。

3.想明白你想要表达什么

在说话之前,想明白你究竟想要表达什么,这在很大程度上能帮助你把话说到刀刃上。因为只有你想明白了自己想要表达什么,你才能理顺语言表达的逻辑,才不至于东一榔头,西一棒槌,出现混乱。

比如说高考结束了,你想要去好好地放松放松自己,去旅游。那么你就要弄明白你的目的是旅游,原因是高考结束了,想要放松自己。如果你弄不明白,颠倒了逻辑关系,别人就弄不明白,你究竟是想要放松自己,还是想要去旅游。

4.消除对方心中的疑虑

在求人办事的过程中,我们要善于了解对方的心理,比如当你提出了要求之后,对方陷入了沉默或者开始迟疑,这就表示对方正在考虑,而你此时要抓住时机消除对方心中的疑虑,比如"我觉得这件事交给你,肯定没有问题的,我相信你的能力"。

5.弱化请求

有可能对方担心自己不能很好地解决问题,或者觉得这件事情的难度系数太大。因此,我们在提出请求的时候,要善于弱化请求,也就是把复杂的问题简单化,让对方觉得这不过是一个轻而易举的事情,比如"你到了车站,举着这个牌子,就会找到那个人的,很简单"。

每个人的思想都是极其复杂的,一旦他们对某事物不理解,想不通一些问题,往往就会疑虑重重,这就需要我们把要求说具体,把道理讲清楚。对方心中的疑虑消除了,我们自然就达到了求人办事的目的了。当然,消除对方的疑虑并不是一件很容易的事情,而是需要一点点、一层层递进,把要求说具体,令对方更容易接受请求。

话不说全，激起对方的好奇心从而帮助你

"说话留三分，设置悬念"在求人办事中很常用，这种话语技巧是先将自己的思路引入对方思维的轨道，然后，把对方置入困惑的境地，激发对方的帮助欲望。说话留三分，又可以称为"吊胃口"，其真正目的是利用对方的好奇心理，先说出令人深思的话语，在这个时候设下悬念，秘而不宣，吊住对方的胃口，在对方不断地追问之下，你才提出自己的要求，对方会毫不犹豫地为你提供帮助。古人说："文人看山喜不平。"其实，我们在求人办事的过程中，也是一样的道理，如果我们在说话时巧妙留三分，恰到好处地留下"悬念"，这样会使对方在回旋推进的言论中产生"山重水复疑无路，柳暗花明又一村"的感觉，继而激发无穷的兴趣，有效地影响对方的心理，最后使我们一步步达到自己的目的。

心理学认为：好奇心是个人遇到新奇事物或处在新的外界条件下所产生的注意、操作、提问的心理倾向。人的心理是不满足的，而好奇心就是人们希望自己能够知道或了解更多事物的不满足心态。当我们在向对方求助的时候，假如能巧妙设下"陷阱"，激起对方想了解你的欲望，那么你的求助就有可能成功了一大半。而"说话留三分"的姿态正好能激发对方的好奇心，点燃其帮助欲望，对方在强烈好奇心的驱使下，会忍不住主动问你"我能帮上什么忙吗"诸如此类的话。

爸爸由于为一项工程作策划，忙得好多天都没有和孩子一起吃团圆饭了。一天晚上爸爸加班到9点多，工作了一天很累、很烦。回到家中发现孩子还没有睡，正在等他。孩子开口说道："我可以问你一个问题吗？"爸爸回答："什么问题？"孩子好奇地问："你一小时可以赚多少钱？""在这等我不去睡觉，就是为了问这个问题吗？无聊。"爸爸生气地说。"我只是想知道，请告诉我，你一小时赚多少钱？"孩子几乎用哀求的口吻问他。爸爸回答说：

"我一小时赚20元。""哦,"孩子低下了头,接着孩子又说,"你可以借我10个硬币吗?"爸爸发怒了:"开什么玩笑,现在就去睡觉。好好想想为什么你会那么自私。我每天长时间辛苦工作着,没时间和你闹着玩。"

爸爸平静下来后,意识到自己刚才对孩子太凶了,于是走进孩子房间问道:"为什么你无缘无故想要硬币呢?""这些钱都是我存的,不过还差10个硬币,如果我有了20个硬币,我还有一个小小的请求。"爸爸有点好奇地问道:"什么事啊?""我可以用这20元钱向你买一个小时的时间吗?明天下班后,我想和你一起到外面吃晚餐。"孩子开口说道,爸爸哈哈大笑:"原来是这样啊,我还以为是什么大事呢,没问题,明天我提前下班,咱们好好吃一顿。"

孩子先以"问钱"设下悬念,等爸爸到9点仅仅为了问一句"一小时可以赚多少钱?"这个问题显得突兀而奇怪,然后再以"借钱"设悬念:"平时很少要过钱"的孩子竟向爸爸开口借十个硬币,以致"爸爸发怒",而后为了解开疑团,爸爸主动询问,孩子趁机提出"要求",爸爸在欣喜之余就答应了。

当然,"说话留三分"也是需要技巧的,一个善于说话的人,不管在什么时候都会让对方乐意帮忙;相反,一个不善于说话的人,不但不会获得对方的帮助,反而会令对方产生反感。凡事都要有个度,"说话留三分"也不例外。在适当的时候戛然而止,说出你的风采,让一句机智的妙语胜过一摞劣书。

1.故意说错话

在交谈过程中,不妨故意说错话,但话到中间却又巧妙一转,表示自己的歉意"不好意思,这些话不该说的,其实,我不想让你知道我现在的处境",以激起对方的好奇心,在对方不断地追问之下,再假装无奈地说出自己目前的处境,顺势提出请求,对方就会乐意帮助你的。

2.设下"陷阱"

有时候,对方可能根本不知道你有求助的意思,所以,你要巧妙设下"陷阱",通过自己的语言或行为透露给对方"自己有求于他",这样对方反而会主动问你"出了什么事"、"需要帮忙吗"。

3.设置悬念

如果对方主动问你“出了什么事情”，你可以设置悬念“我也不知道怎么说……还是不要跟你说好了”、“其实都是小事，你还是不要知道好了”，激发对方帮助的欲望，这样对方会继续追问，迫切地想了解你的情况，甚至主动提出给予你帮助。

说话柔中带刚，让对方不好拒绝

求人办事，最忌讳理直气壮，因为强硬的话非但不会令对方答应自己的请求，反而会使对方心生厌烦之感。比起硬话，柔中带刚的话会更具效果，从某种意义上说，柔中带刚就是用一句明白易懂的话表达，说话时的语气和态度都比较缓和，不过话语中却有比较强硬的部分，这会令对方不好拒绝，只好答应我们的请求。在日常生活中，有的人对于他人的请求，总是予以拒绝，其真正原因就是不想给予帮助。假如这时候我们又特别需要帮忙，为了迫使其答应请求，不妨使用柔中带刚的话语，有效影响对方的心理，这样会使对方难以拒绝我们的请求。

一位供货商在与某厂采购经理的谈判中，想提高产品的价格，但他并没有直接探询对方的反应，而是聊了一些似乎不着边际的话。“我们想提高产品的质量，因此想知道你们厂对我们的产品有什么意见，最好能帮助我们提供一些数据，以便我们及时改进。”采购经理回答道：“嗯，你们的产品质量还是不错的，至于数据嘛，我可以在谈判后替你收集一些。不过据实验人员反映，你们产品的各项检测指标均优于我们曾用过的其他产品。”供货商由衷地赞赏：“噢，非常感谢。据说你们厂这两年的效益非常好，规模越来越大，产品几乎没有任何积压。”采购经理高兴又略有无奈地回答：“可不是，几十条生产线昼夜不停，产品、原料都是供不应求，可忙坏我了。”供货商听到这里，露出一丝不易察觉的微笑，拿出了拟好的合同，说道：“我想以你们工厂

现在的规模以及产品需求量，相应地，我们公司所提供的产品以及价格，你们应该也不会有什么意见了吧。”采购经理一下子醒悟过来，刚才自己自亮了“底牌”，唯有答应对方所提出的价格了。

在谈话中，供货商已经了解到对方的信息：自己所提供的产品信誉非常好；对方的库存原料已经供不应求，正面临着很大的压力。已经看到了对方的“底牌”，意味着知道了对方的弱点，于是，供货商柔中带刚地说出那一番话来，暗示“如果你不按我们提出的价格，势必对你们工厂造成影响”，在这样的话语之下，采购经理不得不答应供货商的要求。

当然，求人办事，按常理来说，应该以低姿态说话，更容易成功。换句话说，当你需要以柔中带刚的话语来提出要求的时候，心中应该有一定的把握，也就是你算准对方会答应自己的请求。有可能是你看准了对方的弱点，有可能是你抓住了对方的把柄，有可能是柔中带刚的说话方式比较适合对方，但无论是哪种原因，都需要尽可能地顺应对方的心理，这样对方才有可能在心理压力之下，不得不答应我们的诉求。因此，求人办事，柔中带刚的话语并不是随便就能说的，当你没有必胜的把握的时候，还是慎重点比较好，否则效果只会适得其反。

李经理约了一家银行的主管一起吃饭，席间，他直截了当地对银行主管说：“我还需要 200 万元，明天我就要拿到贷款。”“你一定是在开玩笑，我们从来没有一天之内就能办妥这样的事的先例。”银行主管答道。“其实我认识几个银行负责人，但我觉得除了你，没有谁有这么大的本事在一天之内办妥这件事，如果你觉得不行的话，我就找其他银行的主管了。”李经理很诚恳地说。银行主管听后，笑着说：“你这可是在逼我上梁山啊，不过，我可以试一试。”

在李经理的那一番话里，柔中带刚，既有对银行主管的赞赏“我觉得除了你，没有谁有这么大的本事”，满足了其心理；另外，还表露了自己早做准备的意思“其实我认识几个银行负责人，你要是觉得不行的话，我可以找其他人”，这样一番心理挑战，对方有可能碍于面子，或者由于好胜心理，通常

都难以拒绝。最终，使得李经理所诉求的“不可能的事情”变成了“可能的事情”，这就是柔中带刚的语言策略。

1.找准对方的“心理弱点”

当我们在求人办事之前，需要找准对方的“心理弱点”，这样我们才有“资本”说出柔中带刚的话语，比如“李警官，你也知道，今天的事情是我无意中看见的，有可能会不小心说出去，不过，相信你会妥善处理好这件事情的”。

2.不容拒绝的语气

在求人办事的过程中，可以利用对方的把柄或者短处进行适当的“善意”威胁，即向对方施加一定的压力，同时，在话语中要流露出不容拒绝的语气，比如“如果这件事不能如期完成，所造成的后果谁来担当，我想你需要认真思考一下这件事情”。

沟通中的心理暗示技巧——让他人按照你的思路走

心理学家发现,要想人们的心理活动按照一定的方向去行动,最好尽可能地少用命令,少提要求。心理暗示是一种特殊的信息传递方式,它是指在无对抗态度的条件下,用含蓄、间接的表达方式对人的心理或行动产生影响。有时候,我们并不明确表示自己的用意,只是用含而不露的语言去影响他人,对方就会在不知不觉中受到影响。而且,由于暗示本身不具备强制的特点,对方在接受暗示时,往往会产生很深的影响。在这一章里,我们将为你展示如何用语言来传达心理暗示。

言语中暗示对方的不足，给对方留面子

沟通是一种复杂的心理交往，而每个人的微妙心理、自尊心往往在此过程中起重要的控制作用，稍微触及它，就有可能产生不愉快。所以，对一些只可意会不可言传的事情、可能引起对方不快的事情，比如提出对方的不足之处，这时候往往不能直言相告，只能通过语言暗示来达到目的。在说话时，我们需要真诚，但却不一定要真实，比如对方是一个长相欠佳的人，你一见面就说："你长得真难看！"相信对方在自尊心受伤的同时也会恶语相向，和谐的人际关系也将随之消失。基于每个人的微妙心理和自尊心，所以，我们在说话时尽量利用语言来传达心理暗示，巧妙提出意见，不伤和气地令对方意识到自己的不足之处。

有一天，有个倒卖香烟的商人正滔滔不绝地大谈抽烟的好处。不一会儿，从人群中走出来一位老人，他大声说道："女士们，先生们，对于抽烟的好处，除了这位先生讲的以外，还有三大好处哩！我不妨讲给大家听听。"商人见此情景，转惊为喜，连忙向老人道谢："十分感谢您了，老先生。我看您气宇不凡，说话动听，肯定是位学识渊博的老人，请您把抽烟的三大好处当众讲讲吧！"老人微微一笑，立刻讲起来："第一，狗见到抽烟的人会害怕，就逃跑。"台下的人感到莫名其妙，商人则暗暗高兴。"第二，小偷不敢到抽烟的人家里去偷东西。"台下的人很是不解，商人则喜形于色。"第三，抽烟者永远年轻。"人群中传出一阵议论的声音，商人则满面春风，得意洋洋。

不料老先生接着说："女士们，先生们，请安静，我还没说清楚为啥会有这样三大好处呢！"商人十分高兴地说："老先生，请您快讲呀！""第一，在抽烟的人中驼背的多，狗一看到他们以为要拾石头打它哩，它能不害怕吗？"台下的人发出了笑声，商人则吓了一跳。"第二，抽烟的人夜里爱咳嗽，小偷以为他没有睡着，所以不敢去偷东西。"台下的人一阵大笑，商人则大汗直冒。

“第三，抽烟的人很少有长寿的，所以永远年轻。”台下的人一片哗然，商人则灰溜溜地走了。

老先生并没有直接批评商人的行为，而是先表示赞同商人的说法，再一步步通过语言表达出自己的想法，这样就收到了良好的效果。正所谓“曲径通幽，渐入佳境”。

丘吉尔说：“要让一个人有某种优点，你就要说得好像他已经具备了这种优点。”当身边的朋友遇到困难就畏首畏尾，或者办事时总是犹豫不决时，你可以通过言语来暗示：“这样畏首畏尾不像你做事的风格啊！”当你给他戴上应该具备某个优点的“高帽”时，由于给他一个良好印象的“定位”，因而，他会在言语中意识到自己的不足。在这一过程里，你已经操纵了他的心理，并引导他走进了你的“布局”，最终他会为此而奋斗，从而改变自己的一些缺点。假如你直接对他说：“你这个人真笨，什么事情都做不好。”这样不仅会伤害对方的自尊心，也会伤了彼此的和气。

那么，如何运用一些不伤和气的话来巧妙暗示对方身上的不足之处呢？

1.委婉含蓄，巧妙暗示

委婉含蓄的语言表达是一种艺术，这样的表达方式比口无遮拦、直言不讳更能体现出自己的修养。直言不讳虽然简单明了，但容易刺伤对方的自尊心，影响他人心里产生不愉快的情绪，继而造成和谐人际关系的破裂。而委婉含蓄的表达显得礼貌得体，使对方听起来轻松自在，心情愉快，也更容易令人接受。当你通过语言暗示对方的时候，实际上就已经操控了其心理。

2.直言直语伤人，何不绕个弯

每个人的心理都是极其微妙的，间接比直接更能产生有效的影响效果。一针见血地指出对方的缺点，尽管你的出发点是好的，但直言直语的杀伤力却是很强的，很容易让别人下不来台。如果你绕个弯，用言语暗示的方式来提醒对方，这样的效果远比直言直语更令人满意。

3.使用“是的……但是……”这个句式

对别人可以先肯定后否定，学会使用“是的……但是……”句式。比如，

一位职工在象棋大赛中得了冠军，但在技术考核中成绩却不理想，车间主任找他谈话时说："是的，你象棋比赛得第一，使我们车间也感到光荣。但是，如果你在学技术中也同样有股钻劲和拼搏精神，技术考核成绩也会领先的，这就两全其美了。"对方在听到夸奖时产生了愉悦的心情，这意味着他已经走进了你布好的"局"，而你也成功地影响了他的心理。

4.永远不说"你错了"

大多数人都具有武断、嫉妒、猜忌、傲慢等缺点，所以我们难以向别人承认自己错了，事实上，每个人都有固执己见的毛病。如果对方真的错了，你想让他意识到自己的错误，也应该回避"你错了"等类似的词语。比如，当你直言不讳地指出"你错了"的时候，会给对方的心理造成伤害，这也是自己不想看到的情景。

用积极的心理暗示劝慰他人，更有成效

当我们身边的朋友伤心难过或者流泪时，我们常常会感到坐立难安：应该予以帮助吗？能帮上什么呢？当朋友痛苦无语时，该如何最有效地抚平他的苦痛与焦虑？通常在这种情况下，我们都会及时地劝慰对方，希望他们能够勇敢地面对生活，走出内心痛苦的阴霾。在日常生活中，我们总会遭遇这样的时刻：痛失亲人、事业滑坡、失恋离婚……破碎的心需要劝慰，但是劝慰也是需要心理技巧的，不恰当的劝慰会适得其反。当一个人遭遇了挫折或者苦难的时候，他们往往十分消极，甚至绝望，在这时若不给予积极的心理暗示，他们有可能就会继续消沉下去。所以，我们在劝慰的同时，需要通过语言来给予对方积极的心理暗示，帮助他们走出痛苦的阴影，重新扬起生活的风帆。

小丁相处了三年的男朋友向她提出了分手，令她痛苦不堪。内心敏感而又缺乏安全感的她担心再也找不到深爱自己的人了，在男朋友提出分手

后，表面上她强颜欢笑，骨子里却显得颓废不堪，害怕失眠带来的空虚感，从此她爱上了泡酒吧，常常午夜时分流连于酒桌之间。

作为朋友的肖燕看不下去了，在一个周末，肖燕打电话约小丁出来，一见面小丁就抱着朋友大哭起来，断断续续地哭诉："跟他在一起三年多，我付出了多少……一直相信有一天我们会结婚，可是……三年之后，等来的却是'分手'两个字……"肖燕明白她还沉浸在失恋带来的痛苦里，小丁心里还一直纠结于男友为什么离开自己。为了转移小丁的注意力，肖燕轻轻拍着她的头，心疼地劝慰说："别哭了，其实你的条件多好啊，只是你们缺少缘分罢了，这也许是个好事，情不投意不合，多别扭，俗话说，强扭的瓜不甜。我觉得凭你的条件，不愁找不到与你般配的人，我就知道有好几个男孩子暗恋你。"短短一席话，既点拨了小丁，也劝慰了她。

心理专家说："每个人一定都劝慰过别人，而且大部分人都还认为自己的劝慰方法并没有错。但事实并非如此。"比如，有的人这样劝慰失去丈夫的妻子："我知道，你的爱人死了，没关系，失去了丈夫以后还可以再找。"或者"你已经够幸运了，起码还有胳膊有腿呢"。这样的言语只会让被劝慰者沉默无语，不再表露任何情绪。

人生有顺境就有逆境，有快乐就有痛苦，快乐的时候，可以不需要别人的祝福；不幸的时候，却必须得到别人的劝慰。但在日常生活中，不恰当的劝慰方式比比皆是。当同事失去亲人时，我们说"别哭了，哭不是办法"；当朋友遭遇失恋时，我们说"失恋的人多了去了，你又不是第一个"；当朋友事业陷入逆境时，我们说"你要坚强，一切总会好起来的"等。心理专家认为，我们最常犯的错误就是，没有与对方形成同感共情，也没有将积极的心态传达给对方。如果你想要通过语言来操控对方的心理，就要巧妙地通过语言给予对方积极的心理暗示，这样才能达到劝慰的目的。

1."我知道你很坚强"

在日常生活中，我们常常劝慰朋友要怎么样，应该怎么样，其实，这时我们扮演了一个英雄的角色来指导对方，无形之中给对方带来了压力。这时

候我们应该这样劝慰："我知道你很坚强"或者"你有能力战胜眼下的困难"，这会让对方感觉到自己被朋友无条件地接受和肯定，有能力走出目前的困境。

2.不要急于追问

在对方无法清楚地表达自己的困难时，我们不要急于追问，尽量通过语言给予对方积极的心理暗示，比如"我虽然不知道发生了什么，也不知道应该怎么说，但我真的很关心你"，给对方传递"尊重对方的伤痛，但随时准备帮助他"这样的信息。

3.帮助他人体验成功

你可以让他回顾自己的成功体验，假如你知道他以前唱歌比较好，你可以说："听说你以前唱歌……你当时是什么感受?"让他回忆过去，认为自己还是很优秀的，帮助他重新树立起自信心。

4."还有更好的"

当朋友失去了晋升的机会或者错过一次梦寐以求的成功时，我们可以用"还有更好的"来劝慰对方。比如，单位人事变动，朋友却因为种种原因失去了晋升的机会，不妨对他说："以后还会有一次大的人事变动，那时候空出的职位会更适合你。"

5."塞翁失马，焉知非福"

当朋友失意时，不妨以"塞翁失马，焉知非福"来劝慰他。比如"不要把事情的成败看得太重了，凡事退一步，多往好处想"，或者"这是人生的一个转折点，生活也许从此就朝着相反的方向发展，你也会获得意外的收获"。

6."比上不足，比下有余"

当朋友身处困境时，不妨以"比上不足，比下有余"来劝慰他，让对方觉得自己并不是最不幸的人，提高其自信心，使其更加有勇气来面对现实。比如"虽然从表面上来看是你失恋了，可你不过是失去了一个不爱你的人，但他失去的却是一个很爱他的人，他才是真正的失恋者"。

拒绝的话用暗示的方法说，可以不伤和气

在日常生活中，我们都不可避免地遇到需要拒绝的人或事，面对别人提出的不合理、不合适的要求或者自己不愿意去做的事情，这时我们需要说“不”。但是，直接的拒绝将意味着对他人意愿或行为的一种否定，无形中会挫伤对方的自信心，甚至伤害对方的自尊心。那么，如何既能保全双方的面子，又巧妙地达到拒绝的目的呢？我们可以通过语言来向对方暗示说“不”，拒绝也是一种艺术，这样既能达到巧妙拒绝的目的，又不至于让对方产生不快的情绪，这才是最高明的拒绝。在某些时候，我们不得不说“不”，当然，拒绝并不是以伤害他人为目的，而是以和为贵，尽量在保全双方面子的前提之下进行。另外，一个人的心理是可以通过语言来暗示的，当我们想要拒绝的时候，不妨把这种心理通过言语传递给对方，达到保全双方面子的目的。

有一天，萧伯纳收到了著名舞蹈家邓肯的求爱信，她在情书中写道：“如果我们结合，有一个孩子，有着和你一样的智商，和我一样的身姿，那该多美妙啊！”萧伯纳看完信以后，很委婉又很幽默地写了回信，他在信中说：“依我看那个孩子的命运不一定有那么好，假如他有我这样的身体，你那样的智商岂不糟糕了吗？”

邓肯收到信以后，明白了萧伯纳的拒绝之意，她失望地离开了，但她一点也不怨恨萧伯纳，反而成了他最忠实的读者和好朋友。

拒绝的话一向都不好说，说得不好很容易损伤对方的面子，或者让自己陷入尴尬的情境之中。所以，我们在拒绝他人时，需要讲究策略，最关键的一点就是用含蓄委婉的语言来传达“拒绝”的心理。

意大利音乐家罗西尼生于1972年2月29日，因为每4年才有一个闰年，所以等他过第18个生日的时候，已经72岁了。在他生日的前一天，一些朋友告诉他，他们凑集了3法郎，要为他立一座纪念碑。他听后说道：“浪费

钱财！给我这笔钱，我自己站在那里就好了！”

罗西尼本来就不同意朋友的做法，但他并没有正面拒绝，反而提出一个不合理的想法，含蓄地指出朋友的做法太奢侈了，点明了这种做法的不合理性。拒绝是需要讲究技巧的，尤其是语言上的诀窍之处，只有掌握了这些技巧，才会既不得罪人，又能让别人欣然接受。

1.采用幽默的方式拒绝他人

在拒绝的时候，我们需要考虑对方的面子，而幽默地拒绝恰好可以巧妙地体现这一点，用幽默的方式来拒绝对方，让对方在毫无准备的大笑中失望。比如面对同事相约去钓鱼的要求，“妻管严”丈夫回答“其实我是个钓鱼迷，很想去的，可结婚以后，这项权利被取消了”，同事听完哈哈大笑，也就不再勉强他了。

2.委婉地拒绝他人

一位男青年被女播音员优美动听的声音吸引，来信希望见一见播音员本人，对此，播音员在回信中说：“这位听众朋友，首先，我了解你的心情，感谢你的好意。你听过‘知人知面不知心’这句格言吧，看来，交朋友最难的是交心。那么，还是让我们做知心的朋友吧！”女播音员通过语言暗示“拒绝”，而且拒绝方式极其婉转，回应了男青年提出的无理要求。

3.间接暗示

有时候面对下属提出的建议，上司不忍拒绝，只好委婉地暗示“这个想法不错，只是目前条件还没有成熟，我觉得你应该把工作重心放在现阶段的主要工作上”。

4.诱导性暗示

身边的同事或朋友可能会向你打听一些绝密的事情，但原则问题要求你保密。这时候，你不妨采用诱导性暗示，诱导对方自我否定。比如，你可以对他说：“你能保密吗？”对方肯定回答：“能。”然后你再说：“你能，我也能。”

5.借用他人之口暗示拒绝

如果自己不知道该如何拒绝，你可以借助他人之口把拒绝的暗示语说

出来。比如利用公司或者上司的名义进行拒绝,“前几天董事长刚宣布,不准任何顾客进仓库,我怎么能带头违反规定呢”,或者说“这件事我做不了主,我会把你的要求向领导反映一下,您看这样好吗”。

暗示对方自己的不喜欢,让对方知难而退

语言暗示,也就是不明说,而是用含蓄的语言使人领会。当我们为了达到某种目的,在无对抗的条件下,通过交往中的语言,用含蓄、间接的方式表达出一定的信息,使对方接受自己的意见或观点。在日常交际中的一些场合,许多话都不便于直说,这时可以利用言语暗示来传递一些信息,暗示所采取的方式可以是含蓄的语言,但只要对方能够明白你所表达的意思,那么,操控他人心理的目的就达到了。通过大量事实证明,暗示比直言快语更能凸显出表达效果,因为它所表现出来的婉转曲折,总是给人以愉快的心情。

从前,有个酒店老板,脾气非常暴躁。一天,有个客人来喝酒,才喝了一口,嘴里便叫:“好酸!好酸!”老板听后大怒,不由分说,把客人绑起来,吊在屋梁上。这时来了另一位顾客,问老板为什么把人吊起来,老板回答:“我店的酒明明香醇甜美,这家伙硬说是酸的,你说该不该吊起来?”来客说:“可不可以让我尝尝?”老板殷勤地给他端了一杯酒,客人呷了一口,酸得皱眉眯眼,对老板说:“你放下这个人,把我吊起来吧。”

这位客人通过言语暗示出强烈的讽刺,这样的表达方式既显得委婉含蓄,又显得十分艺术。在很多时候,我们会对他人的行为或者语言感到不满,而语言暗示恰好能够得体又礼貌地表达出自己的想法。

在日常生活中,很多时候我们都无法直接表达自己的想法,这时候就需要暗示来表达,于是就出现了一语双关、含沙射影、指桑骂槐等旁敲侧击的艺术性语言。既然可以用暗示的语言来表达自己的厌恶,当然,我们同样可

以用暗示的语言来表达喜欢。

1.含蓄表达爱情

通过话语暗示来表达爱情，这可以使话语本身具有一定的弹性，不至于遭到对方拒绝时没有挽回的余地，而且，这也符合恋爱时的羞怯心理。据说陈毅和张茜是一对情爱甚笃的革命情侣，陈毅为了暗示自己的爱慕之情，苦心写了一首诗："小箭含胎初出岗，似是欲绽蕊露黄。娇艳高雅世难觅，万紫千红妒幽香"。而张茜从这首诗中领悟了陈毅的深情，最终二人确定了恋爱关系。

2.委婉表达讥讽之意

在日常交际中，直接辱骂别人，听者当然很容易就能听出来。但如果对方是利用暗示语言来侮辱人，我们就更应该注意了，这时不仅要善于听出别人的恶意，还应该"以其人之道还治其人之身"。比如，安徒生戴了一顶破帽子，过路人取笑说"你脑袋上边那个玩意儿是什么？能算是帽子吗？"安徒生随即回道："你帽子下面那个玩意儿是什么？能算是脑袋吗？"

3.暗示拒绝

有的人喜欢用暗示来投石问路，这时你也可以用暗示来拒绝对方。比如，面对老乡借宿的请求，李先生这样暗示拒绝"城里比不了咱们乡下，住房可紧了。就拿我来说吧，这么小的屋子居然住着三代人……你们大老远地来看我，应该留你们在我家好好地住上几天的，可是没有办法啊！"老乡只好知趣地走了。

4.暗示自己的不满

有时候，面对他人的错误，我们最好以双关影射之言来暗示他，迫使对方意识到自己的错误。比如，顾客发现汤里有一只苍蝇，巧妙暗示老板"对不起，请您告诉我，我该怎样对这只苍蝇的侵权行为进行起诉呢？"

言语中给对方信心，让对方打消疑虑

在日常交际中，由于我们的一些话语或者行为会使对方心中充满疑虑，这时候如果不及时打消对方的疑虑，交流就无法继续进行下去。当然，我们可以通过言语暗示把自己的想法传递给对方，使对方打消心中的疑虑。一般而言，每个人对于自己心中的想法都有保密的冲动，他们不希望自己的心思被别人看穿。鉴于对方这种心理，即便我们猜中了对方正在焦虑的事情，也不能直接说出来，而是巧用话语暗示，正所谓"曲径能通幽"。

李大娘去商店买布料，导购员小王迎上前打招呼："大娘，您买布吗？您看这布多结实，颜色又好。"不料，李大娘听后很不高兴，反而嘀咕起来："要这么结实的布有啥用，穿不坏就该进火葬场了。"对于大娘这番话，小王不能随声附和，但不吭声又等于默认了。她想了想，便笑眯眯地说："大娘，看您说到哪儿去了。您身子骨这么结实，再穿几百件也没问题。"一句话说得李大娘心头发热，不但高高兴兴买了布，还直夸小王心地善良。

刚开始，若小王一个劲地介绍产品的话，那这些就正切中了李大娘的要害之处——李大娘担心自己的身体状况。当小王说"结实"的时候，李大娘心里肯定不好受。为了打消李大娘心中的疑虑，小王说"身子骨这么结实"，暗示出大娘身体好的事实，消除了李大娘的自卑心理。话说到了点子上，简单的几句话就说得大娘眉开眼笑。在与大娘谈话的整个过程中，小王通过试探、话语暗示操控了对方的心理，从而达到了自己的目的。

李娜小姐因公出差，在火车上与一位男士成了"邻居"。火车开了没多久，男士就主动打起招呼，李娜觉得自己一个人很闷，于是和他就一些话题聊了起来，可是，聊着聊着，那位男士竟然将话题一转，贸然发问："你结婚了吗？"李娜顿时心生厌恶，迟迟不回答，男士见李娜突然变得不高兴，显得有点不知所措。为了打消男士心中的疑虑，李娜解释说："先生，我听人说过这

样的话‘对男人不能问收入’，所以刚才我并没有问你的收入；‘对女人不能问婚否’，所以你这个问题我拒绝回答了。请你谅解。”那位男士听李娜这样一说，尴尬地笑了笑，就不再说话了。

面对男士的唐突问题，如果李娜保持沉默，就会显得不太礼貌。为了打消对方心中的疑虑，也为了给对方一个台阶下，李娜巧妙地用语言暗示出自己拒绝回答问题的真实原因，同时，也使男士意识到自己言语的失礼之处。

在日常交际中，我们该如何巧妙运用话语暗示来达到自己的目的呢？

1.巧妙引用第三方的话

销售员在向顾客推销的过程中，当说到自己的产品有多好的时候，对方通常会怀疑他所说的话以及其产品质量。这时候，不妨换一种方式以便大大消除顾客的疑虑。巧妙引用第三方的话，向对方说出产品的评价，这就是打消顾客疑虑的好方法。比如，你可以这样说“这种产品我的邻居已经用了三四年了，质量还是好的”。言语中暗示出产品质量绝对过关，虽然邻居并不在旁边，但这已经有效地打消了对方心中的疑虑。

2.暗示对方的疑虑是没有必要的

针对客户李先生的“保险是骗人的勾当”这样的观点，王小姐解释了物价改革的必要性以及影响当前物价的各种因素，还进一步分析了保险带来的利益：“随着物价的不断上涨，有保险总比没有保险好。而且我们公司早已考虑了这些因素，顾客的保险金是有利息的。当然，我这么年轻在您面前讲这些，实在有些班门弄斧，还望您多多指教……”通过语言暗示对方的疑虑是没有必要的，从而影响他人的心理变化，达到说服他人的目的。

3.通过比较来暗示

销售员在推销产品的过程中，可以把退款保障期定为竞争对手的两倍，立即凸显出自己的“竞争力”。比如，“产品在销售之后 28 天内，若发现质量问题，我们承诺全额退款，而一般的产品退款保障期只有 14 天……”通过比较暗示出自己产品的优势，从而打消对方心中的疑虑。

言谈中暗示你的需求，让对方心领神会

在日常交际中，对于一些难以启齿的需求，我们无法直接开口说出来，而是需要借助含蓄的语言才能达到目的。很多时候，我们不得不向他人提出自己的所需所求，有可能是对方没有意识到的尴尬问题，也有可能是求人办事，这时候含蓄的表达效果远远好于直截了当。含蓄表达是从侧面切入，暗中点明自己要表达的意思，换句话说，就是把话说在明处，把含义藏在暗处。在正常交际中，我们要善于用含蓄的语言来表达自己的需求，传递出话语的“弦外之音”。

王伟到总经理家请求帮忙，经理夫人热情接待了他，并且很有礼貌地端茶递水。可是，王伟办完正事之后竟然高谈阔论起来。眼看天色已经很晚了，孩子需要早点休息，可王伟还是一副意犹未尽的样子。于是，经理夫人到房间对丈夫说：“小王这么晚来找你，你快点给他想个办法，别让他总是这样等着。”然后又对小王说：“您再喝杯茶吧。”一时之间，王伟领会了夫人的话，很知趣地告辞了。

天色越来越晚，经理夫人和孩子需要早点休息了，但王伟还在继续高谈阔论，出于礼貌，夫人不便直接说“今天已经很晚了，我们都要休息了，你还是早点回去吧”。于是，夫人通过含蓄的表达暗示了自己的真实需求。表面上看似帮王伟说话，实际上却传递了另外一个信息，这种因情因势的表达，语言得体，又达到了自己的目的。

纪伯伦曾经说过：“如果你想了解一个人，不是去听他说出的话，而是去听他没有说出的话。”一般情况下，我们都不会轻易地把自己真实的意见或者想法直接说出来，但这些感情或意见却总会在我们的语言表达里表现得清清楚楚。所以，在沟通的过程中，我们不仅需要听得出别人的“弦外之音”，而且要善于传递自己的“言外之意”。

战国时期，楚国发兵攻打齐国，齐威王决定派能言善辩的淳先生去赵国求救。他让淳先生驾上十辆马车，装上一百两黄金，淳先生于是放声大笑，连系帽子的带子都笑断了。齐威王就问："先生是嫌这些东西少吗？"淳先生说："我怎么敢嫌少呢。""那你刚才笑什么呀？"齐威王又问道。淳先生这才停止了笑声，说道："大王息怒，今天我从东面来时，看见有个农民在田里求田神赐给他一个丰收年，他拿着一只猪蹄和一坛子美酒，祈祷说'田神啊田神，请你保佑我五谷成熟，米粮满仓吧！'他的祭品那么少，而想得到的却是那么多，我刚才想到了他，所以禁不住笑出声来。"齐威王领悟了他的隐语，马上给他一千两黄金，一百辆车马，十对白璧。最后，淳先生出使赵国，搬来了十万精兵。

淳先生通过讲述自己经历的一件事情，暗示齐威王"拿很少的东西，却想得到更多的帮助"，并且暗示这样造成的结果肯定是求救失败。在整个谈话过程中，淳先生并没有直接表达自己的想法，而是处处用隐语作巧妙暗示，这样既保全了齐威王的面子，又达到了自己成功进谏的目的。

毫无疑问，在交际中我们是需要"言外之意"的，因为在很多时候，说话不能太直白、太明了。比如，给上司提意见的时候，不能表现得比上司还强；批评对方时，不能伤害他人的自尊。那么，如何含蓄地表达，才能让对方领会隐藏在话语中的真实需求呢？

1.通过说话方式传达自己的需求

在日常交际中，我们通常都会把自己的真实情感隐藏起来，但事实上，在我们的言谈中却会时刻流露出"蛛丝马迹"。这时，说话方式便是一个透露给对方内心所想的"窗口"，我们的说话方式不一样，所反映出的真实需求。也不同，注意自己的说话方式，便能够把自己的真实需求传递给对方。比如，对他人表示不满或者有敌意时，我们说话的速度就会变得迟缓，并且比较木讷。

2.说话的表情

有的人对自己的喜怒哀乐从不掩饰，有的人习惯于不动声色地掩饰自己的

情绪，所以，我们在与别人交谈的时候，要学会用表情来传递自己的真实需求，比如面对同事的诉说，你表示“我当然也很关心”，但脸上却分明显得很漠然，传递着“谁有空来管这件事啊”的情绪，对方很容易领会到你不耐烦的情绪。

3.巧妙穿插“暗语”

我们的表述方式与表述习惯会传递出某些信息，这样你可以在言语中穿插一些暗语，如“我会试着把这件事安排到工作进度中”，你所传递给对方的信息就是“我早就安排好了，你怎么不早一点儿告诉我呢”。

用言语暗示引导对方跟着自己的思路走

语言是我们用来表达、交流思想的工具，我们传递信息、抒发胸臆、交流感情，几乎都是通过语言行为去完成的。于是，在我们运用语言进行交际的过程中，可以根据自己的意图、语言的环境以及其他各方面的因素，使用藏而不露的话语，也就是俗称的“暗语”。虽然，在一般情况下，我们并没有办法去操控他人的想法、语言以及行为，对方的心理变化完全在我们的控制之外。但是，暗语却可以巧妙地达到操控他人心理的目的，比如通过藏而不露的语言给予对方一定的心理暗示，引导对方按自己的思路走。

在美国经济大萧条时期，17岁的莉莎好不容易找到一份在高级珠宝店当售货员的工作。在圣诞节的前一天，店里来了一位30岁左右的贫民顾客。他衣着破烂不堪，一脸的悲哀、愤怒。莉莎急于接电话，一不小心，把一个碟子碰翻，六枚精美绝伦的钻石戒指掉在地上，她慌忙捡起其中的五枚，但第六枚怎么也找不着。这时，她看到了那个衣着破烂不堪的男子正向门口走去，顿时，她知道戒指在哪里了。

当男子的手正要触及门柄时，莉莎柔声叫道：“对不起，先生！”那男子转过身来，两人相视无言，足足有一分钟。“什么事？”他问，脸上的肌肉在抽搐。“什么事？”他再次问道。

“先生，这是我的第一份工作，现在找个工作很难，是不是？”莉莎神色黯然地说。男子长久地审视着她，终于，一丝柔和的微笑浮现在他脸上。“是的，的确如此，”他回答说，“但是我能肯定，你在这里会干得不错。”停顿一下，他向前一步，立刻伸出手：“我可以为您祝福吗？”莉莎也伸出手，两只手紧紧地握在一起，她用低低的但十分柔和的声音说：“也祝您好运！”他转过身，慢慢走向门口。莉莎目送着他的身影消失在门外，转身走向柜台，把手中握着的第六枚戒指放回原处。

本来是一起盗窃案，但莉莎却巧妙利用暗示的含蓄方式达到了自己的目的。“对不起，先生！”莉莎首先用了礼貌用语，向对方传递了友好的信息，如果口气过重就有可能造成男子逃跑。同时，莉莎还传达了两层言外之意：你有偷盗戒指的嫌疑；你放心，我不会用粗暴的方式对待你。“这是我的第一份工作”，暗示我和你一样“同是天涯沦落人”，借以引起对方情感上的共鸣；“现在找个工作很难”，言外之意是你把这枚戒指拿走，我可就丢了工作；“是不是”，通过非疑问句，引发男子进一步思考，同时扩大暗示效果。在整个沟通过程中，莉莎都是通过语言暗示，引导男子按自己的思路走，最终说服了男子，也达到了自己的目的。

有一次，秦王和中期发生了争论，结果中期赢了，秦王输了。中期若无其事、大摇大摆地走出了皇宫。秦王大怒，暴跳如雷，决心把中期杀掉，以解心头大恨。这时，在秦王身边有个中期的朋友对秦王说：“中期这个人实在是个暴徒，一点也不懂规矩。他幸好遇到大王您这样贤明的君主才能活命，如果遇到桀纣那样的暴君，早就没命了！”秦王听罢，也就不好再加罪于中期了。

中期朋友简单的几句话，却暗示了几层含义，其中既有对中期的指责，又暗示了若杀中期就是暴君，相反，不杀中期就是贤君，如此引导秦王这样一想，也就不好再对中期下手了。

1.传递友好信息

在刚开始的交谈中，我们有必要通过语言暗示出自己的真诚与友好，比

如"您好"等,这样对方才会愿意听你说话,而你才能够顺利引导对方的思路。

2.站在对方的角度

在叙述事情的过程中,需要站在对方的角度上,先认同对方的观点,博取他的信任,再把自己的意见传递给对方,这样他更容易接受,也更容易按照你的思路去想。比如"正如你所说的那样,他一点儿也不懂规矩,幸好遇到你这样的老板,否则早就被炒鱿鱼了"。

3."我和你一样"

在交谈中,没有什么比"我和你一样"更能引起对方情感上的共鸣了。当对方认为与你是情感相通的时候,他对你就已经消除了戒备心理,甚至愿意被你说服,同时,你也就操控了其心理。

把用意融入故事中,让对方领悟

在很多时候,我们会有一些难以言说的话,或者不便于表达的想法,这时候我们可以借助讲故事或者举例子,来婉转地表达出自己的想法和建议,让对方明白自己的用意。无论是讲故事,还是举例子,我们都是通过一些事例来传达自己的观点。如果直接说出自己的意见或想法,对方有可能会拒绝接受,这就需要具有隐晦性而又有代表性的事例来表达,一方面可以省去直接表达带来的弊端,另一方面还可以增强一定的说服力,另外,这样的表达方式也更容易让对方接受,继而影响对方的心理。

战国时代,齐国有一个名叫淳于髡的人。他的口才很好,也很会说话。他常常用一些有趣的隐语来规劝君主,君王不但不生气,而且乐于接受。当时齐国的齐威王,本来是一个很有才智的君主,但是,在他继位以后,却沉迷于酒色,不管国家大事,每日只知饮酒作乐,而把一切正事都交给大臣去办理,自己则不闻不问。因此,政治不上轨道,官吏们贪污失职,再加上各国的

诸侯趁机也来侵犯，使得齐国濒临灭亡的边缘。

虽然，齐国的一些爱国之人都很担心，但是，却都因为畏惧齐王，所以没有人敢出来劝谏。有一天，淳于髡见到了齐威王，就对他说："大王，为臣有一个谜语想请您猜一猜：某国有只大鸟，住在大王的宫廷中，已经整整三年了，可是他既不振翅飞翔，也不发声鸣叫，只是毫无目的地蜷缩着，大王您猜，这是一只什么鸟呢？"齐威王本是一个聪明人，一听就知道淳于髡是在讽刺自己，像那只大鸟一样，身为一国之君，却毫无作为，只知道享乐。而他再也不是一个有作为的君王，于是沉吟了一会儿之后便毅然决定要重新振作，做一番轰轰烈烈的事，因此他对淳于髡说："嗯，这一只大鸟，你不知道，它不飞则已，一飞就会冲到天上去，它不鸣则已，一鸣就会惊动众人，你慢慢等着瞧吧！"

淳于髡所引用的"隐语"实际上就是讲故事或者举例子，把自己劝谏的内容通过隐晦的方式传达给君王，这样一种进谏方式无疑会受到君王的喜欢。而且，齐威王本人也是一个非常有智慧的人，他很喜欢听隐语，虽然他不喜欢听别人的劝告，但淳于髡这样婉转的劝告却让他愉快地接受了。在一番言语之中，齐威王接纳了淳于髡的劝告，意味着他的心理受到了影响。

自古以来，那些颇具智慧的大臣在向君王进谏的时候，都会采用这样的表达方式。比如，在"邹忌讽齐王纳谏"中，邹忌并没有直接说出自己的建议，而是通过举例子来表达自己的想法："臣诚知不如徐公美。臣之妻私臣，臣之妾畏臣，臣之客欲有求于臣，皆以美于徐公。今齐地方千里，百二十城，宫妇左右莫不私王，朝廷之臣莫不畏王，四境之内莫不有求于王：由此观之，王之蔽甚矣"。所以，我们在交谈的过程中，若是遇到不好说的话或者不好表达的意见，也可以通过讲故事、举例子的方式巧妙地将内容传达给对方，让对方明白自己的用意。

1.选择代表性的故事或例子

在谈话中讲故事或者举例子，可以起到使谈话内容具体、增强说服力的作用。但是，我们在选择故事或例子的时候，需要注意其代表性。如果你讲

了一个很长的故事,但却因为不具备代表性而使对方不知所云,这样就无法达到沟通的效果。

2.注意故事或例子的适当性

当我们在讲故事或举例子的时候,还需要注意其量的适当性,不能老是在谈话中讲故事、举例子。偶尔在谈话中穿插一个故事或例子,这样让人感觉很新鲜,相反,经常使用就会使人心生厌烦。

3.注意表达的隐晦性

当我们在选择讲故事或者举例子的时候,目的是想避免直接表达带来的弊端。因此,即便是在讲故事,或者举例子,我们也要适当注意表达的隐晦性,不能直白地在故事中阐明自己的想法。我们所需要表达的想法和意见,完全可以借助于故事或例子婉转表达,这样才能更好地影响对方的心理。

亲密的称呼和语气,暗示彼此的亲近关系

在日常生活中,我们经常会对身边的同事或朋友这样说"小李,咱们一起去吃饭吧""亲爱的,这个周末有空吗?一起逛街,怎么样?""哥们,喝酒去啊"等,不一样的称呼、亲昵的语气暗示出彼此关系的亲密度。当两个好朋友置身于陌生人群中的时候,不用作特别的介绍,大家都会知道这两个人的亲密关系。这是为什么呢?其实,大家往往是从称呼和说话语气中看出端倪的。一般情况下,对于那些关系亲密的朋友,我们会冠以别样的昵称或者直呼其名,语气也会显得格外亲昵;对于那些关系一般的朋友,我们会直接称呼其名字,甚至冠以职称,语气显得很平淡。因此,我们在社会交际中需要用好称呼与语气,以此来暗示彼此的亲密度。

1858年,林肯在竞选美国上议院议员的时候,在伊利诺伊州南部进行演说。那时蓄养黑奴的恶霸们对废奴主义者非常仇恨,所以,在演讲中,林肯

说："南伊利诺伊州的同乡们，肯特基的同乡们，听说在场的人群中有些人要和我作对，我实在不明白他们为什么要这样做，因为我和你们是一样爽直的平民，那我为什么不能和你们一样有着发表意见的权利呢？好朋友，我并不是来干涉你们的人，我也是你们中间的一员，我生于肯特基州，长于伊利诺伊州，和你们一样都是从艰苦的环境中挣扎走出来的，我认识南伊利诺伊州的人和肯特基州的人，也想认识密苏里的人，因为我是他们中的一个……"

在演讲中，林肯亲切地称呼那些反对自己的人为"南伊利诺伊州的同乡们，肯特基的同乡们"，并且，他在演讲过程中不断地提到"我"、"我们"，使听众形成一种"认同感"，这样一种言语暗示形成了强大的影响力，最后将那些敌对怒视变成了喝彩声。由此可见，亲切的称呼无形中会成为一种心理暗示"咱们关系不一般"、"我们就是自己人"，有效地影响对方的心理，以此增加彼此的亲密度。不过，平淡的称呼则会产生相反的效果。

小娜、美美、阿伟是大学同学，彼此关系很要好。大学毕业后，三人却发现了横亘在他们之间的一个秘密，原来小娜和美美都喜欢阿伟。大学时为了维持彼此的友谊，大家都没有说破，临毕业了，小娜和美美相继对阿伟表白了。可是，也许是上天的安排，大学最后一学期实习的时候，小娜和阿伟被分到了一组，美美被安排去了广州的一家公司。

半年实习结束之后，三人都回到了学校，再次聚会，大家都发觉少了点什么，却又多了些什么。美美还是一如既往地叫他们"小娜、阿伟"，可她却发现小娜对大家的称呼变了味道"伟子，你发现没有？美美好像瘦了很多"，以前小娜也是叫"阿伟"的。而且，阿伟的称呼也有了变化："娜娜，这个你多吃点，多长点肉才好看。"语气之间有说不出的亲密。美美明白了，早在她去广州的时候，阿伟和小娜的关系就变了，而自己则成了那个比较"生分"的人。

阿伟和小娜彼此之间的称呼暗示了他们现在关系的亲密度，特有的称呼、亲密的语气，无一不显示出他们已是一对恋人，这样的称呼与语气是有别于朋友之间的。虽然，阿伟和小娜并没有直接说出彼此的关系，但却通过

语言向美美暗示"我们现在是恋人"。在现实生活中,有的女孩子习惯在人前故意用亲昵的语气称呼男朋友,实际上就是向他人暗示"这个男人与我关系很亲密"。

1.通过称呼暗示亲密度

我们每天都会遇到各种不同的人,面对不同的人,我们应该使用不同的称呼。比如,面对上司,我们应该冠以职称"王董事长",当然,如果你与他私交比较好,私下里的称呼可以亲昵一点;面对同事,亲切地称呼"小李,能把文件递给我吗"、"老张,等等我,咱们一起出去",这样可以与之建立和谐的人际关系;面对初次见面的陌生人,可以称呼"凡先生,您好",客气礼貌的称呼暗示"关系一般"。

2.通过语气增加亲密度

当你想请求同事或朋友帮忙的时候,不妨使用亲昵的语气"莹莹,我知道全公司你的打字速度是最快的,所以,这次拜托你了"、"亲爱的,这次的事情就麻烦你了,改天到我家来玩吧",亲昵的语气暗示了彼此之间的亲密度,对方又怎么好意思不帮忙呢?

3.少说"我"、"你",多说"我们"

在与对方的交谈中,我们要少说"我"、"你",多说"我们",强化彼此的亲密度,让对方获得一种认同感,继而达到影响对方心理的目的。比如"看来,我们都有一样的青春",通过几句亲切的话语,就好像走进了对方的心里,让他们觉得可信,从而愿意听取我们的建议。

过度的礼貌话拉开与不想交往的人的距离

在日常交际中,若对方是初次见面的陌生人,我们会使用较多的客气话,以此拉开彼此的距离。适当的客气话可以展现一个人的修养与素质,但过分地使用客气话,就会阻碍彼此的亲切感。然而,在某些时候,我们却可

以通过说过分“客气礼貌”的话来拒绝与他人的交往，故意拉开彼此的距离，令对方主动退却。我们可能都有过这样的经历，如果自己到一个朋友家里，朋友对自己异常客气，你说一句话，对方只会用“嗯”、“啊”、“哦”来回答，甚至和你说话时也是满口客气话，唯恐你不高兴，担心会得罪你。这样一来，你一定会觉得如芒刺在背，坐立不安，甚至想逃离这个地方。其实，这就是“过分”客气达到的效果，当然，朋友可能并不是想有意疏远你，而是客气话说的过多了。如此一来，我们却可以从中得出一个结论，当你不想与某人继续交谈下去的时候，不妨以“客气礼貌”的话令对方自退。

习惯于说礼貌客气的话，实际上会给别人一种心理暗示：我与你是有一定的心理距离的，或者，我不愿意与你继续交谈下去。大多数人都有过这样的经历，只有在面对陌生人的时候，我们才会说出那么多客气礼貌的话，而对于那些熟悉的朋友，我们会自然地省去这些繁文缛节。谈话的目的在于沟通双方的感情，增加彼此的兴趣，当你不想与对方继续交流下去时，就可以在你们之间建立一堵“墙”，而客气礼貌的话恰好可以达到这样的效果。这样一来，对方只能隔着墙作一些简单的敷衍酬答，最后会选择主动离开。

小王是一个十分帅气的男孩，他在一家美发店工作。由于长相出众，许多女孩子都慕名而来，成了他最忠实的顾客。可是，小王自己却吃了不少苦头，自己已经有女朋友，但许多女顾客却屡屡“求爱”，甚至在深夜他还会收到很多内容暧昧的短信，而且，女朋友为了这事情与他冷战了很长一段时间。为了与那些女顾客保持距离，小王开始频繁地使用客气话“好的，非常谢谢您的惠顾，您慢走！”他对经常上门的老顾客也不会少讲一句客气话，这样的称呼让许多女顾客感觉生疏，甚至觉得小王的态度转变太快。于是，在每次做完头发之后，那些之前“示爱”的女顾客都很有礼貌地告别。过了一段时间，小王就再也没有收到过内容暧昧的短信了，他和女朋友也和好如初了。

在交际中过多地使用客气礼貌的语言，可以为你“赶走”一些不喜欢的人。因为客气的语言会让对方感到生疏，继而感受到一种心理压力，最后令

对方不得不选择退却。如果你不想与对方继续交谈下去,不妨使用客气的语言,通过语言暗示对方“我不愿意与你交谈下去”。当然,如果是熟识的朋友,客气话就不能说得太多。

偶尔说过多的客气话,会成为你的社交利器。比如,当你在朋友面前说客气礼貌的话语,这是令朋友窘迫的最好武器;当你成为主人的时候,又成为最好的最高明的逐客令。客气话比大骂一顿更奏效,如果你怕对方会干扰到你,就拼命地跟他说客气话,临走时别忘了请他“有空再来”,相信他是绝对不会再来的。

1.“程式化”的客气话

为了使对方能够主动退却,你要选择那些十分刻板的客气话,比如“久仰大名,如雷贯耳”、“贵店生意一定兴旺发达”、“小弟才疏学浅,还要请阁下多多指教!”当你说出这些公式化的客气话,对方一定会主动闭嘴的。

2.“夸张”的客气话

当同事倒了一杯茶想讨好你的时候,你可以故意夸张“呵,谢谢你,真对不起,这点小事不该麻烦你、我真是过意不去,实在太感谢了……”等一大串客套话,让对方领会你的“敷衍”之意。

3.“流水般”的客气话

为了展现你“敷衍”的态度,在说客气话时要像背唐诗一样流畅。另外,还需要增加一些身体语言,比如,过度地鞠躬作揖,摇头摆身来帮助自己说客气话的表情,以“不雅观”的动作来展现自己的“虚假”,令对方主动退却。

暗示对方这是大多数人观点,让对方“从众”

在日常生活中,我们习惯于这样说“大家都这么认为的”、“他们都说”、“咱们都认为是这么回事”,等等。于是,当大家的意见无法统一,在绝大多数时候都会遵循“少数服从多数”的游戏规则。虽然,某些人心里想着“真理

掌握在少数人的手里”，但是他们的语言或行为还是顺从了随大流的趋势，这就是典型的“从众心理”。当大家都认为是这么回事的时候，即便他有什么反对的意见，也会不自觉地隐藏起来，主动表示“赞同”。这种心理效应，可以灵活地运用到人际交往中，我们可以利用别人的观点或意见来影响对方，也就是在说话时表现出这是大众观点，令其从众。

一位石油大亨到天堂去参加会议，当他踏进会议室后，却发现里面已经座无虚席，自己根本没有地方落座，于是他灵机一动，喊了一声：“刚才听大家说，地狱里发现石油了！”这一喊不要紧，天堂里的石油大亨们纷纷向地狱跑去，很快，天堂里只剩下他自己了。

这时，这位大亨心想，大家都跑过去了，莫非地狱里真的发现石油了？于是，他也急匆匆地向地狱跑去。

这虽然是一个笑话，却深刻地反映了从众心理的现象。当听到对方的话里带着“他们都说”、“大家说”等字眼，就会自然地觉得这个消息是正确的，而自己没有任何理由拒绝相信这样的事情。他们并没有把自己的看法作为判断标准之一，而是以“大家”、“他们”来判断这件事是否值得相信。

从众心理又被称为“羊群效应”，羊群本身就是一个很散乱的组织，平时在一起也是盲目地冲撞，但一旦有一只头羊动起来，其他的羊也会不假思索地一哄而上，全然不顾前面有可能出现的危险。羊群效应就是一种跟风行为，表现了同人们一样的一种从众心理，这样一种心理很容易导致盲从行为。虽然，羊群效应本身是一种无法认同的做法，但如果放在人际交往中，却可以很好地利用起来。有的社会心理学家认为，产生从众心理的最重要的因素就在于有多少人来坚持同一个意见，并不是坚持这个意见本身。多数人的意见一致，这本身就是一种说服力，所以，即便有少数人不同意这样的意见，他们也不会在众口一词的情况下坚持自己的意见。

在实际生活中，每个人都有不同程度的从众倾向，总是倾向于大多数人的想法或者意见，以此来证明自己不是孤立的。所以，你可以利用人们的这种从众倾向，利用大多数人的观点和意见来影响对方，以此达到自己的目的。

在社会中，总会有一些大规模的从众行为，似乎每一个人都是凭着“他们都说”、“大家都这么认为”来决定自己应该相信哪些是真实的，这时候他们往往放弃了自己的主见。从众心理的作用，就在于会让人不由自主地选择身边人的言行作为参照物，不断地寻找人们一致的社会认同。由于它本身的神奇作用，所以，它常常被人们加以利用，比如用在管理、营销等方面，一些商家会利用从众效应来谋取利益，推销者也会利用从众心理来吸引顾客购买产品。所以，明白了从众心理的特性，我们也可以通过话语来引导对方的行为，从而操控其心理，比如在说话时表示这是大众观点，令其从众。

1.“很多人都这么说”

有时候，当我们在阐述一些信息或事实的时候，对方有可能会表示出怀疑，甚至不愿意相信这是真实的。这时候，我们可以表示这是大众观点，“很多人都这么说”。比如，小王为了表示“生肖龙和兔确实不和”，不惜说“很多人都这么说的，我身边的朋友还发生了这样的真实案例”。

2.“大家都这么认为”

当自己在陈述某件事情的时候，为了表示自己的所见所闻是真实的，同时也为了增强说服力，很有必要说明“这件事是大家都看到了，并且我们都认为是真的”。

3.依靠强有力的第三方“他们”或“亲戚们”

有的推销员为了说明自己产品的质量好，他们搬出来强有力的第三方，比如“邻居们”、“亲戚们”、“他们”等。比如“这个吸尘器真的很好用，我的邻居、亲戚都说‘十分方便’，特别适合像您这样的家庭主妇”。

语言中巧含威慑，让对方自愿臣服

在现实生活中，许多小朋友不愿意打针，不少家长就吓唬孩子“不打针

会变成残废人”。往往经过这样一番吓唬，大部分孩子都会乖乖听医生的话。其实，这样善意的威胁方式可以增强一定的说服力，令他人臣服于自己。当然，善意的威胁并不是真的威胁，而是以此让对方懂得利害关系，使其心里产生某种恐惧感，以增加说服力。善意的威胁是通过利用威慑的语言来巧妙说服对方，威胁只是手段，并不是目的。这样的语言表达方式应该注重“可怕的后果”，使整个谈话过程产生一定的心理暗示，最后达到说服的效果。一些低程度的威慑话语难以说服对方，因为对方并不会产生恐惧心理，对于听到的威慑话语只会一笑了之。但是，如果你过分地夸张后果，也会弄巧成拙。

公元208年，刘备兵败樊口，无力反击，如果与曹军抗衡，则必须与孙权联手。于是刘备派诸葛亮前往江东说服孙权。如果是一般的使者，为了请求对方的援军，一定会低声下气。但是，诸葛亮却恰恰相反，他摆出一副强硬的态度，刺激孙权的自尊心：“将军您是否也要权衡自己的力量，以处置目前情势。如果贵国的军力足以和曹军抗衡，则应该早早和曹军断交才好；若是无法与曹军相抗衡，则应尽快解除武装，臣服于曹操才是上策。”

年轻气盛的孙权强烈的自尊心遭到了刺激：“照你的说法，刘备为何不向曹操投降呢？”诸葛亮更是“火上浇油”：“你知道田横的故事吗？他是齐国的壮士，忠义可嘉，为了不愿侍二主而自我了断。更何况我主刘备乃堂堂汉室之后，钦慕刘君之英迈资质而投到他旗下的优秀人才不计其数，不论事成或不成，都只能说是天命，怎可向曹贼投降？”听了这话，孙权激动地表示：“我拥有江东全土以及十万精兵，又怎能受人支配呢？我已经决定联刘抗曹了。”

诸葛亮在说服孙权时，善于抓住对方的心理，用威慑的语言让孙权感觉到自己的实力，以刚制刚达到了说服孙权的目的。后来，刘备在“赤壁之战”中转败为胜，这其实应该归功于诸葛亮通过语言巧妙威慑而说服孙权。

有一次，张伟带队到某风景区旅游，当他们疲惫不堪地赶到事先预订的宾馆时，却被告知订好的套房内没有热水。于是，张伟作为领队约见了旅馆

经理:“对不起,这么晚还把您从家里请来,但是我们全身都是汗,不洗澡怎么行呢?而且,我们预订宾馆时说好是24小时供应热水啊。”经理推托道:“这事情我也没有办法,我已经让他们开了集体浴室,你们可以去洗。”“我们当然可以去集体浴室洗澡,但先要把话讲清楚,套房是50元一人,现在到集体浴室洗澡,我们只能按照标准,每人降到15元。”张伟提出了自己的要求,“那不行,那不行的!”经理直摇头,“那只有供应套房浴室热水。”张伟寸步不让。“我没有办法。”经理无奈地摊手说道,张伟冷笑道:“你当然有办法。”经理一脸愕然,张伟继续说:“您有两个办法:一是把失职的锅炉工召回来;二是您可以给每个房间拎两桶热水。当然我会配合您劝大家耐心等待。”最后,经理派人找回了锅炉工,四十分钟之后每间套房的浴室都有了热水。

王伟巧用威慑的语言使对方产生恐惧感,从而达到了说服的目的。当然,大多数人都知道用威胁的方法可以增强说服力,但是,并不是每一个人都能够灵活地运用这一技巧。有的人在说话时态度不够友善,有的人把所造成的后果讲得不清楚,有的人威胁程度过高,等等,这样不适当的方法都会导致整个说服过程的失败。

1.态度要友善

当你在用语言威慑对方的时候,需要保持态度友善,这里并不是真正的维系,而是以此让对方懂得其中的利害关系,使其心里产生恐惧感,促使其采取最有效的行动,增强说服效果。有的人对此理解错误,认为威胁越真越凶就越容易见效,那就大错特错了。比如,家长威胁孩子“不好好学习,我就打死你”,使孩子们信以为真,造成事与愿违的后果。所以,在“威胁”时可以装腔作势,但一定不要追求逼真的效果。

2.把后果讲清楚

有的人在“威胁”时并没有把所产生的后果讲清楚,以至于对方听了只会一笑了之。在这里,使用威慑的语言并不是真正的目的,而是一种手段,当然,这并不是简单的吓唬,而是很有必要讲清楚后果,比如“如果继续这样下去,就会产生不堪设想的后果”。

3.“威胁”程度不宜过高

巧用语言来达到威慑的效果，目的是在于增强说服力。因此，在使用语言、语调时应该保持适当的“度”，千万不要把“威慑”变了味道，甚至强化成“恐吓”，这样就适得其反了。

下篇『各种场合的沟通策略』

与考官沟通把握好恶心理——让考官喜欢你的面试言语

面试是每个求职者的必经之路。既然要面试，就免不了要说话。当你迈进面试房间的时候,你的心跳会不会加速到 120 次／秒？那个面试官无论看起来多么和蔼可亲，可他说的每一句话,依然让你紧张得手心出汗不止。他的每一个问题都让你绞尽脑汁还是不得要领……如何是好？此时,如果我们懂得一些面试说话的操纵术，就能镇定下来，把每句话说到考官的心里去,反过来就能操纵考官的心理。我们深知,我们的第一印象对于考官而言十分重要。懂得一些说话操纵术,就会给考官留下一个诚恳、有能力并且有自我完善能力的好印象！

巧妙提问，让考官觉得你对这个职位很重视

有不少求职者都有这样的心理：面试就是一场“考官问、自己答”的考试。因此，他们一般不敢或者羞于向考官提出一些关于面试与所聘职位等方面的问题。其实，这种认识是片面的。在面试中，考官与求职者在地位上和人格上都是平等的。从考官的心理角度分析，他们也希望通过面试为企业招聘到优秀的人才。而只有这种双向的交流才能形成互动，才能达到人力、人才资源的优化配置。而更为重要的是，只有恰当地向考官提问，把问题问到考官的心坎上，才会让考官觉得，你很重视所应聘的职位。

在一家大型企业的招聘会上，一群高校毕业生正等着秘书的传唤。而事实上，几乎每个人都是垂头丧气地出来。“似乎主考官对我们每个人都不满意。”一个求职者提醒后面排队的人。

小周是名牌大学的研究生，有三年的工作经验，胜任这一工作绝对没问题。于是，小周挺起腰杆，信心满满地走进了会议室。

如他所料，他满面春风地走出了会议室。众求职者询问小周求职的秘诀。小周答道：“我只是在考官准备把我的简历丢进垃圾桶的时候问了他一句‘请问您看过我的履历表了吗？’当时，主考官愣了一下，显然，我的话令他很吃惊。然后他就认真看了我的简历，看完之后，他连连点头，并说：‘你是几百个求职者中唯一向我提问的人，你被录取了。’”

原来，这是主考官故意布的一个局，他想看看在简历被丢进垃圾桶的时候，有谁敢于提出疑问。而这个敢于提问的人才是有热情的人，也才是最重视这次面试的人，聪明的考官自然会对其产生好印象。而很明显，小周成了这次面试的幸运儿。

简单的一句“请问您看过我的履历表了吗”，让考官对小周产生与其他求职者完全不同的印象。因为这句话会让考官产生“这个求职者似乎很看

重这次面试”的心理，于是，他会带着好奇的心理去阅读求职者的简历。而事实上，这种好感已经产生了。可见，善于提问，让考官觉得你重视面试机会，重视所聘职位，是你成功的重要前提。那么，求职者在面试中可以向考官提哪些问题，在提问中又应注意哪些问题呢？

1.“请问您看过我的履历表了吗？”

事实上，对方很可能没有认真看，甚至在面试前十分钟你的履历表才转到了他的手上。据国外一些研究显示，一般人力资源主管平均只花38秒钟看一份求职履历。而你的这句话会对其产生一个提醒的作用，对方也会产生这样的心理：这个求职者对面试的态度很好，将来肯定也是个负责任的员工。

2.“关于我的资历，您认为还有哪些方面需要说明？”

这句话会让考官产生疑问，进而会向你发问，从而加深对你的认识。因为心理学家说，一个人对你投入的时间越多，他对你的印象就会越深，你成功的机会就会增加。

3.“怎样才能获得晋升？”

这样的提问会让考官觉得你有上进心，并有意承担公司长期的工作。同时，假如对方被这样的问题难倒，回答吞吞吐吐，你可以肯定晋升的机会不大；但是如果他详细解释，你就要细心聆听，借机表示你对该职位的重视。

4.“您希望我做出怎样的成绩？”

这样问，可以表现出你对职位和自己的期望，让考官产生这样的心理：这个求职者不仅仅是为了找一份工作，而且有做好这个职位的决心。在对方作出回答之后，你也可以逐步分析，例如就对方所期望的，判断有哪些是自己能力可以达到和应付的，以此增加对方选择你的筹码。

当然，这些问题，并不是要我们在每次面试中都要提出来。每次面试，我们应该根据当时的情况，抓住重点，选出几个主要的、关键的问题进行提问就可以了。同时，我们在提问中，还需要注意以下一些问题：

1.“不在其位，不谋其政”，有些问题不能问

向考官提问，不是没有边际地随意提问。像“请问你们的投资规模有多

大?”“你们未来五年的发展规模如何?”“你们住房的贷款政策是怎样的?”等这样一些问题,以及涉及企业秘密和管理层等的问题,是不便提问的。因为这样提问不仅不能在心理上占据主动,操控考官的心理,反而会“聪明反被聪明误”。

2.不可提问不显水平的问题

比如,像“公司是以什么为主要业务”之类的问题,会让主考官大跌眼镜的。因为任何一个用心的求职者,在应聘某一单位时,总是会对该用人单位进行一次必要的基本情况的调查、了解,你问考官这样的问题,反而显示了你对用人单位的无知。

3.应注意把握好提问的时机

求职者要记住,考官的“考”是“主”,应聘者的“问”是“辅”,如果反客为主,这显然是不合适的。因此,应聘者对考官的“问”应注意把握好时机和时间。比如,你可以在考官问“你有没有什么问题”时开始向考官提问,也可以在获得考官的允许后提问。

总之,为了能在一个更合适的单位和岗位上工作,求职者就有必要博取面试官的好感。你就有必要利用面试的机会,见缝插针、随时借机向考官提出一些问题。

薪酬问题委婉谈,让考官容易接受

在求职面试时,薪金问题是一个敏感但又不可回避的问题。一般情况下,作为求职者,和考官谈薪金,常常是战战兢兢,生怕有一点差池,既怕委屈了自己,又怕失去了机会。估计也有一些职场新人知道,尽量不要在面试的时候与考官谈论薪水问题。因为从心理角度看,如果谈不出结果,只会给考官一个 PASS 你的理由。而事实上,很多主考官在面试的时候会反过来问你对薪资有什么要求,诸如,你希望得到什么样的薪金待遇?你觉得自己每

年加薪的幅度是多少？你愿意降低自己的薪水标准吗？……这个时候如果还一再推脱，恐怕只会让考官觉得你唯唯诺诺了。

那么，面对这种情况，我们该如何巧妙地回答才能让考官接受呢？

在回答薪金问题的时候，不能逞匹夫之勇乱答一气，要有准备，要有策略：

1.了解市场行情，确定要谈的薪资范围

如果你想要和主考官达成一个合理的薪资共识，事先就要考虑：你的专业是什么？人才市场对你这类人才的需求有多大？其他同行的薪资水平？然后你需要结合公司的情况，取他们中间的一个平均值来考虑你的期望薪资，同时还应该多留意新闻中和本行业有关的报道，这样提出来的薪资标准才会让考官觉得合理，接受起来也容易得多。

2.谈薪水的时候不要拘泥于薪资本身

在面试中谈薪水，不能“就薪水谈薪水”，而要把握适度合理的原则。告诉自己的面试官：“薪水不是重要的，我更在乎的是职位本身，我喜欢这份工作”。这句话会让考官觉得你是一个在乎职位高于薪资本身的求职者，也就能将薪金问题提升到另一个高度，这将有助于你找到一份满意的工作。

就读公共关系专业的张小姐毕业后来到一家大型的公关公司面试这是一家在公关业很出名也很有实力的公司。

在面试中，张小姐表现得非常出色，令面试官很满意。于是，很快，面试的话题就转到了薪资上。张小姐开出了一个较高的薪水，和该公司提供给新员工的薪水差距较大。面试官明确表示：这样的薪水，本公司不能接受。眼看着面试陷入僵局，自己喜欢的工作就要错失，张小姐又不想自贬身价，于是她一方面告诉面试官，薪水不是最重要的，重要的是自己希望能在公司学习、工作；另一方面，又拿出自己以往的工作经历，并结合公关业的前景进行分析。这个“缓兵之计”很好地缓和了“面试局势”，使即将结束的面试得到了转机，也使张小姐最后求职成功。

张小姐的这番话说到主考官的心里去了：她表示薪金并不是最重要的，

能在该公司学习和工作才是她最重视的。这样一来，即使考官对她提出的薪金不能接受，她还可以再提出降低薪金标准，这样可以大大避免失去工作。果然，在薪资要求遭拒后，张小姐依然挽回了局势，打动了主考官，最终获得了求职的成功。

3.含蓄表达

含蓄表达是个不错的选择。在告诉考官自己希望得到的薪金待遇时，你要尽可能给出一个你希望的薪水范围，避免说出具体的数字，除非对方有这样的要求。这样既可以表达自己大致的薪金要求，也不至于因要求太离谱而招致考官的不满。

小赵应聘上海一家公司的企划岗位。面试快结束时考官问："你期望的月薪最低标准是多少？"小赵回答："我希望贵公司能根据我的专业能力、工作经验、工作态度以及工作业绩来决定应付给我的薪水。我相信贵公司一定有一个完善的薪金制度。""那从现在开始的两年时间内，你的薪金目标是每月多少钱？"小赵笑了笑说："我的学历和考试成绩您都看过了，我对自己还是比较自信的，结合上海地区的工资水平，我希望我的月薪能够在四千到五千之间。"招聘人员微笑着表示，尽管略有些高，但还是有商量的余地，于是决定录用他。

小赵在回答考官月薪标准这一问题的时候，用四千到五千这样一个较大的区间作为回答。小赵这个回答既表明了自己的立场，又让考官觉得可以接受，还为自己留出了讨价还价的余地，实在是明智之举。如果他直接提出四千，恐怕会委屈自己，如果直接提出五千，又会让考官对他的标准过高产生难以接受的心理。所以，首先了解该公司所在地区的大致薪金标准，然后尽可能提供一个你期望的薪金范围，而不是具体的薪金数，这更容易让考官接受。

同时，我们在与主考官谈论薪资的时候，还要注意一些禁忌问题：

1.当面试考官询问你上一份工作的薪资时，最忌讳的就是虚报，也就是说不要虚报你目前的收入和能力。因为，用欺瞒的手段来获取高薪，一旦被发觉，对你的信誉将有不利的影响。

2.不要先开口。面试时不要急于把自己的底薪报出来,倘若你在还未摸清薪水的可能变动幅度之前就唐突地把自己推销出去这简直是在冒险,因为薪水问题通常是可以进一步协商的。

总之,在面试谈“薪”的时候,千万不能逞一时的匹夫之勇乱答一气。你要有准备、讲策略,把每一句话都说到主考官的心里去。因为,你的回答将成为主考官考虑是否接受你的重要依据。

做个让考官印象深刻的自我介绍

在求职面试时,大多数面试考官会要求应聘者作一个自我介绍,一方面了解应聘者的大概情况,另一方面考察应聘者的口才、应变和心理承受、逻辑思维等能力。千万不要小看这个自我介绍,他既是打动面试考官的敲门砖,也是推销自己的极好机会,因此一定要好好把握。因为作自我介绍时能否把话说到主考官的心里去,能否给考官留下深刻的印象,直接影响甚至决定着你能否得到这份工作。

小宋是一名即将毕业的编辑出版专业的学生,但她已经被一家大型的杂志社聘为编辑。

小宋进入面试的房间后,发现还有两名女生与其竞争相同的岗位。该杂志编辑部主任拿着三个学生的简历翻看了一下,让她们挨个介绍一下学习和实习经历。小宋的自我介绍被排在最后。“老师,我介绍一下自己……”小宋递上实习作品,称自己曾在报社实习过。面试老师翻看作品时,小宋勇敢地毛遂自荐:“老师,我可不可以谈一下自己对编辑工作的理解?”面试老师抬头看了一眼小宋后,表示默许。小宋阐述了自己对编辑工作的理解。“你觉得作为一名编辑最重要的是什么?”面试老师就小宋的回答即兴提问。“编辑不光是选稿子、改稿子,我觉得更重要的是对文字的一种敏感……”小宋诚恳地说。面试老师听完后,连连点头。

而与小宋的自我介绍不同的是，另外两名女孩的介绍太过平淡，最终杂志社决定录用小宋。

小宋的自我介绍是与众不同的，她除了作最简单的自我介绍外，还表明了自己对编辑工作的理解。从而在三名求职者中脱颖而出，让面试官记忆深刻。那么，如何作自我介绍才恰当，才合乎面试官的口味，又能体现自身的优势和长处呢？这个还是有规律可循的：

1.开场白

作自我介绍时首先应礼貌地引出一个简短的开场白，并向所有的面试人员（如果有多个面试考官的话）示意，如果面试考官正在翻看别的东西，可以稍微等一下，等他们注意力集中后再开始。因为当考官把所有精力和目光转移到你身上的时候，你的开场白才会引起他们的注意，才会对考官的心理产生影响。

而事实上，不理想的开场白有很多，总结一下，大概有下面较为典型的两种。

第一种，能说几句，但效果不理想。他们能简单地说几句，比如，“我叫××，广东乐昌人，今年27岁，曾经做过××工作”等。再比如，“我叫××，1978年出生，性别男，家住广东乐昌×××村”等。

这类求职者，虽然说得很吃力，甚至连“性别男”都说出来了，但他们能一句凑一句地说下去。这会让考官觉得他们其实很紧张。

第二种，根本不会说话。这种情况最多。他们说出自己的姓名、年龄后，就说不下去了，支吾了半天，干脆指着面试考官手上拿着的他的简历说：“那上面都写着呢，你自己看吧。”

不用说，这两种人都会被淘汰。因为他们让考官产生一种心理：连一个简单的开场白都说不好，又怎么能证明自己的实力，如何为公司创造效益呢？

2.自我认识

任何主考官都是公司的成员，他当然希望能为公司招到优秀的人才，为

公司带来利益，这是每个考官的共同的心理。因此，你要想轻松被一家公司录取，首先必须知道你能带给公司什么好处。当然不能空口讲白话，必须有事实加以证明。

最佳的方法就是能够“展示”过去的成就。例如，你曾为以往的公司设计网页，并得过奖项或赞扬。当然，这些例子都必须与现在公司的业务性质有关。职位越高，自我认识就越重要，应将个人的成败得失，告知于考官，越具体，越能让考官觉得你态度良好。

3.投其所好

清楚自己的强项后，便开始准备自我介绍的内容：包括工作模式、优点、技能，突出成就、专业知识、学术背景等。这会让考官觉得你是个专业的人才，有一定的实力。

但只有短短一分钟，所以一切还是与该公司有关为好。如果是一间电脑软件公司，应说些电脑软件的话题；如果是一间金融财务公司，便可跟他说基金、证券的话题，总之要投其所好。

但有一点必须切记：话题所到之处必须突出自己对该公司“有价值”，如增加营业额、降低成本、发掘新市场等。

4.用工作经验代替凭空的优点介绍

有一些求职者喜欢对考官说自己有诸多优点，而事实上，直接说会显得苍白无力，不如把这些优点融合到你的工作经历当中去。比如说，你以前做过会计，你可以对考官说，“我从过去两年的会计生涯中得到很多锻炼，您知道做会计工作需要很强的准确度和对工作一丝不苟的认真态度，我工作的那两年，没出过任何差错，老板非常满意，等等”。

我们在讲工作经验的时候，有必要用一些专业词汇来提升你对话的技术含量，一般专业的面试官会比较欣赏高质量的对决。

总之，我们在求职的时候，不要从一开始就把自己放在一个被挑选的位置上，和考官之间的战争，是一场公平的比武，只要你懂得把自我介绍说到考官心里去，就能让其对你印象深刻，从而为你面试成功增添砝码！

学一些绕开考官语言陷阱的话术

有人说，面试就如同相亲。应聘者希望找到一份满意的工作，用人单位则希望找到优秀的合作伙伴。而作为考官，都希望面试者能在短短一席话中展示出自己的优点、智慧以及呈现出很棒的反应。面试，其实是一场心理游戏。

通常情况下，考官为了能为用人单位挑选到优秀的员工，也许会在面试中设置种种语言陷阱和难题，以探测面试者的智慧、性格、应变能力和心理承受能力。而面试者只有识破这样的语言陷阱，并学会用语言巧妙地摆脱这些陷阱，才能反过来操纵考官的心理，小心巧妙地绕开陷阱，避免一头栽进去。

针对不同的难题与语言陷阱，面试者可以采用以下方式回答：

1.针对用"激将法"遮蔽的语言陷阱

这是面试官用来淘汰大部分应聘者的惯用手法。采用这种手法的面试官，往往在提问之前就用怀疑、尖锐、咄咄逼人的眼神直视对方，企图击垮对方的心理防线，然后冷不防用一个明显不友好的发问激怒对方。此时，应聘者若结结巴巴，无言以对，抑或怒形于色，据理力争，脸红脖粗，那就掉进了对方所设的陷阱中。应聘者碰到此种情况，要头脑冷静，然后采用有力度又能让对方心服口服的话来回应：

面对这种咄咄逼人的发问，作为应聘者，首先要做到的就是控制自己不要被"激怒"，如果你被"激怒"了，那你就输掉了。那么，面对这样的发问，如何接招儿才能反过来操纵面试官的心理呢？

如果对方说："你性格过于内向，这恐怕与我们的职业不符。"

你可以微笑着回答："据说内向的人往往具有专心致志、锲而不舍的品质，另外，我善于倾听，因为我认为应把发言机会多多地留给别人。"

如果对方说:“你经验比较缺乏,而我们需要的是社会经验丰富的人。”

你可以微笑着回答:“我确信如我有缘加盟贵公司,我将很快成为社会经验丰富的人,我希望自己有这样一段经历。”

如果对方说:“我们需要名牌院校的毕业生,你并非名牌院校毕业。”

你可以幽默地说:“听说比尔·盖茨也未毕业于哈佛大学。”

如果对方说:“你的专业怎么与所申请的职位不对口?”

你可以巧妙地回答:“据说,21 世纪最抢手的就是复合型人才,而外行的灵感也许会超过内行,因为他们没有思维定式,没有条条框框。”

2.面对挑战式的语言陷阱

这类提问的特点是,从求职者最薄弱之处入手。

对于应届毕业生,面试官一般会设问:“你的相关工作经验比较欠缺,你怎么看?”对于女大学生,面试官也许会设问:“女性常常会对自己的能力缺乏自信,你怎么看?”

如果回答“不见得吧”、“我看未必”或“完全不是这么回事”,那么你已经掉进陷阱里了,因为对方希望听到的是你对这个问题的看法,而不是简单、生硬的反驳。

对于这样的问题,你可以用“这样的说法未必全对”、“这样的看法值得探讨”、“这样的说法有一定的道理,但我恐怕不能完全接受”应对,然后婉转地表达自己的不同意见。

面试官有时还会哪壶不开偏提哪壶,提出让求职者尴尬的问题。如:“你的学习成绩并不是很优秀,这是怎么回事?”

碰到这样的问题,有的求职者常会不由自主地摆出一副防御的姿态,甚至狠狠地反击对方。这样做,只会让考官认为你过分自信,从而对你作出“狂妄自大”的评价。而最好的回答方式应该是,既不掩饰回避,也不要太直截了当,而用明谈缺点实论优点的方式巧妙地绕过去。

在面试中屡战屡胜的迈克就有过一次这样的面试经历。迈克的学习成绩并不算优秀,面试咨询公司时,这便成了考官发起攻击的切入口:“你的成

绩好像不太出众哦，你怎么证明自己的学习能力呢？”

迈克不慌不忙地回答：“除了学习，我在其他方面也很擅长。不是只有成绩才能反映人的学习能力的。其实我的专业课是相当不错的，如果你有疑问，可以当场测试。”迈克巧妙地绕开了令自己尴尬的问题，将考官的注意力引导到他最拿手的专业知识上。

3.针对诱导式的语言陷阱

这类问题的特点是，面试官往往设定一个特定的背景条件，诱导求职者作出错误的回答，因为也许任何一种回答都不能让对方满意。这时候，你就需要用模糊语言来回答，才不会掉进面试官设置的陷阱，同时，也会让面试官对你的反应能力大加赞赏。

另外，求职者要从态度上配合考官的“追问”。这是避免不应该失去的分数的关键。对此，我们要避免出现以下三种态度：

一种是一脸漠然。有的考生直接回答：“没有什么可补充的。”这会让考官觉得你很冷漠，对所应聘的职位不热心。

一种是答非所问、心不在焉。偏离主题的回答，会让考官感到很失望。

还有一种是口若悬河，极力表现自己。这样回答的结果不仅不能得到考官的认同，反而还会引发考官的反感。

求职者说话的态度也影响着考官的心理，从而产生“印象分”，这个分是没有标准衡量的，只有考官自己清楚。

总之，作为求职者，不管遇到考官怎样的刁难，都要摆正心态，然后通过三言两语反过来操纵考官的心理，从而把握面试的主动权，获得面试的成功！

迅速与考官拉近心理距离的说话方式

作为求职者，我们深知，面试官掌握着我们的“求职命运”。因此，很多

求职者总怕在面试中说错话、说漏话,前怕狼后怕虎,小心翼翼,自己给自己设置障碍,造成语序上的混乱,以致让考官看出你的紧张与不安。而聪明的求职者,则可以抓住考官的心理,通过三眼两语就能消除彼此间的陌生感,让考官觉得和你迅速拉近了距离。

那么,我们该如何表达呢?

1.善于打破沉默

面试开始时,如果应试者出于种种顾虑,不愿主动说话,不善打破沉默,而等待面试官打开话匣,结果只会使面试过程出现冷场。也有些求职者即便能勉强打破沉默,但语音语调亦极其生硬,使场面更显尴尬。实际上,无论是面试前或面试中,面试者主动致意与交谈,都会给面试官留下热情和善于与人交谈的良好印象。

2.根据面试官的个人喜好说话

面试官的个人喜好也会影响求职者的面试效果。虽然我们要求面试官不能带有个人感情色彩来评判求职者,但是人都是有感情的动物,而大部分面试官也不是专业的间谍机构出身,经过专业的情绪训练,因此,带有个人的好恶观察求职者这很正常,只是根本从业资深与否,表现出的强烈程度不一而已。

因此,我们在表达的时候,要尽量迎合考官的喜好,把话说到考官心里,才能让他对你产生好印象。

3.灵活表达,切勿采用"背诵"口吻

人力资源专家指出,自我介绍可以提前做准备,也可以找些朋友配合做练习。自我介绍应避免书面语言的严整与拘束,而应使用灵活的口头语进行组织。切忌以背诵朗读的口吻介绍自己,否则,对面试官来说,将是无法忍受的。另外,表达的时候,还要控制好声调,尽量让主考官听来流畅自然,充满自信。

小芳去南方某媒体应聘,面试在一个大的办公室内进行,五人组成一个小组,围绕话题自由讨论。面试官要求每位应聘者先作自我介绍,小芳是第

二位，与上一位应聘者一句一顿的介绍不同，她提前做了准备，将大学四年里参加的所有活动写了一段话，还作了一些修饰，听起来有些押韵。小芳的介绍很流利，但美中不足的是给人以背诵的感觉。

小芳的美中不足就是给人以背诵的感觉，这会让考官觉得她的表达平淡无奇，也就不会对其拉近心理距离。小芳的求职结果不言而喻。

4.从轻松一点的话题入手

很多人都认为面试是由考官来主宰的。其实这样说有一定的道理，但是作为应聘者，也是可以表现得主动一点，主动和考官谈一些比较轻松愉快的话题。这样做有两点好处：一是可以拉近你与考官的距离，容易让考官对你产生好感；二是可以在话题中慢慢放松自己的情绪。

事实上，主考官更愿意与人交流一些轻松的话题，这是他们共有的心理。面试时表达要放松，但也不可以太随意，要做到不卑不亢。“卑”会给面试官留下不自信的印象，缺乏将才风度，如果以后面对客户也这样，会影响企业的形象；“亢”给人的感觉是太浮躁，有一种喧宾夺主的味道。这两种应聘者面试官都不喜欢。

5.不可过分与考官“套近乎”

面试的时候跟考官拉近距离、套交情是正常的，尤其是一些善于交际的求职者，很会活跃面试的紧张气氛。但是过犹不及，往往适得其反。具备一定专业素养的面试官是忌讳与应试者套近乎的，因为面试中双方关系过于随便或过于紧张都会影响面试官的评判。过分“套近乎”亦会在客观上妨碍应试者在短短的面试时间内，作专业经验与技能的陈述。

“我只是无意说了句和这位求职者是一个学校毕业的，不料他竟然现场跟我攀起校友情来……”这是一名面试官在和同事聊天时说的话。在翻看简历时，他发现有一名求职者和自己是大学校友，他在面试过程中便随口提了一下，竟引起对方和自己套起近乎来。

他对同事说，在日前的一次面试中，因为见应聘者有点紧张，又留意到对方和自己是同一所大学毕业的，就随意地提了一下，想缓和一下气氛。

"结果,他居然放松地跟我聊起了学校的种种,我几次转移话题都失败,技术部主管想提问都插不上话。"他无奈地表示,本来该名应聘者的"硬件"是参加面试所有人员中最好的一个,但对方在面试中由于过度"套近乎"反而丢失了机会。

从这名面试官的话语中,我们发现,任何一个面试官都不希望面试者和自己过分"套近乎"。过分地"套近乎"不仅不会拉近距离,反而会适得其反,让考官心生厌恶。因为作为招聘人员,很忌讳和求职者有"亲密"关系。替公司招到最合适的人才是面试官的首要职责,而聪明的应试者可以列举一两件有根有据的事情来赞扬招聘单位,从而表现出自己对这家公司的兴趣。这样,考官会认为你是个不失分寸的求职者,自然就和你拉近了距离。

总之,在面试的时候,作为求职者,我们要注意自己的表达方式,尽量把每句话说到考官的心里,让其觉得和你快速拉近了距离,这样做对整个面试的进程大有好处!

扬长避短,让考官欣赏到你的优势

人无完人,每个人都有优势和劣势。而在面试的时候,求职者只有学会扬长避短,才能让考官在接受你缺点的同时更欣赏你的优势。

一些求职者认为,只有诚实才会让考官从心里承认你。而事实上,当考官问"你觉得你自己有哪些缺点呢"一类的问题时,你说自己的缺点就是粗心大意、丢三落四,面试官虽然觉得你很坦诚,但是也会认为你做事不细心、不认真,从而丢失了机会。

也有一些求职者认为,只要告诉考官你所有的优势,丝毫不提及缺点,考官自然就不会对你产生不良印象。这种说话方式也是不正确的,因为任何考官对大谈特谈自己优点的人都会产生不信任的心理。

事实上,只有巧妙地告知考官你的优劣势并学会扬长避短,淡化你的劣

势，强化你的优点，才会让考官觉得虽然你有某些缺点，但你的优点完全可以淡化你的缺点。当考官对你的优势产生欣赏之情后，自然会留下良好的印象。可见，说话要学会扬长避短，是操纵考官心理的重要策略。

对此，我们可以从以下两个大方面做出努力：

第一，避短。

一般来讲，对应聘者有利的优点有：注重学习、办事认真、容易相处、敢拼敢闯、不轻易认输、以厂为家等。了解了考官的偏好，回答起来就容易多了，关键看你如何将下面这些缺点逐一分解为优点：

1. 我脾气太急

具体表现在：

(1)我打心眼里不喜欢做事磨磨蹭蹭的人，总想尽快完成工作；

(2)工作要是干不好，我就会跟自己过不去，自寻烦恼；

(3)遇到干活投机取巧的人，我常常不给人家面子。

这样说，表面上是自责性子急，其实是在说自己雷厉风行、工作有责任心。而几乎所有的企业与单位都希望招到这样的员工，作为考官，自然也不例外。

2. 我很固执，有时过于主观

具体表现在：

(1)我的观点总跟别人不太一样，而且不喜欢被人牵着鼻子走；

(2)一般来说，我比较坚持自己的观点，别人想说服我可不容易，除非拿出令我信服的证据和事实。

要知道，在这里，“固执”是“有主见”的代名词，“主观武断”亦是“果敢有魄力”的变相表达。有这些小“缺点”的求职者，依然会让考官产生一种欣赏的心理。

3. 我比较粗线条，有点不拘小节

具体表现在：

(1)我通常做事大方向一般不错，但细节上有点儿丢三落四，处理不好

琐碎的事;

人都是有优缺点的,考官也明白这个道理,而大方向不错,基本上就可以算是优秀,如果再以“小节”来要求,未免有些太苛刻。这实际上是在暗示考官:我是一个做“头儿”的料!

(2)我以前在生活中有点粗心,经常丢三落四,但是后来在工作中就慢慢变得细心了,我也觉得挺奇怪的。

这样既回答了面试官的提问,又间接说明了自己现在已经改正了这些缺点,粗心大意已成为过去时了。

第二,扬长。

1.选择合适的时机表露出来

比如面试官问你:“你觉得你能胜任程序员这个工作吗?”你如果回答:“我觉得应该可以,因为我之前就一直从事这个工作,很了解应该怎么去做。”这样的回答在情理之中,可是没有什么亮点,但你要是这么回答:“我觉得没有问题,因为我真的很喜欢这个工作,并且至今还在学习,与时俱进嘛,很多软件、程序都在不停地更新,只有不断学习才能做到最好。”这时,面试官一般都会点头赞许。因为面试官都希望给企业招到喜欢学习、不断给自己充电的员工。

2.控制节奏

在与面试官沟通的过程中,控制好节奏也很重要。你们的节奏可能时快时慢,要是不注意,你可能就刹不住车或者来个急刹车。比如面试官可能还要面试很多人,所以说话的语速较快,那么你就不能慢吞吞地回答他的问题。

面试的时候还有一个问题也是要注意的,切忌面试官问一句你答一句,有些回答应该是有预见性的。面试官提出一个问题后,你要察觉他想知道的其他信息。比如面试官问:“你叫陈红,家是山东的?”你可以回答说:“是,我叫陈红,我是山东人,不过我是在上海上的大学,学的是财务专业。”这些内容是面试官想知道的,你回答了,也就避免他再问了。而且你这么说,会

让面试官觉得，你是个思维敏捷、反应很快的人。

有时候，假若你是当天面试的最后一个人，面试官想和你多说几句，故而把节奏放慢。你也要识趣，不要以为面试已经结束而表现出无所谓的样子。比如他问你："你平时都喜欢看什么节目，有什么爱好？"你回答："喜欢看体育节目。"然后就等待对方继续发问。这种做法明显欠妥，因为此时，考官是希望你多说几句，希望你能跟他产生共鸣。如果你回答得那么干脆简短，他会觉得你过于程式化，没有自己的见解。相反，如果你回答："我还比较喜欢看 NBA，因为姚明的缘故吧，一直很喜欢火箭队……"这样的回答会让面试官觉得你的兴趣爱好广泛，很可能对你另眼相看，给你更多的机会。

总之，在面试的时候，我们说话要懂得扬长避短，尽量弱化缺点，强化优点，这样，会让考官发自内心地欣赏你！

说话真诚，让考官看到你谦虚的心

提到面试，可能很多人会觉得，把自己的才学通过话语完全的表述出来，才能够体现自己的能力，从而赢得面试官的青睐。事实上并非如此，真正能赢得面试官好感的是那些说话收敛，用低姿态和虚心俘获面试官内心的人。我们先来看看张先生的求职经历：

张先生是从英国留学回来的一个求职者。他去过国内很多家基金公司面试，都遭遇到这样一个问题，就是经常在他侃侃而谈的时候，面试官打断他的话语，说道："你的情况我大致了解了，你先回去等我们的通知吧！"为什么会出现这样的情况呢？

张先生在英国留学多年，英文很棒，可能是语言习惯的问题，与人交谈的时候，会时不时夹杂几句英文。而那几个面试官似乎对张先生这种说话方式都很反感，张先生经常在话还没说完就被面试官打断了。再者，张先生有句口头禅："你明白我的意思吗？"这样的说话方式让有些面试官更加不

爽，对方会觉得你看不起他，认为他不知道你所讲的东西。

这就是张先生求职失败的原因。交谈中夹杂英文并没有错，可是，假如考官听不懂的话，就会认为你是在自我卖弄并有不尊重人之嫌。张先生的那句口头禅更是让考官产生厌恶。所以面试的时候，不要显得自己比面试官还博学多才，还见多识广，要摆正自己的位置，用一种学生请教老师的姿态去面对你的面试官。

的确，面试的时候，每个求职者都希望将自己最优秀的一面展示给考官，以争取更多成功的机会。但这并不表明，你可以夸夸其谈，凌驾于考官之上。要知道，考官掌握了你的求职命运，你只有将话说得收敛，才能让考官从内心里觉得你是个虚心向上的人。

那么，面试中，我们该怎样说话才能体现自己的虚心呢？

1.尊重考官，认真倾听后再回馈考官

一个在广告公司担任人力资源经理的人叙述他曾经面试过一个小伙子，一看简历，得知是自己的老乡兼校友，无形之中就多了一分亲切感。于是，他就跟那个小伙子说自己当年也在四中读过书，也在那所学校住宿过，这一讲就是十几分钟。临结尾了，他问小伙子一句："你觉得他们谁更有领导风范？"

"啊？"小伙子先是一愣，然后赶紧说道："你说的他们是谁啊？"这位人力资源经理有些生气了："我说了半天，你没有听见吗？我说王校长和吴校长这两位老校长谁更有领导风范？"

显然，那个小伙子的思想不集中，没有认真聆听面试官的话，以致于对考官的话一时答不上来。很明显，考官会认为：这个求职者太目中无人了，对我连起码的尊重都没有！当考官对他产生这样的印象后，要想顺利过关恐怕已无希望！

从这位年轻人的面试经历中，我们应该吸取教训，对于考官的任何一句话，都要认真倾听并给予反馈。任何人都不希望别人对自己的话置若罔闻，考官也不例外。另外，对考官的话给予反馈，也是产生心理共鸣的重要

方式。

有个女生在求职简历中提到“热爱音乐，喜欢创作”，恰巧面试她的考官也酷爱音乐，就禁不住多问她一句：“你很喜欢音乐，都听什么类型的音乐呢？”

“我的兴趣爱好很广泛，但听音乐是每天必须要做的事情，我喜欢听国外的音乐。”

考官问：“能举例说明吗？”

她说：“嗯，肖邦和贝多芬的。”

显然，面试官有些惊讶，心想年纪轻轻音乐素养还蛮高的，于是，就又问道：“喜欢听他们的什么曲子呢？”

她想了想，说：“喜欢肖邦的《夜曲》，那是他为好友费尔德而创作的，还有《E大调练习曲》都非常棒，贝多芬的我听得不多，但知道《命运》是其最具代表性的作品，反正他们的所有作品我都喜欢，觉得很有内涵。”

面试官一听，连连点头，最后居然和这位女生就肖邦的音乐聊了很久，这名女生也就理所当然地被录取了。

2.说话不要表现得比考官高明

虽然面试我们的考官在有些方面不一定比我们高明，但尽管如此，我们也不可说话太过高调，以压低对方，这只会让面试官觉得你目中无人。

有一个男孩子在简历里写自己以前组过乐队，是吉他手。面试的时候，考官问他：“那你喜欢什么风格？”他说就是流行的。考官说不觉得仅流行一种太单一了吗？他说：“刘经理，你可能不懂，乐队都喜欢追赶流行，其他方面兴趣不大。”本来考官还想再说几句，但一听他这么说，直接就换下一个求职者了。

3.说话要不偏不倚

比如面试官问你：×公司跟我们公司都是做招聘网站的，你觉得我们这两家公司哪一家优势略胜一筹呢？这时，切忌不假思索地说“当然是咱们公司了”，这只能说明你是个马屁精。而当然，你也不能说那家公司好。此时，

我们要机智，要不偏不倚地指出两家公司各有千秋，并让考官自己作出结论，我们公司还是略胜一筹。这样的回答，既没有空洞直白的奉承，也没有刻意做作的恭维，效果反而会更好。而最重要的是，你的回答让考官从心里觉得你是一个虚心、诚实的人，自然会对你留下好印象。

总之，面试的时候，我们只有放低姿态，说话懂得收敛，让考官觉得你很虚心，才能俘获考官的心！

言谈单纯真挚，让考官觉得你容易调教

任何企业和单位都希望招到能服从安排的人，这也是很多考官考核求职者的重要条件之一。面试的过程，不仅是一场口舌的较量，也是一场心理的较量。作为应聘者来说，要了解对方这一心理特征，做到有的放矢地说话，表达你真诚的服从，才能变被动为主动。这对提高应聘的成功率是大有好处的。

有些面试者认为，面试过程中，只要压低自己，尽量表现得恭恭敬敬就能表达服从，事实上并非如此。面试是一种特殊的人际互动模式。而人际交往的合理原则是，既要顾及他人的需要亦要考虑自身的需要。自高自大令人讨厌，自轻自贱令他人遗忘自己。低社交自尊之所以流行，是因为这样做的确能带来诸多赞扬，如“啊，小吴真会体贴人……”“小吴大公无私……”“小吴是个好人”，但是，低社交自尊在面试中是没有市场的。现在，设想一个低社交自尊的人是你的部下，你会单独让他追讨公司的债务吗？这就是在面试中，唯唯诺诺的人不被看重的逻辑所在——面试者代表个人向面试官让步，他也代表单位向其他团体让步。面试官倾向选择高社会自尊的面试者，固然可能是被这样的个人所吸引，但更主要的则是他代表面试单位信任了他。

可见，我们在表达服从的时候，并不是要放弃自尊，那么，我们如何才能

不卑不亢又能让面试官产生“这位求职者将来肯定是个好调教的员工”这一心理呢?

1.面试说话不要太显个性

在面试的时候，一定切记你始终是求职者，考官决定了你求职是否成功。任何人都不希望与一个锋芒毕露的人打交道，考官也不例外。他们都希望能为企业和单位招到虚心上进而不狂妄自大的人。

2.在谈话时，避免直接的质疑和反驳

面试过程中，对方始终是考官，你是被面试的人，决不能反客为主。应让对方畅所欲言，不要在情绪上过于激动，此时要尽量了解对方；如果你赞同对方的观点，适当表示一下就可以了，关键是态度要诚恳，说话要表现得发自内心，不可过于张扬，鼓掌大笑是不得体的。如果你反对对方的观点，应暂时予以保留，如果可能造成考官对你的错误排斥，应找时机礼貌地予以解释或说明。你这样表达用意，考官自会心知肚明，他会认为你是个愿意服从领导管理的人。

3.说话要时刻考虑考官的需要

面试实际上是一个自我推销的过程。在这个过程中，求职者要把自己当做一个产品，客户就是面试官。要把产品销售出去，就要考虑客户的需求，而要把自己在面试中推销出去，就一定要充分考虑面试官的需求。因为每个考官都明白一个道理：只有善解人意的求职者，领先上司和领导需求的员工，才是一个好员工。所以，我们在说话的时候，一定要懂得时刻考虑考官的需要。

通常，考官都希望从你的陈述中发现你的语言组织能力、口头表达能力，从语音、语气、语调及其他肢体语言中窥探出你的沉稳度、成熟度等，发现你的个人成就、个性、品质等背景。同时面试官还希望从中发现你的基本材料的真伪。

可见，对于这些内容，我们都要用精彩的语言展示出来，把最有价值的信息传达给考官。考官认为你的回答是正确时，他会面露微笑，或轻轻地点

头。这就证明,你已经轻松俘获了考官的心了,距离面试成功也就不远了。

另外,要想让考官觉得你好调教,还要避开以下两个说话误区:

误区一:卖弄口才,自吹自擂

现在有很多年轻的求职者自以为外貌和口才资质不错,以为在主考官面前能对答如流,便可以捞足"印象分"。自鸣得意、夸夸其谈、自吹自擂,甚至指点江山。

孰料,恰恰是这类人最有可能被面试官淘汰。原因很简单,考官都明白这个道理,在知识为上的今天,只有踏踏实实的人,才会卖力地工作,服从领导,而那些外在轻浮内在无实的、刻意卖弄自己的口才的人,肯定会在以后的工作中掉链子。

误区二:迫不及待地抢话或争辩

有的求职者为了获得面试官的好感,试图通过语言的攻势来征服对方。这种人自我表现欲极强,爱抢话或爱插话,结果面试官根本不买他的账,反而将他看成是两头尖尖腹中空空的浅薄者,为了公司的长远发展,考官还敢录用你吗?

因而,在求职面试时,无论自己的见解有多么的卓尔不群,无论别人对你的看法或观点有多大的偏差,都不可过分表现,要表现出服从。也只有这样,才会让面试官觉得你好调教,将来会是个得力的员工!

说话沉稳而不失热情,打动考官的心

在求职面试中,考官考察的是面试者的多种能力,不同的能力自然能够为求职者带来不同的面试机会。但是,任何一个考官往往看重的是求职者的核心素质。其中求职者必须具备的一条核心素质是——在面试中你必须扮演好一个求职者的角色:你必须具有热情、亲和力,显得活跃,即使你的本性并不是这样。同时,你又不能让考官感到虚伪,必须做到使考官产生"这

位求职者说话沉稳但又不失热情”的心理，让考官感受到你的热情和能量，才能在面试过程中牢牢抓住考官的眼球，“秀”出一个与众不同的自己，触动考官的心，从而最终赢得工作机会。

杰克现在已经是一个杰出的推销员了。数年前，他还是一个低调的求职者。谈到自己的求职经历，杰克始终记得三年前他曾向一家小型的公益机构寻求过一个职位，该职位的工作内容是与青少年打交道，他们大多辍学或轻微犯罪。这些青少年被要求参与社区劳动、做晨练等，目的在于帮助他们回归正道。因而这个职位要求求职者能够管理和激励这些“问题少年”。

杰克顺利地通过了考官对他的初试，然后被通知进行复试，复试时考官中增加了两位来自总部的高级负责人。而半途中冒出的那句没头没脑的评论，至今让杰克难以忘却。

一位高级负责人说：“你真的不错，问题回答得也很好，但是看上去低调了些。”这大概就是面试中的所谓的尴尬时刻。

考官的评论使杰克吃了一惊，这让杰克一时无言以对。糟糕的是，杰克失去了镇定。虽然杰克尝试著作解释，但似乎已失去意义了。

的确，令杰克没有料到的是考官会这样当场表态。因为一般来说，考官通常的做法应是，如果对某个应聘者有看法，面试的人会在纸上或心里记下这些看法，在结束了对所有应聘者面试表现的分析斟酌后，再亮出自己的结论。可见，这名考官的话会明显让求职者感到不适，从而进入自卫状态。但其实，这是考官测试一个求职者能否沉稳应对突发状况的策略。如果杰克能沉稳镇定，先承认考官的观点，再做解释，这样回答的话：“您说得对，我是低调了些。但我知道，要想做好这个职位，我必须经过一段时间使自己变得善于鼓动别人。需要那样做的时候，我不会犹豫，因为我的个性是多样化的。”恐怕考官会对杰克刮目相看，立即转变对杰克的看法。这样，就能掌控考官的心理，使整个面试由不利变为有利。

那么，在面试中，我们怎样才能做到沉稳且不失热情地说话，从而触动

考官的心呢?

1.表现出自己对工作的热心和进取心

任何考官都希望能为企业和单位招到充满工作激情的人,这是毋庸置疑的。因为在工作中具有强烈进取心和热情的人,往往能够全面调动自己的综合能量,而且这种积极正面的工作状态会传染别人,带动身边的人群乃至整个团队向良性方向发展。我们在说话的时候,要迎合考官的这一心理。

比如,考官提问:出于工作晋升的考虑,你打算继续深造吗?

此时,我们可以回答:"作为一名大学生,我学到了很多知识,如果有合适的机会,我当然会考虑继续深造。但是我会认真考虑这件事,我觉得很多人回学校学习是很盲目的。如果我发现自己所做的工作确实有价值,而且也需要获得更多的知识才能在这一领域做得更出色,我当然会毫不犹豫地选择继续学习。"

这种回答显示了求职者的雄心、热情以及动力,会让考官觉得求职者具有与众不同的头脑,而且对重大职业决策的作出非常认真。

2.沉稳回答,让考官折服于你的沟通技能

在职场中能够有效沟通,意味着能够清楚而有说服力地传递信息、想法以及态度,如果你能表明自己具有高超的沟通技能,而且能通过书面和口头语言有效地影响考官,那么你成功的机会就会大大增加。

比如,当考官提问:上下级之间应该怎样交往?

此时,我们可以回答:"我认为能与企业各个层面清楚地进行交流,这对企业的生存至关重要。我认为自己已经在这个方面培养了很强的能力。从上下级关系来说,最重要的是应该意识到每个人以及每种关系都是不容忽视的。对于我来说最好的方式就是始终不带任何成见地对待每一个人和每一种关系。"

这种回答会给考官留下这一印象:求职者理解人际关系的复杂性以及多样性。求职者明确地表达了高效沟通技能的重要性,他在这方面很自信。

3.尽量少用一些意思模糊的词

比如，考官问："你认为你有什么特长？"

这是一个相当宽泛的问题，它给求职者提供了一个机会，可以让求职者表明自己的工作热情和挑战欲。对这个问题的回答将为面试人在判断求职者是否对这个职位有足够的动力和自信心方面提供关键信息。

如果回答："我不知道，我擅长做很多事情。如果我能得到并且决定接受这份工作，我确信自己可以把它做得相当好，因为我过去一直都很成功。"

尽管表面上听起来这种回答可以让人接受，但是它在几个方面都有欠缺。首先，这种语言很无力，像"擅长做很多事情"以及"相当好"之类的话，都无法反映你的进取心，而如果不能表现出足够的进取心，就很难被考官所接受。另外，将过去做过的所有事情同这个职位联系起来，这会让考官觉得，你对这一特定职位没有足够的成就欲望和真正的热情。

总之，在面试中，我们只有沉稳地表达出自己的热情，才能触动考官的心，达成我们面试成功的愿望！

说些投其所好的话，让考官心生喜悦

求职面试其实就像一场推销。面试过程中，你其实就是一名推销者。应聘者的目的是什么？——把自己推荐给考官，努力让自己被考官选择。推销者的目的无非也是将自己的产品推荐给客户，让客户选择自己的产品。因此，不难看出，应聘与推销在本质上是没有什么差别的。我们应当在应聘时把自己当成推销员手中的产品，把考官当成客户。所谓推销手段的高明与否，就在于是否能投其所好地说出客户最爱听的话，并设法使对方掏出钞票。所以，我们要想尽办法观察考官的喜好，抓住时机说出考官爱听的话，从而让考官录用我们。

求职者常认为，在面试时，最重要的原则是诚实，也就是有一说一，有二说二，既不夸大，也不缩小，这样实话实说，往往可以赢得考官的好感。但

是，求职者如果真的按照诚实的原则去面试，99%会失败。因为考官毕竟是人，是人就会有弱点。虽然我们都要求考官在面试过程中尽量做到公平公正。但是每个人都爱听悦耳的话，考官也不例外。所谓，知己知彼才能百战百胜。那么，我们只有掌握考官的喜好，说出令考官悦耳的话，才能打动考官的心，进而赢得他们的好感。

那么，我们如何说出让考官觉得悦耳的话呢?

1.打破沉默，善于沟通

不管出于何种原因，不会说话就是求职大忌，很容易让人怀疑此人的能力。

面试开始时，应试者往往不善于打破沉默，而等待面试官打开话匣。面试中，应试者又出于种种顾虑，不愿主动说话，结果使面试出现冷场。即便勉强打破沉默，语音语调亦极其生硬，使场面更显尴尬。实际上，无论是面试前或面试中，若面试者主动致意与交谈，会给面试官留下热情和善于与人交谈的良好印象。

其实，我们不妨从“自我介绍”开始！介绍自己时不要结结巴巴，回答问题要理清思路，不能让人摸不着头脑，声音要洪亮，咬字要清楚，尽可能让沟通顺畅。这样说话，才会让考官觉得：这名求职者很自信，表达很到位！这对面试结果是极有好处的。

此外，你可以寻找一些感性而轻松的话题，最好你能观察出他的一些兴趣。比如说：小麦色的皮肤说明他很爱户外运动，说话中喜欢带有流行语说明他也是网络一族，试着和他聊一聊。记住，在聊天的过程中，要对他的话作出及时的反映，说一些不会令自己“死机”的话，这样可以提升他对你的兴趣。

2.语言要形象生动、富有情趣

在面试交谈中，应试者每时每刻都应该使自己的语言形象生动，富有情趣。如果交谈者情理相容，讲出的话饱含感情，不呆板，会给考官留下一个精明强干的印象。表达要简洁、清晰、直率、准确。切记不用模棱两可的话

语或模糊性语言，不卖弄学问。针对问题，要回答得干干脆脆，给考官营造一种舒适感。

3.重视考官的微表情，适时调整话题或自己的观点

“微表情”不是求职者的专有名词，考官也有“微表情”。求职者如果能“察言观色”，可以洞察面试官的内心，并在面试中“投其所好”，适时调整或转换一些考官不感兴趣的话题或不赞同的观点。

人力资源专家认为，读懂考官的“微表情”，有利于在面试中及时扭转败局。例如，有人说，面试时考官的右手总是撑在脸上，中指封在嘴上，食指伸直指向右眼角，左臂横在胸前，目光很少对着求职者，这样的肢体语言表示他对面试者基本不感兴趣。

4.掌握适度恭维原则

为人处世确实要诚实，但求职者的面试，则属于一种比较特殊的情况，需要采取一定的谈话技巧——适度恭维。我们来看以下几种情况：

(1)比如考官问你：“你为什么要辞去以前的工作？”

如果按照诚实原则，应当回答：“我跟经理合不来，他快把我逼疯啦，我必须离开。”但是这样回答之后，你肯定会给人事经理留下一个坏印象：他可能是一个不太合群的人，他跟以前的上级合不来，跟以后的上级说不定也合不来。

(2)再比如，考官问你：“为什么你到现在还没有找到工作？”

如果按照诚实原则，应当回答：“现在找工作太难啦，我看上人家，人家却看不上我。”而按照恭维原则，应当回答：“我对我以前的工作不太满意，所以我辞职之后就先进修了，参加了一些培训，读了一些书，现在我终于知道应当选择什么样的工作了”，以此恭维应聘公司是一个有档次的地方，只有那些知书达理的人，才会认识到它的价值。当然，这个问题也可以这样回答：“我对选择工作是非常挑剔的，我不想随便找一个没有挑战性的工作”，以此恭维应聘公司是一个有挑战性的地方。面试官作为该公司的代表，自然乐意接受这样的恭维。

(3)最后,如果考官问你:“你想要多少薪水?”

如果按照诚实原则,应当回答:“月薪五千。”而按照恭维原则,应当回答“我会考虑您能提供的最高薪水”,以此恭维应聘公司有鉴赏力和洞察力,能够根据一个职员的能力和经验来支付相应的报酬。

中国有句俗话说得好:“一句话说得让人跳,一句话说得让人笑”,同样的目的,但表达方式不同,结果就会大不一样。我们在求职面试的时候,也要注意说话的分寸,娴熟地运用语言艺术,说出让考官感觉悦耳的话,才能操纵考官的心理,这是我们顺利通过面试的关键!

与同事沟通关注内心变化——让工作无往不利的说话策略

职场上，我们每天都要和同事、领导打交道，自然免不了要说话、交谈。说什么、怎么说，什么话能说，什么话不能说，都有“讲究”。可以说，在职场上“说话”也是一种艺术。能不能说好话，从小处看，影响到我们与同事、领导的关系和工作氛围；从大处看，直接关系到我们的职场命运。针对职场说话，我们需要学会一些心理策略，通过说话来操纵对方的心理，让同事和领导喜欢我们，这是我们在工作中无往不利的砝码！

言语温和，让同事愿意和你相处

身处职场，办公室每天都发生着这样或那样的是是非非。不管你是否卷入了这些是非，也不管你是路见不平，拔刀相助的"英雄"，还是"事不关己，高高挂起"的"世外闲人"，都要和这些同事日复一日，年复一年地相处下去，这就需要你掌握一些与同事说话的艺术，尤其是要把握说话的分寸，努力塑造一种受欢迎和被欣赏的说话形象和风格。通过说话，让同事感觉你是个容易相处的人，只有这样，才有利于工作的开展，也有利于自身的发展。

与同事相处，要讲究分寸。话太少不行，现代社会中的人都是社会型动物。那些少言寡语的人，会被大家看成是不合群、孤僻，不善交往，久而久之，你就会被大家所孤立，难于发展。话多了也不行，容易让别人反感，而且也容易让别人误解，认为你是个轻浮、不稳重的人，还容易落个"乌鸦嘴"的名声。所以说，不多说一句，也不少说一句才是与同事说话把握的最理想的分寸。

与同事说话要把握分寸，谨记以下几条原则：

1.公私分明

不管你与同事的私人关系如何，但如果涉及公事，你千万不可把你们的私交和公事混为一谈，否则你会把自己置于一种十分尴尬的境地。

2.注意对方的语言习惯

我们在与同事交往的过程中，必须留意对方的忌讳语，一不留心，脱口而出，最易伤同事间的感情。即使对方知道你不是有意冒犯，虽情有可原，但你终究还是冒犯了他，因此，应该特别留心。

3.不要展示自己的优越感

有些人动不动就提到自己或家人的辉煌业绩和显赫地位，向同事们炫耀，这将严重伤害同事们的自尊心，引起大家的不快，从而导致对你的厌恶

和反感。

4.尽量使用和气用语，不发生正面争吵

中国人自古便十分强调“人和”的因素，诸如“和气生财”、“和为贵”、“家和万事兴”之类的古训，至今仍被人们津津乐道。无论你在所处的公司、单位或任何一个利益共同体中处于怎样的位置，都应该与你的同事团结一致。“内讧”只能使每个人的利益都受到损失。

比如，当你偶然发现某个跟你十分熟识的同事竟然在你背后四处散播谣言，数说你的不是和缺点。这时你才猛然觉醒，原来平日的喜眉笑目，完全是对方做的表面文章！这时候，你可能很想和他大吵一通，揭露他的“恶行”，让其他的同事认清他的真面目。切记，千万不要这样，因为大家是同事关系，你若摆出绝交的姿态，一定会吃亏：一则让别人以为你主动跟他反目成仇，问题必然出在你身上，这无形中给对方一个借口去伤害你，这样做太不理智了；二则你们同在一个办公室，你总不想成天看见一副冷若冰霜或是怒目而视的面孔吧！对方滔滔不绝或多有冲撞冒犯之时，尽管任其发泄，自己在旁心平气和，处之泰然，尽量以柔和礼貌的语言来表达自己的意见。所谓“不打不相识”，同事与同事之间往往正是在这种貌似攻势的激烈争执中达到了心灵的沟通和思想观念的交流，反倒越吵越了解，越争越痛快，比起以前的“和平共处”阶段还要互相尊重和信任。更何况你们以后还有合作的机会，再加上上司最不喜欢下属因私事交恶而影响工作。

5.闲谈莫论人非

只要是人多的地方，就会有闲言碎语。有时，你可能不小心成为“放话”的人；有时，你也可能是别人“攻击”的对象，这些背后的闲谈，比如领导喜欢谁、谁最吃得开、谁又有绯闻等，就像噪音一样，影响着人们的工作情绪，聪明的你要懂得，该说的时候就勇敢地说，不该说的时候一定不能乱说。

某公司从外企“挖来”一名销售主管，一上任公司就给他配了专车，月薪也要比其他部门经理高。

正是因为这样，这名主管得意忘形。说话行事都有点儿冲，把十几个人

指使得团团转，下属对他不太服气，暗地里总是说他的坏话。主管也是明白人，知道下属和他作对，但他采取的不是"怀柔"政策，而是"镇压"方式。让员工每天把自己完成的工作和成本，包括用了几张纸、打了多少电话都一一记录下来，作为月底考核的标准。这一招够狠，底下的员工一个个忙得不可开交。不少人心里仍是不服他这种管理方法，但也只能在私下里发发牢骚而已。

过了一段时间，单位招来一个女文员，待人接物大大方方，一来二去就加入了反对主管的阵营。有时遇到同事们声讨主管，她也会插几句不痛不痒的话。

这样过了半年，女文员就和大家成了无话不谈的朋友。一个很偶然的机会，一位同事突然得知那个女孩是主管招来的，顿感不妙。但知道得太迟了，到了年终，主管提议销售人员"大换血"，结果 8 个人被解聘了 4 个，剩下 4 个人明白后已为时已晚，又主动走掉了 2 个人。剩下的 2 个人现在工作的时候，看着那个女文员走来走去，不敢说一句牢骚话。

在办公室，同事每天相处的时间最长，谈话内容可能会涉及工作以外的事情。但我们要知道，与同事说话，尽量不要在背后议论其他同事或者领导，更要懂得保留，什么该说，什么不该说，我们要把握好分寸，才能让同事觉得你是个可以信任的人。同时，这也是自我保护的一种手段，否则很可能招来不必要的麻烦。

总之，与同事说话，我们要懂得一些心理策略，让同事感觉到我们容易相处，这便能在整个说话中掌握主动权，最终使自己的工作得以顺利的开展。

言谈中抬高对方，令其放松戒备

身处职场，少不了与竞争对手打交道。有时候，同事间可能为了一个职

位而恶语相加。有人可能认为,面对竞争对手,就是要大胆表现自己,让对方退缩。而实际上,人们在被对手贬低的时候,都会有一种反击的心理。而你的反击很可能是对方努力的动力。因此,聪明的职场人在和竞争对手打交道的时候,常常放低自己,抬高对手令其放松戒备,从而为自己竞争成功增加砝码。

有些人虽然一度贫困潦倒,但依旧掩盖不了他的大贵之气,刘备就是这样的人。《煮酒论英雄》里有两个英雄人物,一个长歌当啸,豪气冲天,指点群雄,如曹操;一个寄人篱下,一味谦恭,装孬不折本,如刘备。

曹操请刘备来喝酒聊天。

曹操跟刘备聊得很开心,问了刘备一个问题:“你说这年头谁是英雄?”

刘备心里想:“我肯定是英雄,只是现在迫不得已。”但刘备不敢说,说了,恐怕大祸临头。刘备想了想,就跟曹操打起了酒官司,顾左右言其他。

绕了半天,曹操有些不耐烦,端起一杯酒说:“别绕了!这年头真正的英雄人物就是你跟我。”

此时“轰隆”一声巨雷响。刘备呆呆地看着曹操,筷子不小心掉到了地上,一支筷子在地上弹了一下。曹操正用袖子擦胡子上的酒,听到筷子落地又弹起的声音,就问刘备:“怎么啦?”

刘备赶紧把筷子捡了起来,顺口说了句:“这么大的雷,吓死我了。”曹操哈哈大笑:“大丈夫怎么可以怕雷呢?”刘备赶紧接口道:“孔子是圣人,他也怕打雷,更何况我了。”

此时张飞关羽两人怕曹操杀刘备便闯了进来。见刘备没事,关羽连忙掩饰说自己来舞剑助兴。曹操说:“这又不是鸿门宴。”然后斟酒为他们压惊。后来三人一起出来,刘备说:“我在曹操的地盘上天天种菜,就是要让他知道我胸无大志,没想到曹操刚才竟说我是英雄,吓得我都拿不稳筷子了。又怕曹操生疑,所以只好以自己怕打雷作为掩饰。”由此,关羽张飞对刘备佩服得不得了。

可以说,放走刘备,是曹操一生中最大的错误,因为曹操已经一眼看出

刘备是当时真正的英雄。曹操甚至说了这样的话："今天下英雄，唯使君与操耳！"这句话曾被载入了史册。

从心理角度说，刘备称自己害怕打雷，正是让曹操认为刘备是胸无大志的人，从而放走刘备，为刘备的崛起留出了准备的时间。这套心理策略同样可以适用于现代职场，与同事竞争，在说话的时候不可狂妄，要尽量放低自己，让对方感觉你已经示弱了。很多时候，这会为你的成功提供契机。

当然，放低姿态，不是低声下气、奉承谄媚。说话时放低姿态是一种艺术。在办公室里，竞争有时候是隐性的，尤其是在我们得意之时，与同事说话，要谦和有礼、虚心，这样才能显示出自己的君子风度，淡化别人对你的嫉妒心理，维持和谐良好的人际关系。

"小姜毕业一年多就被提升为业务经理，真了不起，大有前途呀！祝贺你啊！"在外单位工作的朋友小叶十分钦佩地说。"没什么，没什么，老兄你过奖了。主要是我们这儿水土好，领导和同事们抬举我。"小姜见同一年大学毕业的小吴在办公室里，便压抑住内心的欣喜，谦虚地回答。小吴虽然也嫉妒小姜被提拔，但见他这么谦虚，只能笑盈盈地与小姜的朋友小叶打招呼。

不难想象，小姜此时如果说"凭我的水平和能力早可以提拔了"之类的话，定会引起小吴的嫉妒。身在职场处于优势地位时，自然是可喜可贺的事。如果别人一奉承，你马上喜形于色，无形中就会加强别人的嫉妒心理。可见，在办公室里，言谈中多一些谦虚，就能有效地减弱同事们的嫉妒心理。

那么，我们在与竞争对手说话的时候，如何放低自己的姿态，从而影响对方的心理呢？

1.承认对手的能力，为对手叫好

一位成功人士说："为竞争对手叫好，并不代表自己就是弱者。为对手叫好，非但不会损伤自尊心，相反还会收获友谊与合作。"同时，这也是一种心理策略，任何人都爱听赞美与肯定的话，我们承认对手的能力，将有利于消除对手的戒备心，甚至有利于我们从对手那里获得经验教训从而提高自己，当我们得到了不断的提升和完善之后，赢得对手就势在必行。

2.放低身份，表现自己的良好修养

这一点，在与比自己身份低的竞争对手说话时尤为重要。偶尔说一句“我不明白”、“我不太清楚”、“我没有理解您的意思”、“请再说一遍”之类的语言，会使对方觉得你富有人情味，没有架子。相反，趾高气扬，高谈阔论，锋芒毕露，咄咄逼人，容易挫伤别人的自尊心，引起反感，以致对方筑起防范的城墙，从而导致自己的被动。

总之，与竞争对手说话，我们要讲究说话策略，要放低自己，抬高对方令放松戒备，从而为我们补充实力，为一举获得成功提供良好的时机！

懂得自嘲打趣，帮你赢得职场人气

现代职场，职场人气的高低与否，直接关系到一个人的升迁和职场命运，那些会说话，懂得打破沉默、活跃办公室气氛的人往往更容易赢得同事的好感，职场人气自然高。而这些聪明的职场人一般都会借用自嘲这一心理策略。因为从心理角度看，没有人会拒绝幽默带来的开怀一笑，幽默一直被人们称为只有聪明人才能驾驭的语言艺术，而自嘲又被称为幽默的最高境界。如果我们懂得自嘲，会使办公室的氛围融洽，工作氛围轻松，人际关系和睦，工作也有干劲，而最重要的是，我们的职场人气可以得到上升。

我们每个人工作谋生的集体都是一个大家庭，作为家庭成员的同事之间难免产生磕磕碰碰、误会、牢骚，也难免遇到一些尴尬之事。这种情况下，谁是谁非不是三言两语就可以说清楚的，要有耐心，不要逞一时口舌之快，伤了与同事的和气。大家同在一个屋檐下共事，抬头不见低头见，一旦撕破脸皮，以后再交谈、沟通，虽非不可能，但却要颇费周折，好事多磨了！这时，我们不妨采取幽默的心理策略，取借语言之衣，实取人情之利，何乐而不为？会说话的人不仅能在谈笑间使樯橹灰飞烟灭，达到自己的预期目的，而且能

创造一个和谐的人际环境，以柔克刚。

一位厂长在年初的职工代表大会上遭到了一位女工的不断质问，因为女工认为自己在上年所报销的医药费实在太少。

她厉声问道："去年一年中，厂里在这方面到底为职工花了多少钱？"

这位厂长说出了一个几十万元的数字。

"我想我快要晕倒了。"女工说。

这位厂长面不改色心不跳地解下了自己的手表和领带，放在桌上说："在你晕倒之前，请接受这笔投资。"

于是在场的大多数职工都会心地笑起来。

那位女工当然不会晕倒，她只是作秀而已。厂长的这个小小的幽默不仅没有让她感到更加气愤和不平，相反倒是使其顿然沉思，进而猛醒，把对厂里和领导的抱怨与不满都化成了理解和同情，后来成为了厂里的骨干。

这位厂长的自嘲是想让这位女员工明白，即企业很重视职工的需要，他本人也确实关心。如果有必要的话，他可以牺牲自己，但厂里资金有限也是事实。当对方理解后，所有的抱怨也就消失了。可见，一句幽默的戏剧性语句和一个幽默的戏剧性行为，其效果远远超过了长篇大论的反驳和纠正。

幽默可以说是生活中最自然的品位，它不仅能产生笑料，更是一种修养；它不仅是一门知识，也是一门功力很深的素养。难以想象一个不懂幽默的人会是一个会说话的人。同时，会说话的人都少不了这样一种既简单又困难的风度——自嘲。任何一个成功运用语言达到与同事和解、回敬同事指责、批评的成功范例或多或少都少不了自嘲的功劳。

那么，身处职场，我们该怎样利用这一心理策略呢？

1.敢于拿自己的短处"开涮"

自嘲是缺乏自信者不敢使用的技术，因为它要你自己骂自己，也就是要拿自身的失误、不足甚至生理缺陷"开涮"，对丑处、羞处不予以遮掩、躲避，反而把它放大、夸张、剖析，然后巧妙地引申发挥、自圆其说，博得一笑。没有豁达、乐观、超脱、调侃的心态和胸怀，是无法做到的。可想而知，自以为

是、斤斤计较、尖酸刻薄的人难以做到这一点。比如：

传说古代有个石学士，一次骑驴不慎摔在地上，换作一般人一定会不知所措，可这位石学士却不慌不忙地站起来说："亏我是石学士，要是瓦的，还不摔成碎片？"一句妙语，说得在场的人哈哈大笑，自然这个石学士也在笑声中免去了难堪。

工作中，我们遇到以下情况可以以此类推：

一位胖子摔倒了，可说："如果不是这一身肉垫着，还不把骨头摔折了？"换成瘦子，又可说："要不是重量轻，说不定就成了肉饼了呢！"

职场上，在人前蒙羞，处境尴尬时，用自嘲来应对窘境，不仅能很容易找到台阶，而且多会产生幽默的效果。所以自我解嘲，自己胳肢自己几下，自己先笑起来，是很高明的一种脱身手段。自嘲时对着自己的某个缺点猛烈开火容易妙趣横生。单就这份气度和勇气，别人也不会让你孤独自笑，而一般会陪你笑上几声的。

但自嘲的前提是，我们要敢于拿自己的短处"开涮"。此时，我们"征服"同事的原因不仅仅在于我们的幽默，也在于我们的自信。

2.自嘲不可针对任何人

的确，自嘲谁也不伤害，最为安全。你可用它来活跃谈话气氛，消除紧张；在尴尬中自找台阶，保全面子；在同事面前获得人情味；在特别情形下含沙射影，刺一刺无理取闹的小人。但我们要记住的是，自嘲不可有任何针对性。在同事间的交流与沟通过程中，舌头一定要多绕几个弯，切忌妄自尊大，出语伤人。

抗战胜利后，张大千从上海返回四川老家。行前好友设宴为他饯行，并特邀梅兰芳等人作陪。宴会伊始，大家请张大千坐首座。张大千说："梅先生是君子，应坐首座，我是小人，应陪末座。"梅兰芳和众人都不解其意。张大千解释说："不是有'君子动口，小人动手'这句话吗？梅先生唱戏是动口，我作画是动手，我理该请梅先生坐首坐。"满堂来宾为之大笑，并请他俩并排坐首座。

张大千自嘲为小人，好似自贬，然而“醉翁之意不在酒”。这既表现了张大千的豁达胸怀，又制造了宽松和谐的交谈氛围。职场中，我们自嘲，也要注意说话分寸，展示自己的大度胸怀。

由此可见，适时适度地自嘲，不失为一种良好修养，一种充满活力的职场交际技巧。自嘲，能制造宽松和谐的交谈气氛，能使自己活得轻松洒脱，使人感受到你的可爱和人情味，有时还能更有效地维护面子，建立起新的心理平衡，从而提升人气！

说话有理有据，更容易获得支持

身处职场，与同事打交道，最重要的就是能力被认可。可见，我们在说话的时候，要讲究策略，要想赢得威信与同事的支持，就要“有板有眼”。因为从心理角度看，人们觉得那些说话沉稳的人更值得信任，更愿意支持他们。

身处职场，我们在同事中的威信是通过自己的言行树立起来的。有时候，我们与同事的谈话不是朋友之间的聊天，如果与对方谈了一个小时都没有说出一句有决策力的话，那这场交谈就是无效的。那么，我们具体应该怎样说话呢？

1.注意态度，不可目中无人

要在同事间树立威信，我们就应该在讲话中时刻注意其他同事尚未发现的问题。言谈举止中要有个人魅力，处处起表率作用，而且还要根据不同对象和不同环境发挥自己的讲话技巧，切忌态度高傲，目中无人。

2.放低姿态处理与同事间的不同意见

一个没有主见、被人左右的人是无法得到同事的尊敬与服从的。所以，我们必须维护自己的威信。因此，我们在与同事交谈时，应呈现出兼收并蓄、取长补短、互相切磋、求同存异的姿态。遇事不是忙于下结论，忙于批驳

对方，而是以姿态低调，但主导性很强地说出自己的看法，比如：

你的意见还是不错的，但是如果换另一个角度看，会怎么样？

我的想法和你不同，我们可以交换一下意见吗？

嗯，让我考虑一下，我们可以明天再谈这个问题。

这样的话语不失威严而且易于被对方接受。

3.尽量最后表态

中国人通常具有"重点置之于后"的心理因素。所以我们不能抢着说话，越是最后说话越有权威。

在与同事谈话时，应该让对方充分地表明意见、态度后，自己再说话。让对方先谈，这时主动权在我们手里，可以从对方的说话中选择弱点追问下去，以帮助对方认识问题，再谈自己的看法，这样易于让对方接受。在对方讲话时自己及时思考问题，最后作出决断，后发制人，更能让对方认可我们的说话能力从而信任我们。

4.注意表达

我们要想在同事中树立威信，除了要注意自己的态度和说话的方式外，还需要注意表达方法。

（1）我们说话要言简意赅、长话短说。句子说得短一些，不仅说起来轻松，听起来省力，吸引力也强。

（2）说话一定要有条理，要吐字清晰，语速适当。在说话时要坚定而自信，力度要适中，注视着对方的眼睛，这样才能显示出自己是充满自信和颇有能力的。如果讲话时眼睛不敢正视，会使同事觉得你意志薄弱，容易支配。

（3）要学会用幽默的风格讲话。幽默的话，易于记忆又能给人以深刻的印象，正是自我标榜的商标。尤其在工作场合，一般是不适宜开玩笑的，但是如果我们能够恰当地开几句玩笑，恰恰说明我们的特殊地位。

一次，张主任召集全单位人员开会，当时会场比较嘈杂，听众情绪还未安定。张主任的开场白是这样的："有个笑话说，张飞和关羽参加一次刘备

召开的军机会议，当时大家正交头接耳，刘备无法讲话。张飞说：‘哥，看我的。’于是他用在长坂坡喝退曹军的大嗓门吆喝一声，结果大家并没有安静下来。关羽说：‘小弟，你那手不行，还是看我的。’于是，他便坐在刘备的位子上，捋须凝目，似有所思。这下子大伙儿觉得奇怪，倒安静下来了。其实，这只是个笑话，刚才大家交头接耳，现在为什么静下来了？这个问题留给大家思考，我今天所要讲的主要内容是……”

生动贴切的故事，立刻引起了听众的注意，使会场很快安静下来。

从张主任这番话中，我们发现，有时候，绝对的权威并不能起到正面的作用。我们要树立威信，的确需要说一不二，但在气氛严肃的时候，语言幽默更能带动谈话气氛。

5.不要害怕承认错误

你会对某些人企图解脱自己的错误所花的脑筋和时间之多感到惊讶，其实这都是没有必要的，一个人不可能总是正确的。如果有百分之六十是正确的，而他又能迅速改进剩下的百分之四十，那他就是非常了不起的人，大多数人尊敬那些直截了当承认错误的人，因为这是大人物的特点。

因此，我们要想在同事中树立威信，让同事产生信任的心理，获得同事的支持，在说话的时候，就一定要讲究策略，用语言影响对方的心理！

提意见要委婉，别人才愿意接纳你

生活中，人人都喜欢被赞扬和被认可，而不喜欢自己的行为被否定或者不足之处被指出。职场中，我们的同事和上司也有这样的心理。因此，我们在提意见的时候，要注意方式和方法，尽量委婉地提出来，这样，即使是批评的话语，对方听起来也容易接受得多。

那么，我们该怎样运用这一心理策略呢？

1.提醒式批评

工作中，我们可能经常遇到一些容易健忘的上司，比如，他曾与某个客户约好了中午吃饭，可自己却忘记了，反过来却责怪你没有提醒他；再如，你已经告诉他哪些文件要签发，可他反而质问下属为何不提醒他或早点给他。若遇到了这样的事，你会非常气愤，明明不关你的事，上司却滥用职权，将责任推到你身上。

如果你的上司三番五次犯同样的错误，你应以提醒来代替批评，且不能因为太气愤而反唇直辩或直指是非。因为无论上司是对是错，他都是爱面子的，你这样做，只会得罪上司。你不妨每天像很关心上司似地提醒他有个约会，或是有份文件还没签发。在你故意的提醒下，你的上司为了避免再忘记，就会主动把该做的事情做好。这样一来，每件事情都会做得井井有条，既顾全了上司的自尊，同时也让他觉得你的重要性和责任心。

2.玩笑式建议

对同事或者上司进行说服、劝导，宜采用正面说理法，态度要严肃认真；但从他人可接纳的角度去考虑，固执己见的人则不容易接受正面直言的劝导。如果与他争辩，容易弄得面红耳赤、不欢而散。面对这种情况，不妨采用开玩笑的形式提出建议。因为从心理角度看，人们更愿意以轻松的方式接受建议，也会觉得你的建议是善意的。

可采用“嬉笑怒骂”的形式，用反面的方式表达正面的意思，在语气上是嬉笑的，但实质上却是怒骂，是批评。由于比较委婉，不会伤及上司的面子，容易使其听进去。一旦他认识到自己的过失，就容易接受劝告，从而改变行为。

但是这种责备的程度要适可而止，不能太露骨，不能太刺激对方，因为若对方感到刺激过分，往往会反感或气愤，这样，批评劝导就不会收到预想的效果。

3.荒诞法建议

面对一个错误的推理或结论，从正面反驳无济于事，不妨用另外一个类似的并且也同样是错误的推理来达到批驳的目的，也许效果会更好。这

种错误的推理具有很强的荒诞性，含不尽之意于言外，会使人在玩笑中明确是非，从而达到幽默的真正目的。推理越荒诞，说出的话就越具有幽默感。

宋高宗时，有一次宫廷厨师煮的馄饨没熟，皇帝发怒了，把那个厨师投入了大狱。没过多久，在一次演出中，两个演员扮作读书人的模样，互相询问对方的生日时辰。一个说“甲子生”，另一个说“丙子生”。这时又有一个演员马上来到皇帝面前控告说：“这两个人都应该下大狱。”宋高宗觉得蹊跷，便问是为什么。

这个演员说：“甲子、丙子都是生的，不是与那个馄饨没煮熟的人同罪吗？”

宋高宗一听大笑起来，知道了他的用意，就赦免了那个“馄饨生”的厨师。

演员借宋高宗“馄饨生就下大狱”这个前提，演绎出一个错误的结论：是“生”就该下大狱，甲子生、丙子生也该下大狱。这显然是荒诞不经的，引人发笑。演员的推理语言婉转，表达含蓄，蕴涵了丰富的机智。而宋高宗的内心世界也就在这欢笑声中被这个演员征服了，由此赦免了那位厨师。

4.自责法建议

对上司提出批评，在尊重他们的同时，语气还要婉转一点，或欲擒故纵，或迂回包抄，或以退为进，都能取得比较好的效果。

《后汉书》中记载了一位擅长言辞的媳妇巧妙批评婆婆的故事：丈夫乐羊子外出求学，七年不归，家里日子艰辛，已久未尝过荤腥。乐羊子的母亲犯了馋，见别人家的鸡进入她家院子，就偷偷地宰杀吃了。

对婆婆的这种不洁行为，乐羊子妻十分难过，她不但不同婆婆一起吃这偷来的鸡，而且直掉眼泪。

婆婆问她为什么？她回答说：“自伤居贫，使食有它肉。”意思是说，怪我自家穷，没有能力把婆婆侍奉好，因而使饭桌上有了别人家里的肉。

在封建社会里，儿媳对婆婆是不能直截了当地批评的，乐羊子妻委婉地以自责的方式提出批评，诱发婆婆的廉耻之心，结果使婆婆惭愧得无地自容，只好端着煮好的鸡到失主家认错赔礼。

在明确以上几种心理策略后，我们还应注意以下几点：

第一，尽量提出建设性意见，让对方明确你是为了公司利益和大局。

你的建议如果引发权力的竞争，会使你的同事或上司因紧张而采取防御措施。因此，将你的批评以解决方案的方式提出，把你认为应该更改的地方进行扼要说明，将你的意见变成建设性的意见，一方面表示你了解对方的立场，一方面化解对方防卫的心态。

第二，要弄清楚对方是否是个能接受建议的人。如果他和你在会议之外能有私人的谈话，经常就公司的政策进行修正，那么他有可能把批评当做是得到一项情报，而不是一种情绪性的攻击。但是如果对方很保守，不论你的意见多么富有建设性，你很可能会被他视为一个爱抱怨的人，因此你必须了解对方，谋定而后动。

言语中常常表达对上司的敬意和关切

身处职场，我们免不了要与上司打交道。我们在与上司说话时，要尽量表达自己的敬意和关切，这是与上司拉近距离的重要方法。可能有些人觉得大家都是同事，成天抬头不见低头见，讲那么多“礼节”没有必要，即使算不上“虚伪”，也挺累人的。但是，在职场上礼多人不怪，小心驶得万年船。比如，上司帮助了你，对上司表示敬意与感谢后，上司可能会说“别那么客气”，但是，当你再次向他表示敬意与感谢时他的内心还是相当满足的。从心理的角度看，作为上司，都希望得到部下的尊重和关心，一般来说，这种敬意和关心也是双向的，你一句关心的话往往会在心理上与上司拉近距离，自然也会获得上司的关心和照顾。

陈飞毕业后，被安排到一所中学实习。他发现，他的领导虽然是机关干部出身，但在面对高学历的下属时，也总有一些不自信，具体表现为有时候为了证明自己也是学富五车，总喜欢在一些场合显示自己的风雅。当然，其他同事似乎不怎么看得起这位领导。陈飞发现这一现象后，遇到这位领导时总是主动上前打招呼。同时，当众人在场时，他还会夸赞领导的文学功底深厚。

从上述案例可见，陈飞是个聪明的下属，他发现作为领导是需要被关心和尊重的，便从这个心理角度出发，在说话时尽量满足领导的这一心理。如此一来，既给领导增添了信心，又让领导对自己增加了好感。

事实上，职场中，很多时候，我们都是通过利用上司的资源完成了任务或使自己取得了进步。此时，我们对上司充满了敬意和感激之情。但是，很多人喜欢含蓄，不愿将自己这份真实的感情表达出来。但是，对方是上司，他给予了你帮助，表达自己的感激之情是作为下属最起码的要求，所以，一定要将心中的敬意明确地表达出来。另外，上司也是人，在忙碌的紧张之余，下属的一句关心的话就可能让他精神倍增。因此，无论从哪个角度说，作为下属，我们都需要对上司表达敬意和关心。

那么，我们该如何表达我们对上司的敬意和关心呢？我们可以从以下两个方面入手：

1.表达敬意

用语言把对上司的敬意直接表达出来，这一点非常重要。表达敬意，就是把自己看到的上司身上的长处和优点告诉他。比如，你通过上司的帮助最终完成了自己的工作，可以对上司说："谢谢您的帮助！"上司听到你的感谢，心里自然会很高兴。这是一般稍有教养的部下都能做到的。发现了上司身上优秀的地方，就用简单朴素的语言告诉对方，这是一种非常有效的"表扬"，它能引起上司强烈的心理共鸣。表扬上司有以下几种方法：

（1）表扬事实

上司表扬下属的时候，一般都采用这种方式："你写的这份报告，第二部分的建议很有价值。"由于上司说得很具体，下属就觉得上司很重视自己的报告，留意了每一个细节，所以，相互信赖的关系又加深了。

下属表扬上司的时候，最好也以表扬具体的事情为主，当然，有时候也会比较模糊，比如，下属可以这么表扬上司："这一段时间由于得到您的大力帮助，我觉得自己进步很快，因此非常感谢您！"

(2)表扬要及时

表扬上司和向上司提问一样，在时间上要掌握好度。大多数上司都很忙，他们没那么多时间与精力来与下属进行细细的沟通，所以，如果不把握好时机，你表扬得再好，上司也可能听不进去。比如，下属说："经理，这件事真的非常谢谢您！"可经理连头也没抬继续看自己的文件，只是在口头上应付下属："哦，是吗？"

另外，表扬应该在工作完成的时候进行，如果过了几天甚至几周后再去表扬，那就是"马后炮"，已经失去了意义，上司可能会因感到莫名其妙而反问你："你说的是什么呀？"

如果要表示自己的感谢和敬意，最好在事情刚刚结束时进行。

(3)不伤害对方的自尊心。

在表扬上司的时候，有一条重要的原则，那就是不能伤害上司的自尊心。有些下属本来想赞扬上司，可话说出口之后，却伤害了上司的自尊心，这种现象在日常工作中并不少见。比如，上司加班加点赶出一份会议文件，下属看后说："经理，没想到您的文笔这么好！"这与其说是赞扬，倒不如说是贬低上司。看见上司从外面拜访客户回来，下属忙说："经理，您辛苦了！"这本来是表示关心，但在上司听来却像对方是自己的老板。所以，下属表扬上司的时候一定要注意遣词造句。

2.表达关心

(1)善于发掘"素材"。

要学会关心领导，就要学会从小事开始关心。在平时的工作中，让自己

做一个有心人，善于发掘关心的“素材”。这样，上司会觉得你是一个细心、体贴的人。

(2)发自内心地关心领导。

关心之语，只有发自内心，才显真诚。如果领导发现你言过其实，就会觉得你只会要嘴皮子，不够牢靠。所以宁可不说关心的话，也不能虚情假意。

总之，恰当地向领导表达敬意和关心，是一个优秀的下属和职场人必须掌握的常识，是与领导拉近心灵距离的重要方法！

恩威并施，让下属臣服于你

作为职场的一分子，上司也需要与人打交道，尤其是与下属。毫无疑问，领导者的语言对维护领导者形象，树立领导者威信有着重要作用。以领导的身份说话不是随心所欲的交谈，而是一种很重要的沟通活动。不管在什么场合，领导说出的话都要言之有物、言之成理。要求领导能充分地表情达意，侃侃而谈。领导的话要有启发性，要能鼓舞下属。总的来说，上司要想获得下属的信服，说话时一定要恩威并用。因为领导与下属之间是一种权力等级差别的关系，只有恩威并用，才能维持这种关系，才能树立在下属中的威信，从而获得信任和支持。

上司如何用自己的语言来赢得足够的威信是领导语言艺术的一个关键问题。那具体来说，我们该怎样在说话的时候做到恩威并用呢？

1.要给予下属积极的刺激与激励

优秀的领导应该尽量表扬他的下属的才干和成就，要尽可能地把荣誉让给下级，常肯定下属的进步和优异表现，遏制自己的虚荣心。应该把自己放在后面，这样下级就会为你尽心竭力，形成一种良性循环。

2.要表现得平易近人

这样有助于拉近你和下属之间的关系，培养下属的一种归属感。

3.要表现出作为一个领导者的远大志向

这样，会使下属觉得跟随你奋斗是很有前途的。他们才会对你倍增信心和信赖。

英国前首相撒切尔夫人具有令世人称道的仪表和风度，她是二十世纪后期世界上最具魅力的政治人物之一。而她引人入胜的演讲风格，更为她树立了很高的威信。她在上任后的第一次讲话中这样说道：

我是继伟人之后担任保守党领袖的，这使我觉得自己很渺小。在我之前的领袖，都是赫赫有名的伟人。例如，我们的领袖温斯顿·丘吉尔把英国的名字推上了自由世界历史的顶峰；安东尼·伊登为我们确立了可以建立起极大财富和民主的目标；哈罗德·麦克米伦使很多凌云壮志变成了每个公民伸手可及的现实；亚历克·道格拉斯·霍姆赢得了我们大家的爱戴和敬佩；爱德华·希思成功地为我们赢得了1970年大选的胜利，并于1973年英明地使我们加入了欧洲经济共同体。

在这段讲话中，撒切尔夫人列举了现代史上英国历任首相的功绩，以此来表明自己的任重道远和豪情壮志。1979年撒切尔夫人在大选中获胜，成为英国第一任女首相。由此可见职场领导在与下属谈话时，也要表现出自己的远大志向，让下属信服于你。

4.要显出作为一个领导者应有的霸气

每位领导都应该有属于自己的威慑力，这样才能使得下属服从你。这种霸气体现在领导的语言风格上应该是典雅庄重的。

下面我们以明朝的开国之君朱元璋为例，来看看什么是语言中的王者之气。

朱元璋当上皇帝后，经常微服出巡。有一次，一行人马走到一个渡口等船渡江。正巧，一群赶考的举子也在等船。举子们见渡船尚未到，就在江边吟诗做对，切磋文采打发时间。朱元璋觉得很有趣，便静静地站在一旁听他们做诗。当日江边风景十分壮丽，万里长江滚滚东流，苍茫的群山在雾气中

时隐时现，气势磅礴，偌大的采石矶屹立于江岸，伟岸至极。

一个年轻举子凝视着眼前的壮美河山，吟道："采石矶兮一秤砣。"举子们听了都一致称赞道："这个比喻很是大气。"朱元璋听了，笑着说道："此句子的气魄如此之大，恐后难以为继啊！"大家听了一想，的确如此，把这么大的一座采石矶仅仅比做一个秤砣，那秤杆、秤钩得是什么呀？即使勉强凑出这么大的秤，又去秤什么呢？大家面面相觑，不知如何作答。朱元璋见状大笑，说道："我来试一下。"说完，便高声朗诵起来：

采石矶兮一秤砣，长虹作杆又如何？

天边弯月为勾挂，秤我江山有几多。

举子们听罢个个目瞪口呆，能做出如此气吞山河之气势的大概只能是当今的万岁，于是，举子们纷纷下跪拜见皇上。

从这个故事中，我们可以看出一个领导很容易通过语言表现出自己应有的气势来，而且这种表现在很多时候还是无意的。只要你有领导的威信，就会在语言中自然流露出领导者的气势。但要记住，有霸气并不代表高高在上、盛气凌人，如果是那样的话很容易失去人心。

5.语言干脆，当机立断

领导者的威信可以在平时的说话中得以体现。对于自己权限范围内可以决定的事，要当机立断，明确"拍板"。比如车间工人上班经常迟到早退，不听调配。对于这种违反纪律的行为就应果断作出"停止工作，等岗留用"的决定。如果下属向领导请示某动员会议的布置及议程，领导认为没有问题，就可以用鼓励的委婉的语调表达："知道了，你看着办就行了。"这种表述既给了下属支持与鼓励，也给了下属行动的权力。

我们都知道，得体的语言对于任何讲话者的形象都非常重要，对于领导者而言更是如此。领导者以语言树立自己的威信，通俗地说就是要使自己的话让下属相信并且信服。懂得以上这些心理策略，让下属信服，这样他们就会真心实意地支持你。这就是威信。只有具备了这种气质，才能卓有成效地指导和开展工作。

巧妙化解与上司之间的矛盾

宇宙万物,无时无刻不处于矛盾之中。身处职场,与上司共事、相处,难免会出现碰撞而导致误解和矛盾的产生。不经意的时候得罪了某位领导,而我们自己却浑然不知,等到幡然醒悟时已经为时晚矣。

那么,误解缘何而生?这是非常复杂的问题,因为它涉及到人的心理活动的复杂性。嫉妒、多疑、防范、自负甚至对你过度的喜爱,都能诱发领导对你的不信任感,导致各种误解的产生。而产生误解的一般性原因或者说客观性原因是:上下级之间存在着信息不准确或沟通不足。由于下级和领导缺乏足够的交流,这样,他便缺乏对你全面、直接和感性的认识,容易受他人意见的蒙蔽,由于领导直觉的左右和主观判断的影响,从而对你的言行产生认识误差。

而其实,矛盾并不可怕,最重要的是我们能够勇敢地正视它,并运用自己的智慧和技巧化解它,上下级之间一个最常见的矛盾就是存在着误解和隔阂。如果处理不当或掉以轻心,误解便会成为成见,隔阂更会扩展成鸿沟,这对下属无疑是极为不利的。关于矛盾的化解,有时候,我们可以借助语言这一媒介,只要我们善于从上司的心理出发,通过三言两语,把话说到上司的心坎上,削弱并化解矛盾都是有可能的。

上司误解了下属,一般而言,他不会主动找下属进行沟通。你对待上司的误解最明智的态度就是及时、主动地去消除它,不让它成为定型之见。否则好的机缘会与你擦肩而过,让你悔之晚矣。以下六点消除误解的方法可供参考:

(1)极力掩盖矛盾。每当有人说领导和自己的关系不好时,你要极力否认此事,遏制事态的扩大,有利于缓和矛盾。

(2)公开场合注意尊重领导。在工作中与领导碰面,要主动与其打招

呼，不管领导作何反应，自己要始终面带微笑。

(3)私下注重褒扬领导。要知道当面说别人好不如私下褒扬别人效果好。私下褒扬领导，领导肯定会高兴的，这样更利于误解的消除。

(4)紧急情况“救驾”。平时工作中，你若知领导遇到紧急情况而没有台阶下的话，你要挺身而出及时上前“救驾”，打好圆场，这有利于领导心理的平衡，消除误解。

(5)找准机会冰释前嫌。待领导对自己慢慢有了好感以后，你要利用机会，与领导很好地进行交流以冰释前嫌。

最近，职员小王有这样一个苦恼，她向好朋友诉苦：

我组一共 2 个人，我是领头的。目前由于原来组员离职，我们部门新调来一位有 4 年多工作经验的女孩。我和新组员关系还好，沟通没有问题。目前她觉得工作量过大，要去找领导谈，但是去之前和我沟通过了，我认为她是老员工并且是公司的骨干，她去找领导沟通应该没有问题，领导会给她更好的指导和鼓励。但他们沟通完的结果是领导找我谈话，认为我工作做得不够好，工作分配似乎不合理，没有缓解她接手新工作的压力。这个结果完全出乎我的意料，并且对我以前的工作好似怀疑，我很是委屈，觉得领导对我的误解很大，实际上工作中并不是这样的，我觉得自己付出很多。领导找我谈的过程中我已经说了自己的实际情况，但是回来后觉得自己并没有完全表达清楚，而且越想越生气，这件事我该如何处理呢？我想再找领导谈谈。

而她的朋友是这样给她支招的：“我觉得，你可以和领导谈谈，譬如说出你的看法，不用太小心谨慎。其实领导一般还是希望得到员工的真实想法的。但是谈话之前，你要做到有理有据。把你手头的工作合理分配一下，哪些是给这个女孩做的，哪些是你做的。和领导说话，要口气温和，平心静气。针对领导觉得你分配不合理的地方，说出你的看法，或者听领导给你更好的建议。但要注意时机和场合，有第三人在场或领导百忙缠身、情绪不佳时不宜进行沟通，沟通时也须注意实事求是和自身情绪，否则你稍不注意就可能

给自己日后的发展带来麻烦。毕竟他是领导者,而你只是下属。”

小王按照朋友的建议,找个适当的机会,消除了与领导之间的误会。自从那次后,领导似乎更加信任小王了。

小王的做法是正确的,在合适的机会下沟通,才能起到预想的效果。从心理学的角度看,人们能否接受建议,是与心境有关的。当上司百忙缠身、情绪不佳时,你若想消除误会,恐怕会事与愿违。

(6)经常加强感情交流。当领导与你的误解烟消云散之后,你不要掉以轻心,而是趁热打铁,通过经常性的感情交流增进友谊,让感情与日俱增。

掌握以上几点心理策略,我们与上司之间的关系会变得越来越融洽,越来越和谐!

主动汇报工作,令上司青睐于你

说话是一门重要的学问。新人来到一个企业,很重要的一点就是要学会说话。因为我们不仅要与同事沟通,更要与上司沟通。我们如果能与领导进行有效沟通,对建立并保持良好上下级关系,对自己以后的成长都具有重要意义。作为一个下属,免不了要和上司在工作上有往来,也难免要向领导汇报工作,一个成功的职场人士必然是一个善于汇报工作的人,因为在汇报工作的过程中,他能得到领导对他最及时的指导,更快地成长,也因为在汇报工作的过程中,他能够与主管上司建立起牢固的信任关系。可见,我们要想赢得上司的信任,就必须掌握领导的心理,学会巧妙汇报工作,把话说到上司的心坎里,令上司满意于我们的表现。

那么,我们应该怎样汇报工作才会令上司满意呢?

1.主动汇报

作为上司,都有这样的心理,即使再忙,也希望掌握每个下属的工作动态。因此,如果我们能主动汇报工作的话,那么便是给上司吃了颗定心丸,

上司自然会满意我们的表现。

黄伟是一名外贸公司的部门经理，由于公务繁忙，忘记了对领导汇报工作。有一天，他在开会时批评下属说："你们现在好像一天都很忙啊，都忘记向我汇报工作了。"可是，会后，他听见员工们说："黄总只会说我们，他自己好像也有十天半个月没有去总经理办公室了吧。"这话倒提醒了黄伟，他想，这段时间，由于忙于工作而忽略了向上司汇报工作情况这一程序，怪不得这些天总经理好像冷淡了许多。如果每天、甚至每两天抽出一个小时走进上司的办公室，向他汇报自己的工作，可能就不会是这样的情况了！

想到这里，黄伟立即安排秘书为自己做工作详细记录，第二天他走进了上司的办公室，对老总说："总经理，这是我近来的工作进度，请您审查。"总经理看后对他微笑着说道："有进步啊！"黄伟也报以微笑，感觉轻松了不少。

从案例中，我们发现，在与领导沟通时，采取主动的态度十分重要。主动汇报工作，与领导及时交流，不仅能及时更正错误或不当的工作方法，还能让领导放心。而实际上，很多下属往往慑于周围人际环境的压力，唯恐领导责备自己，害怕见到领导，不主动汇报工作，从而失去了展示才华的机会，更重要的是，也失去了上司的信任。

2.服从上级

古往今来，上下级之间，下级服从上级，这是天经地义的事，虽然也有很多下级冲撞上级，但他们都为此付出了代价，当今职场，这一规则更是不可动摇。在汇报工作的时候，有一点是我们应该注意的。那就是汇报工作，我们要尽量把焦点放在"汇报"上，而不能越权，更不能说越位的话。

3.汇报要有重点

给领导汇报工作时，有时是一件事，有时是两件事甚至几件事，但对每件事都应考虑周全，突出重点，千万不可面面俱到，重复表达，啰嗦冗长，力求做到重点突出，这样既节省了领导的时间，又体现了自己对工作的熟悉程度、对问题的把握能力、语言表达能力，同时又提高了工作效率。

越是职位高的人，需要处理的事就越多，有时候不可能把每件事都做到

位。上司把某项工作交给你，是对你的信任，是对你工作能力的肯定。如果遇到鸡毛蒜皮的事也向上司请示汇报，上司就会怀疑你的能力了。而且，事无巨细，统统汇报，也有邀功之嫌。比如一个负责行政的，对完成的车辆派用等汇报是没有必要的，而对一些特殊情况的特殊处理倒是有必要汇报一下的。

4.条理要清晰

给领导汇报前不妨先打好腹稿或者是文字汇报稿，列好若干点并言简意赅，层次分明，用最精练的语言，较准确地表达自己的汇报意图。

5.把握领导倾向性意见

有时一件事只有一种解决办法，有时则有多种。因此，汇报前要考虑领导倾向哪一种方法，那优先说把这种方法，然后再把其他建议也一并向领导汇报，供领导参考。

6.多提解决的方法

汇报工作最重要的是提出解决问题的方案而不是简单地提出问题。要记住，汇报工作的实质是求得领导对你的方案的批准，而不是问你的上司如何解决这个问题，否则事事都要上司拿主意，要下属又有什么用呢？我们向领导汇报工作时要预备多套方案，并将它的利弊了然于胸，必要时向领导阐述明白，并提出自己的主张，然后争取领导的批准，这是汇报的最标准版本。假如你努力做到了这点，相信你离晋升已经不远了。

7.关键地方多请示

聪明的下属善于在关键处多向领导请示，征求他们的意见和看法，把领导的意志融入正专注的事情。关键处多向领导请示是下属争取主动的好办法，也是下属做好工作的重要保证。何为关键处？即“关键事情”、“关键地方”、“关键时刻”、“关键原因”、“关键方式”。

了解了以上汇报工作的方法后，我们便能大致抓住上司的心理，从而让上司发自内心地满意我们的表现了。

委婉表达相反意见，让同事愿意接受

身处职场，我们天天要与同事打交道，每个人的个性、认识不同，对同一件事的看法和意见自然也不同。而很多时候，即使意见不一致，也绝不要和同事或者老板争论，就算你认为自己很有道理也不要这么做，因为这样做对你没有任何好处。结果是要么你输掉这场争论，要么你失去一些跟你为伍的人。但是，你还是需要寻找一些办法阻止他们产生一些草率的念头，避免最后给你职业带来不良的影响。此时，就考验了我们说话的能力。那么，我们如何说话，才能正确地表达自己的相反意见，同时还能避免跟同事彻底翻脸，把话说到对方心里，让其欣然接受呢？

下面是正确反驳同事的心理策略，一共有五个步骤：

第一步：多听少说。

当我们发现同事的意见或者方案不妥时，不要急于争论或者发表不同意见，也不要插嘴。相反，你要鼓励同事把自己的想法完全并且充分地表达出来。他们希望你懂得倾听，同时希望能够得到你的尊重。如果你总是很快地跟他们争论的话，你可能会听到“你还是没懂我说什么……让我解释给你听”这样的话，最终你们将会得到一方获胜一方失败的结果，那这样的争论就完全是浪费时间。

第二步：善意的保留。

在谈话开始的时候肯定对方说的一部分观点是十分明智的做法。也就是说，无论同事的观点正确与否，你都要保留善意的意见，并给予其情感上的认同。等到和同事站在一条战线的时候，你再去指出其意见和看法的不足之处，这样对方接受起来会容易得多。

刘波学的是市场营销，毕业后顺利进入了一家外贸公司当业务助理。刘波的上司是40多岁的业务主管老张，有着丰富的营销经验，由于资历较

老，老张总是摆出一副傲气十足的姿态，甚至有些骄横跋扈。他经常炫耀自己的辉煌业绩并用鄙夷的口气训斥他人，丝毫不把别人放在眼里。而实际上，很多时候，老张的那些主张与经验早已经过时了。同部门的其他同事背地里总是抱怨老张自高自大、目中无人，但老张毕竟是老员工，大家也没什么办法，只能尽量远离他。

其实，刘波来到单位后也没少遭到老张的训斥。但是刘波暗自琢磨：老张之所以居功自傲、盛气凌人，是因为他在商场摸爬滚打多年，经验极为丰富，以至于拥有骄傲的“资本”。尽管他平时在工作上有些做法不对，但要想说服他，并非易事，直接反驳更不可取。于是他主动邀请老张吃饭，推杯换盏之时他大力称赞老张多年营销的功绩，并表示一定以老张为榜样，努力向他学习业务。老张听了这些话心里十分高兴，拍着刘波的肩膀说：“小伙子，你要学的真的很多，以后有什么不明白的多问我，我保证把你培养出来！”刘波听到此话便向其虚心请教拓展业务的方法。而后来，聪明的刘波在和老张学习经验的过程中顺便道出了一些自己的看法，老张这才发现，原来自己的很多观点已经过时了，于是，他对刘波连连道谢。

老张属于职场老手，是“居功自傲型”的代表，很难看到自己的不足。而这类人的心理需要很简单，就是希望别人把他当做功臣来尊重和敬仰。由于这类人在单位已经工作多年并取得了一定的成绩，直接反驳自然是不可取的。刘波认识到了这一点并摸准了老张的心理，于是他选择了向老张请教。刘波先是赞颂老张的能力，对其加以恭维，这充分满足了老张的自尊心，而后又向老张表达了学习的决心，将之奉为榜样，在请教的过程中提出自己的意见，高兴之余，老张自然乐意接受。

第三步：找出普遍原因。

表扬做出的努力。你必须感谢你同事有意愿、有勇气并且有见解去解决他们认为应该得到解决的问题。告诉他们为什么这个问题十分重要，从一开始的时候就要把讨论集中在你希望得到的结论，而不是他们的具体看法上。

第四步：强调重点。

表示你已经想到了这个问题，但还在挣扎之中。你可以说你对三个大问题还拿不定主意，这三个大问题就是你认为你同事观点中存在的三个致命漏洞。

第五步：同心协力，解决问题。

到现在，你应该已经把讨论从对方的观点（你的同事永远也不可能同意改变他们的观点）转移到问题本身（你的同事将会一而再、再而三地向你证明他们能解决好它）上来了。新的解决方案应该得到双方的共同认可，最终代替你之前听到的那个疯狂的提议。同时，你的同事还会认为那完全是他们提出来的主意。没有人会为自己的观点争论不休。事实上，你已经赢得了这场争论，还赢得了一个朋友。

但我们千万别被他们观点里的逻辑绕进去，也别让自己陷入关于他们建议所有细节无休止的讨论里去。悄悄地把讨论从原来的设想里转移出来。相反，你可以把重点放在你和同事共同想达到的目标上。让他们觉得他们帮到了你，给你提供了可供参考的建议，而不是被你批评了一顿。

一旦你被大家公认为是一个知轻重、老练的人，那你的一个小小的意见在别人看来都十分重要。你通过巧妙地表达自己的不同意见，赢得了权力、公信力还有盟友。

总之，我们反驳同事的目标是要得到双赢，而不是一赢一输。运用心理策略，采用以上几个步骤，这一目标的实现自然容易得多！

真心实意表达赞美，让大家喜欢你

从心理学的角度看，人人都喜欢被人抬高，被人赞美。人类最美丽的语言叫赞美，人类最动听的声音也叫赞美。美国著名心理学家威廉·詹姆斯曾说过："人类本性上最深的企图之一是期望被赞美、钦佩、尊重。"可以说，

希望得到尊重和赞美，是人们内心深处的一种渴望。人人都爱听赞美的话，因为赞美能激起人们心灵最深处的自豪感和成就感，从而使其产生美好的心境，同时，赞美也是人类最高收益的投资，当对方接受了我们赞美之言的时候，也就接受了我们这个人，自然也就拉近了彼此之间的距离。因此，身处职场，我们与人说话，也要虚心说己，赞美他人。当他人都倾心于我们的时候，我们的工作环境就会更加和谐。但赞美同事、领导也并不是无据可循的，没有技巧的赞美，只会有溜须拍马之嫌。

那么，我们该怎样说话才能让同事和领导接受我们的虚心和赞美呢？

1.背后赞美

背后赞扬别人，更让人觉得真诚、喜悦，更容易让人幸福，这是情理之中的事。所以人们更容易相信背后的好话，会更加欣赏那些在背后说自己好话的人。因此背后颂扬别人，比当面赞扬更为有效。如果你想让同事或上司增加对你的好感，就要学会在背后赞扬他们。

相反，如果我们当着对方的面称赞他，不仅可能会让对方觉得你虚情假意，还会有谄媚之嫌，也可能会招致其他同事的轻蔑。所以，我们不妨背后称赞，你也不必担心被赞扬者听不到这些话，请放心，这些赞美终有一天会传到他的耳朵的。

很久以前，有一个国王，他没有什么爱好，每天只喜欢底下的那些臣子对自己说一句赞美的话。说赞美的话又不是什么难事，这些大臣每天就变着花样说给国王听。

刚开始国王觉得很美，每天有那么多的人称赞自己。可是时间一长，国王感觉这些人说的话那么虚伪、做作。一听到“您是我们最英明的陛下”、“您的伟业将永垂不朽”之类的话，国王都想把大臣拉出去砍了。可是又找不出砍杀他们的理由。

有个聪明的大臣看出了国王的心事，于是想办法来点“新鲜的”，好让国王高兴高兴。

一天，国王要发布新的政令。这一次，这个聪明的大臣并没有像以往那

样当面称赞国王，而是故意在一旁悄悄地对别人说："凡是身居高位的人，大多喜欢别人的奉承，只有我们陛下不是这样，他一向对别人的称赞都不放在心里。"

而此时，国王正好赶到，在门后听到了这些话，心里非常高兴，马上唤来这个大臣说："好啊，知道我心里所想的只有你。"

很快，这个聪明的大臣就被升职了，并受到了国王的重用。

这位大臣是极为聪明的，他采用的就是一反常态的赞美，在背后赞美国王，满足了国王想听真诚赞美之言的心理需求。但其实我们明白，他对其他大臣说的那番话，本身就是说给国王听的，只是在国王的背后说出恭维他的话，和别人在背后议论的方式有所不同，他有意识地让国王听到，把国王捧得极高，从而达到了讨好国王的目的，自然也就得到了国王的重用。

2.有新意、不落俗套地赞扬

职场赞美是要讲究一定技巧的，需要掌握一定的分寸，赞美要不落俗套，才会让对方受用。循规蹈矩、墨守成规的赞美只会让对方感到毫无新意可言，起不到真正赞美的作用。而假若我们善于观察，善于挖掘，找到别人未发现的优点，这样说出来的赞美之言才会更显新意和诚意，更会给对方留下美好又深刻的印象。

3.赞美要真诚

赞美应该是发自内心的，是自然而然的善意的行为，不需要你绞尽脑汁，处心积虑，也不需要你谨慎小心。要想使我们的赞美之言更显真诚，我们可以注意以下几点：

（1）赞美别人的同时要把别人的优点当成自己学习的榜样，把语言化成行动，才会让别人信服，别人也更容易帮助你。

（2）间接赞美。比如，你可以用辩论的观点，让对方说服你，承认他自己的优点，比你自己说出更有价值。

（3）多对周围的人关心。赞美和恭维领导不仅是说好话，还要说好听的话。这不仅是对领导，对周围的同事也要如此，一句关心、嘘寒问暖的话比

那些绞尽脑汁的赞美之言更能打动他。

4.抓住点赞美,让赞美有据可依

因为常规意义上的赞美,也就是大处落墨,不着边际,这样缺乏新意和诚意。因此,我们不妨换个角度,抓住点来赞美,这样,我们赞美起来也就有据可依,要知道,每个人都希望被人赞美,喜欢被戴"高帽子",但关键的是,这个"高帽子"我们该怎么戴才合适,让对方感觉你戴的"高帽"合情合理,才会真正打动他。

职场需要赞美。工作中,为了使工作顺利开展,必须和同事以及上司搞好关系,就需要我们虚心说己,赞美他人。而我们也只有掌握赞美的技巧,对对方产生积极的心理作用,让赞美不落俗套,才会让对方真正的受用!

赢得异性同事好感的说话艺术

在小小的办公室,男女同事间如何相处?与异性同事又该怎么说话才能赢得好感而不失分寸呢?交谈时,因对方性别不同,方式也有所不同。同性同事之间的谈话可以随便些,而对于异性同事,谈话时就应特别当心。并不是要处处设防,步步为营,但起码"男女有别"还是要懂得的。因为两性距离,复杂而微妙,处理不好,对工作、人际交往和心态都会产生不利的影响。比如一位女同事,身材肥胖,你千万不能"胖子,胖子"地乱叫;但换了位男同事,叫他几声"胖子",他可能丝毫不介意。也就是说,我们与异性同事说话,要从异性心理出发,运用心理策略,把话说到对方心里去,从而给对方留下好印象。

当然,运用心理策略与异性同事说话,也要根据说话双方的具体性别而言。具体来说,我们可以从以下几个方面努力:

1.注意细节,达到沟通效果

男女性别的不同、先天思维习惯等的不同,职场中异性同事之间的沟通

难免会遇到些障碍。因此，有职场朋友总提出这样的疑问：难道职场异性同事之间注定就不能实现有效沟通？实际上并不是这样，职场专家指出，只要你从细节上多加注意，职场异性同事同样能实现有效沟通。比如，女同事与男同事讲话，态度应庄重大方，温和端庄，切不可搔首弄姿，过于轻佻。男同事在女同事面前，往往喜欢夸夸其谈，谈自己的冒险经历，谈自己的事业及自己的好恶，更喜欢发表自己的意见，让听者感到惊奇与钦佩。所以男同事需要的是一个听话者。女同事要当一个听话者，请注意不要太唠叨，声音太大，不要总想找机会打岔，纠正对方或对家长里短抱怨不停……但是，如果对方令你难以忍受，那么请巧妙地打断他的话或干脆直截了当地告诉他："对不起，我还有事。"

2.注意表达

职场专家指出，在职场上，男性像赴战场准备作战，女性却像前往社区服务中心建立人际关系，因此男性的工作方式较具战斗性，而女性却倾向于合作。如此不同的风格意味着冲突和混乱不可避免。

那么，职场男女如何沟通才有效呢？

女性在职场往往是较弱的沟通者，专家建议，男性应该给予她们较多的体贴、关心、信赖和分享，让她们把话说完，把意思表达清楚，切忌打岔，或是表现出一种不耐烦的态度。

对于女性，专家的建议是，要特别注意说话的措辞和语气，因为这决定了男性到底会有多认真的聆听。女性常在无意间使用"自我削弱力量"的字句，如"好吧"、"也许"、"好像"、"大概"及"我不确定这是否是个好主意，但是……"这样的字句会显得女性缺乏力量，要尽量避免。

另外，对女性而言，提出问题是获得信息的有效方法，不过男性会据此认为："她所知不够，应该无法胜任。"因为他们不喜欢提问，原因是他们从小就被教导，身为男人的责任就是提供所有答案，表现自己"无所不知"。为了赢得权力和尊重，女性需要弥补声音较尖细、柔和的特质，同时多用充满自信、陈述事实的语句，少用听来较像提问的句子。

3.不隔离,不疏远

我们与异性同事交谈或者沟通,首先要建立健康的心态。只有这样,才能大方地与异性交流,才能让对方感觉你是个随和的人,进而也会以同样的心态与你说话。我们要知道,现代社会,与异性一起工作是非常普遍的现象,不能再以“男女授受不亲”的旧观念来束缚自己。即使已婚,也不表示要和异性隔离。过分拒绝和异性相处可能妨碍职场角色的发挥,也是有心理障碍的表现。我们必须承认,两性共有的工作空间通常比单一性别的环境要愉快和谐,工作效率会更高。想在工作场合与异性隔离,不仅不可能,而且不合理。

总结起来,男女同事交谈,有以下几条心理秘诀:

职场女性与男性沟通的最佳秘诀在于:

(1)只在男性要求时提出劝告,而且最好是私下为之。

(2)说话时肯定而有自信,同时提高音量。

(3)避免经常谈论问题,着重如何解决问题。

(4)避免漫无边际地闲聊,直接切入中心。

(5)不要太在意批评。

职场男性要与女性有更好的沟通,应注意下列事项:

(1)女性对你说话时,全神贯注地聆听。

(2)犯错误时及时道歉。

(3)不要打断女性说话,不要替她们把话说完,更不要贬低她们的想法和观点。

赢得同性同事友谊的说话艺术

同事之间要建立良好融洽的人际关系,必须经常相互沟通。我们要做到相互沟通,除了相互帮助、相互谅解之外,懂得运用得体恰当的语言也是

非常重要的。通常，我们与异性同事说话，会格外小心，怕给对方留下不好的印象。但我们似乎忽略了一点，与同性同事说话，也要讲究心理策略和说话的艺术。很多关系非常密切的同性同事之间，常常由于说话不讲究艺术，使对方误解，以致造成同事间的隔阂。那么，同性同事之间怎样交谈才比较恰当，我们怎样才能让对方喜欢我们呢？我们在说话的时候，需要掌握以下几点心理策略：

1.说话前先考虑对方与自己的亲疏关系

倘若对方不是相知很深的同性同事，你照样畅所欲言，无所顾忌。那么，对方该作何反应呢？你说的话，是属于你的，对方愿意听你的么？彼此关系浅薄，交情不深，你与之深谈，会让对方觉得你没有修养。

因此在一个公司内，要同身边的同性同事搞好关系，谈话时必须注意对象的亲疏关系。对关系不深的同事，大可聊聊闲天，海阔天空调侃一番，而对于个人的私事还是不谈为好。但这并不等于对任何同事都要遮遮盖盖，见面绝不超过三句话，而只说些不痛不痒的场面话。如果是交情匪浅的同事，则可以不断地交流思想，促膝谈心，互相关心，替对方出出主意，排忧解难。这样，还可以增进彼此间的团结与友谊，更有利于开展工作。但需要注意的是：不要学小人说三道四，东家长西家短。否则，会破坏同事间的团结，破坏同事的名誉。

2.注意对方的层次与性格特征

我们与同性同事说话，不要想当然地认为对方与你性格相同，也不要随便把对方当“哥们”或“姐妹”。因此，与同性同事交谈，首先要明白他的个性。对方喜欢听委婉的话，你说话应该讲究一下方式或方法；对方喜欢直来直去，你大可不必与之拐弯抹角，摆迷魂阵；对方喜欢钻研学问，你应该说比较有水平的话，而对方文化层次较低，你就应该与之谈些家长里短；对方如果喜欢推心置腹，你就应该多说些诚恳质朴的话。

当然，这并非“六月天，孩儿脸”，一天三变，而确实是搞好同事关系的良策。

比如，某甲生性耿直，说话直来直去，无所顾忌，偏偏碰上了喜欢说话绕弯的某乙。一天清早，某乙从厕所出来，正遇上某甲。某甲就大声问道："从哪儿来？"某乙见有他人在场，且有两位女同事，便随手一指："从那儿来。"某甲却不明白："那儿是哪儿？"某乙只好含糊地说："WC。""WC"原意是英文厕所的缩写，某甲偏偏不知，又不甘心，继续大声问："WC是什么东西？"某乙见他人都注目两人，便悄悄对某甲小声说道："1号。"某甲环顾四周，正好1号房间是某女同事的宿舍，于是大为惊讶地说："大清早你上小王屋里干什么？"某乙当场面红耳赤，无地自容。

上述虽为一个笑话，但也可以证明，即使是同性，也需要对不同的人讲不同的话。如果某甲讲究一下说话方式，不再寻根究底，或者，某乙讲话干脆一点，直接告诉某甲说："厕所。"双方就不会纠缠不清，弄得两人都非常尴尬。

3.要注意对方的年龄

同性之间说话，也应该考虑到对方的年龄。

对年长的同性同事，最好谦虚些、服从些。当然，尊敬是最起码的，年长的同事往往是高你一辈的，经验比你丰富得多。与他谈话，切不可嘲笑其"老生常谈"、"老掉牙了"，应该持尊重的态度。即使自己不认为正确也要注意聆听，而后再提出自己的意见。

对于年长的人，最好不要轻易询问他们的年龄，因为有些人尤其是女性往往很忌讳这一点，问起她们时，常使她们感到难堪和颓丧。所以，在与年长的同性同事谈话时，不必提起他们的年龄，而只称赞其做的工作，你的话肯定会温暖他们的心，使他们重新感到自己还年轻，还很健康。

对于年龄相仿的同事，态度可以稍微随便些，但也应该注意分寸，不可出言不逊，伤人自尊。

对于年纪比你小的同事，也要注意一定的分寸。应该保持慎重、深沉的态度。年纪较小的同事，有些思想可能太冒进，或知识经验不如你，所以与他们谈话时，注意不要对其随声附和，降低自己的身份。但也不要同他们进

行辩论，不要执意坚持自己的意见。只需让他知道，你希望他对你有适当的尊敬，他就会因此而保持适当的态度和礼仪。但是千万不要夸夸其谈，卖弄经验，在自己的知识范围外还信口开河。否则，一旦被他们发觉，就会降低对你的信任与尊重。

4.同性同事之间也不可“全抛一片心”

在我们身边，总有一些喜欢向别人倾吐苦水的人。虽然这样的交谈能够很快拉近人与人之间的距离，使你们之间很快变得友善、亲切起来，但心理学家调查研究后发现，事实上只有1%的人能够严守秘密。而同时，从心理角度分析，对方也会对你设防，认为你是不可信任的人。这种情况，一般在同性的女同事之间发生的概率比较高。

所以，当你的生活出现个人危机，如失恋、婚变之类，最好不要四处找同性倾诉；当你的工作出现危机，如工作上不顺利，对老板、同事有意见或看法，更不应该在办公室里向同性袒露，任何一个成熟的职场人都不会这样“直率”的。办公室是工作的地方，而不是互诉心事的场所。

美国著名女士玛丽凯有句话：“要把人当人看。”所以，她成功了。然而无论何时，都要记住大师海德格尔的名言：“语言是人类的栖居之地，做个会说话的人。”身处职场的我们，与同性交谈，并不是毫无顾忌的。俗话说：“一句话说得让人跳，一句话说得让人笑。”与同性说话，只要注意分寸，把每句话说到对方的心里，就会让对方喜欢你。

与客户沟通了解内心诉求——让销售迅速成交的说话策略

说服是一门艺术，说服大多数体现在语言上，尤其是对于从事推销工作的销售员而言。能否成功说服客户显得至关重要。有些销售员说，我不会说话。其实，除了有语言障碍的人以外我们都会说话。只不过是你说的话能否起到作用？能不能让客户信服？能否消除客户的异议？能否让客户心满意足？而如果我们能掌握客户的心理，说出能让客户产生积极心理作用的话，那么，我们的销售工作就会变得容易得多。

说好开场白，让顾客消除戒备心

在刚开始销售的时候，我们要做的工作就是消除客户的戒备心理。而这个工作，一般体现在开场白中。开场白是销售人员与客户见面时，前两分钟要说的话，这可以说是客户对销售人员第一印象的再次定格；虽然通常说不能用第一印象去评判一个人，但客户却往往用第一印象来评价你，这决定了客户是否愿意给你机会继续谈下去。在这里值得一提的是，如果是您主动征得客户同意会面的，您的开场白非常重要；而如果是客户主动约见你，客户的开场白就决定了你的开场。而判断开场白是否起到作用的标准便是：是否将话说到了客户的心里，是否对客户产生了心理作用，客户是否消除了戒备心理。

那么，作为销售人员该怎样说好开场白呢？

1.表明来意

在开始时，就要尽量对客户说明你的来意，这就向客户表明：你不是来推销产品的，你给客户带来的是解决方案，能够解决他的问题。同时也要有适当的技巧相配合。

"您好！见到您很高兴。我知道您的时间非常宝贵，所以，第一，我不想浪费您的时间。第二，虽然我是我们公司最好的销售员之一，我们的产品也很出色，但是我也不想把您不需要的或者对您不合适的产品销售给您。坦率地讲，我不是特别了解您的情况，所以，我想先听听您的讲解。"

销售员这样说，会让客户觉得你是一个负责、为客户考虑的人。当客户产生这样的心理后，你的推销工作便有了一个很好的开始。

2.有的放矢，简洁明快有效

"我是××公司的，经营某某类产品，我们想提供给您和您的公司更好的产品与服务，所以非常需要您的指点和建议。"

“这是我们公司产品的清单,您看看有什么需要改进的地方?如果贵公司有什么其他需要,我们也很乐意为您效劳。”

“如果您现在很忙,我希望下次还能来拜访您,谢谢。”

这样开场,不仅能节省很多不必要的时间,而且会让客户觉得你很干练,不拖泥带水,也会对你产生信任感。

3.在开场白中表明产品能给客户带来的价值

我们来看一个例子:

当销售人员如约来到客户办公室,开口说道:“陈总,您好!看您这么忙还抽出宝贵的时间来接待我,真是非常感谢啊!(感谢客户)陈总,办公室装修得虽然简洁但却很有品位,可以想象您应该是一个做事很干练的人!(赞美)这是我的卡片,请多指教!(第一次见面,以交换名片自我介绍)陈总以前接触过我们公司吗?(停顿)我们公司是国内最大的为客户提供个性化办公方案服务的公司。我们了解到现在的企业不仅关注提升市场占有率、增加利润,同时也关注如何节省管理成本;考虑到您作为企业的负责人,肯定很关注如何最合理地配置您的办公设备,节省成本。所以,今天来与您简单交流一下,看看有没有和我们合作的意向。(介绍此次来的目的,突出客户的利益)贵公司目前正在使用哪个品牌的办公设备?”

从上面的例子可以看出,开场白要达到的目标就是吸引客户的注意力,引起客户的兴趣,使客户乐于与我们继续交谈下去。所以在开场白中陈述产品能给客户带来什么价值显得非常重要。可陈述产品价值并不是一件容易的事,这不仅仅要求销售人员对自己销售的产品或者服务的价值有研究,而且要突出客户关心的部分,找出我们即将带给他的产品的结合点。因为,每个人对一件物品的评价是不同的,同样购买一件衣服,有的人考虑的是衣服的款式,有的人考虑的是衣服的质量,有的人考虑的是衣服的品牌等,客户关注的就是这件衣服的价值所在,如果这件衣服有10个好处,顾客也只是考虑2~3个好处就足以促使他购买了。因此,如何找出客户最关注的价值并结合陈述,是说好开场白的关键部分。

4.开场白不必固定

开场白没有固定形式，因为每个销售人员的情况不同，客户的情况也不同。的确，和不同的客户面谈，针对不同性格的人、不同氛围的环境、不同层次的人，都要我们及时作出准确的判断，从谈吐（语速、语调、语气）、举止（肢体语言、习惯性动作）、专业（产品知识、销售技巧、沟通技巧）等多方面给客户留下一个良好的印象，为自己的最终结果做一个有利的铺垫。也就是说，不论是怎样的开场白，只要能吸引顾客，让顾客对我们或者我们的产品产生兴趣，有想更进一步了解的欲望的开场白就是好的开场白。

但开场白不管使用什么方式讲述，至少要达到下列目的：

（1）明确你的意图；

（2）使客户愿意和你交流；

（3）允许你提出问题。

总之，我们要说好开场白，就要从客户的心理出发，让客户消除对你的戒备心理，才能进一步开展我们的推销工作。

对不同顾客用不同语气，击中顾客内心

每个人都有自己的个性特征，我们的客户也是。一个销售员随着时间的推移会发现这一点：不同的客户，有不同的个性类型，这种个性类型的划分虽说不是一成不变，但也有相对的稳定性。不同类型的顾客对销售员的态度，对营销活动的反应迥然不同。一个销售员只有事先掌握这种情况，掌握客户的心理，并根据客户的个性转变销售语风，才能在面对各种类型的顾客时做到临阵不乱、沉着应战，从而使营销活动得以顺利进行。具体来说，针对以下几种不同个性类型的客户，我们应采取不同的心理策略：

1.生性多疑型

这种顾客对营销员所说的话通常持怀疑的态度，对商品本身也是如此。

这种人心中多少存在些个人的烦恼,他们经常把一股怨气发在营销员身上。

因此,你应该以亲切的态度和他们交谈,千万别和他们争辩,同时也要尽量避免给他们施加压力,否则,只会使情况更糟。进行产品说明时,态度要沉着,言辞要恳切,而且必须观察顾客的忧虑,以一种友好的态度询问他们:“我能帮你什么吗?”等他们完全心平气和时,再按一般的方法和其洽谈。

2.自以为是型

这类顾客,总是认为自己比营销员懂得多,也总是在自己所知道的范围内,毫不客气地发表自己的见解。当你进行产品介绍时,他们也喜欢打断你:“这些我早知道了。”

他们不但喜欢夸大自己,而且表现欲极强,可是他们心里也明白,仅凭自己粗浅的知识,是绝对不及一个受过训练的营销员的,他们有时会自找台阶下,说:“嗯,你说得不错。”

因此,面对这种顾客,你可以“欲擒故纵”,在产品介绍完之后告诉他们:“我不想打扰您了,您可以自行考虑,有需要时不妨与我联络。”

在进行商品说明时,千万别说得太详细,稍作保留,让他们产生困惑,然后告诉他们:“我想你对这件商品的优点已有所了解,那你需要多少呢?”

3.斤斤计较型

善于讨价还价的顾客,贪小也不失大,用种种理由和手段拖延交易达成,以观营销员的反应。如果营销员经验不足,极易中其圈套,因怕失去得来不易的成交机会而主动降低交易条件,导致血本无归。事实上,这类顾客爱还价是本性所致,并非对商品或服务有实质性的异议,他们在考验营销员对交易条件的坚定性。这时要创造一种紧张气氛,比如现货不多、已有人上门订购等,然后再强调商品或服务的实惠,逼诱双管齐下,使其无法斤斤计较而爽快成交。

4.心怀怨恨型

这类顾客爱数落、抱怨别人,一见营销员上门,就不分青红皂白地无理攻击,将以往的积怨发泄到陌生的营销员身上,其中很多都是不实之词。从

表面上看顾客好像是在无理取闹，但肯定是有原因的，至少从顾客的角度看这种发泄是合理的。营销员应查明这种怨恨产生的原因，然后设法缓解这种怨恨，让顾客得到充分的理解和同情。平息怨气之后的顾客，也许从此会对营销员产生认同感。

5.冷静思考型

这类顾客喜欢靠在椅背上思索，有时则以怀疑的目光观察对方，有时甚至表现出一副厌恶的表情。由于他们的沉默不语，总会给人一种压迫感。这种思考型顾客在直销人员向他们介绍商品时，会仔细地分析营销员的为人，想探知营销员的态度是否真诚。面对这种顾客，最好的办法是你必须很注意地听取他们说的每一句话，而且铭记在心，然后从他们的言词中，推断出他们的想法。

此外，你必须诚恳而有礼貌地与他们交谈，你的态度必须谦和而有分寸，千万别摆出一副迫不及待的样子。不过，在解说商品特性和公司策略时，则必须热情地予以说明。

6.沉默寡言型

这类客户虽沉着冷静，对营销员的谈话也注意倾听，但反应冷淡，其内心感受不得而知。这也是一类比较理性的顾客。营销员首先要用“询问”的技巧探求顾客的内心活动，并且着重以理服人，同时尽可能用易于让其接受的谈话方式，提高自己在顾客心中的地位。

7.好奇心强烈型

事实上，这类顾客对购买根本不存在抗拒心理，不过他们想了解商品的特性及其他一切有关的信息。

只要时间允许，他们很愿意听营销员介绍产品。他们的态度认真、有礼，同时会在产品说明会中进行积极的提问。他们会是个好买主，不过必须看商品是否合他们的心意。他们是一种冲动购买的典型，只要你能引发他们的购买动机，便很容易成交。你必须主动而热情地为他们解说产品特性，使他们乐于接受。而同时你还可以告诉他们，目前正是公司举行的一次促销活动，这样一来，他们就会高高兴兴地付款购买了。

8.固执己见型

这类客户凡事一经决定，则不可更改。即使明知错了，也一错到底。有时会出言不逊。营销员以礼相待，也往往难以被接纳。

从心理学上讲，固执己见之人往往是脆弱和寂寞的，较一般人更渴望被理解和安慰。如营销员持之以恒，真诚相待，适时加以恭维，时间长了，或许能博得好感，转化其态度，甚至被认同而成为知音。

9.滔滔不绝型

这类顾客在营销过程中愿意发表意见，往往一开口就滔滔不绝，口若悬河，离题甚远。对待这类顾客，营销员首先要有耐心，给顾客一定的时间，由其发泄，否则会引起不快。然后，巧妙引入话题，转入销售。而且，要善于倾听顾客的谈话内容，或许能发现营销良机。

10.大吹大擂型

这类顾客喜欢在他人面前夸耀自己的财富，但并不代表他们真的有钱。实际上他们的经济可能很拮据。虽然他们也知道有钱并不是什么了不起的事，不过，他们唯有通过自夸来增强自己的信心。这种顾客，在他们夸耀自己的财富时，你必须恭维他们，表示想跟他们交朋友。然后，在接近成交的阶段，你可以这么说："你可以先付订金，余款改天再付！"这种说法，一方面可以顾全他们的面子，另一面也可以让他们有周转的时间。

总之，我们在销售的过程中，说话风格不能一成不变。根据不同个性类型的客户，掌握以上十条心理策略，能帮助我们抓住客户心理从而顺利完成销售任务！

令顾客信服你的说话技巧

做销售工作很大程度上就是要赢得客户的接受和赞同，最终把产品成

功销售给客户。作为一名销售员，我们必须使顾客相信自己的产品能够给他们带来益处。从某种程度上来说，销售产品的过程也是一个说服顾客的过程。我们只有从客户的心理角度出发，通过语言来影响客户的心理，才能使客户被我们征服。那么，我们该怎样说才能让客户信服呢？

1.表达自信，让客户相信你和你的产品

当然，说话自信的前提是我们也要相信自己的产品。如果连营销人员自己都怀疑所销售的产品，那就很难把自己的产品成功地推销给客户。

马云在2001年北京高新技术产业国际周“数字化中国”论坛上发表的演讲中说道：“我们创建阿里巴巴的时候，很多人评论我们这不行那不行。不管别人相不相信，我们自己相信自己。我们在做任何产品的时候只需问自己三个问题：第一，这个产品有没有价值？第二，客户愿不愿意为这个价值付钱？第三，顾客愿意付多少钱？”马云说过，在过去的三年中，真正相信他的人并不多，但是他对自己有信心，他要创建以亚洲为中心的中小企业的网上基地。结果，“我们成功了，我们成了中国真正服务于商人和企业的电子商务公司以及最大的商务信息平台，在全世界范围内，我们成为存活下来的不多的网络公司之一，也成为网上国际贸易的领导者”。

从马云的这段话中，我们发现，我们推销产品时不要总觉得自己的产品比别人的差，当你对自己的产品没信心的时候，客户也能感觉到你的不自信，进而对产品产生怀疑。当客户感觉到你对自己的产品充满信心的时候，那么他们也会增加信心。只要你在心理上肯定地认为，你的产品是最好的，那么你一定能够将这种意识传达给顾客，一举攻破顾客的心理防线。

2.用事实说话

让客户信服，就必须让事实说话，王婆卖瓜的方式可能会让客户反感，也没有说服力。相对地，你告诉客户你目前有多少客户，合作了多久，那些客户反馈怎么样，产品的定位如何等，通过侧面印证你的产品就是好的，客户也比较容易接受。

3.展示自己的专业水平

在跟客户沟通的过程中,不经意地展现自己对产品的专业认知程度、质量工艺技术等方面,会让客户觉得你在该领域很精通,自然也愿意相信你。

4.从客户的角度说话

与客户沟通的时候,一定要记住我们是来帮助他们的,是来为他们解决问题的,应该从客户的角度出发,不要一味地为了推销而推销。这样,客户会感激你的真诚并愿意相信你。

5.用热情打动客户

热情是世界上最有价值的一种感情,也是最具感染力的。有人做过研究,热情在成功销售的案例中所占的分量为95%,而产品知识只占5%。自己充满了热情,即使你工作不是很顺利,也会很好地完成任务。如果没有热情,你的工作就会像放蔫了的蔬菜,毫无生气和新鲜感可言。

有热情才会有动力,有动力才能全身心地做好每一件事,尤其是和客户交流的时候,这是成功的基本要素之一。有了热情,销售才有可能取得成功。任何顾客都不愿意从一位阴沉着脸、毫无热情的售货员手里购物的。无论是对商场超市里的导购员,对固定客户服务的销售人员,还是对拿佣金的销售人员来说,热情都能创造交易。

江明是一位非常优秀的电脑推销员。有一天,一位顾客来到他的电脑直销店挑选电脑,那位顾客看了店里所有的电脑之后,没有看中任何一款电脑,正准备离开时,江明走过去热情地说:"先生,我可以帮助你挑选到你最满意的电脑,我是这里的推销员,我很熟悉附近的电脑直销店,我愿意陪你一起去挑选,而且还可以帮你砍价。"

这位顾客同意了江明的请求,江明带着他来到了另一家电脑直销店。那位顾客把所有的电脑店都看了一遍后,还是没有挑选到他最满意的电脑。

最后,那位顾客对江明说:"我还是决定买你的电脑。老实说,我决定买你的电脑并不是你的电脑比其他店里的要好,而是你对顾客负责的态度感动了我。到目前为止,我还没有享受过这种宾至如归的服务。"

结果，那位顾客从江民店里买了好几台电脑，而且，那位顾客还在他的朋友圈内为江明的电脑直销店免费做广告，并为江明介绍了很多新客户。

从江明的推销经历中，我们可以发现，让客户对我们信服，就必须热情地与客户交流。热情最能感化他人的心灵。热情会使人感到亲切、自然，从而缩短对方的感情距离，同你一起创造出良好的交流思想、情感的环境。如果在和顾客接触的过程中，说着那种冷冰冰的话，又表现出一副爱理不理的态度，那么顾客又如何能够喜欢你呢？又如何有兴趣听你介绍产品呢？

总之，我们若能掌握以上五点让客户信服的心理策略，在推销产品的过程中，抓住客户的心理，对客户产生积极的心理作用。那么，我们离推销成功就不远了。

适度的威胁可以促使顾客作出决定

客户进行购买活动，一般是为了从产品或服务中获得某种利益或者降低一定成本，同时，也是出于一定的安全或健康的需要。为此，我们在推销产品的时候，当发现客户对产品或服务在某一方面比较关注时，销售人员可以巧妙地提醒客户，如果不及时购买此类产品或服务，那么他们将失去重要的安全或健康保障或者丧失某种利益。当正常的产品价值说明起不到决定性作用的时候，这种反方向的说明往往更能触动客户的内心。也就是说，说服客户购买，可以抓住客户这种害怕的心理，采用适度的“威胁”语言，从而迅速使客户作决定。

我们来看看下面这个推销员的口才：

姜先生完全有能力购买家庭保险，而且他也很关心自己的家人。可是当销售员小李劝他投保时，他总是提出异议，并且进行一些琐碎且毫无意义的反驳。小李意识到，如果不采用合适的对策的话，这次谈判恐怕不会成功了。

小李凝视着姜先生说:“姜先生,实际上您对自己购买家庭保险的要求已经十分明确了,而且您也有足够的能力支付相关的保险费用,更重要的是,您比任何人都关爱家人的安全和健康。不过,您仍然不能下定决心购买保险。”稍微停顿了一下之后,小李转开话题继续说道:“对了,您平时是如何支配您的休息时间呢?为了更有保障,您可能会选择待在家里。其实据有关统计数据表明,家庭这个地方是最容易发生危险的。”

刚才还出现在姜先生脸上的喜悦表情这时已经荡然无存了。小李此时将声调提高了一点,他说:“姜先生,如果您现在马上让我从您家出去的话,我会认为那是情理之中的事情。但我担心您会想:‘如果我正是在这个时间里发生意外伤害怎么办?’”

姜先生很诚恳地点了点头,表示认同小李的说法。

小李直视着姜先生说:“而有了这种保险,您一周 7 天之内的任何一天都有足够的安全保障,一天 24 小时里的每一小时都不会被忽略。不管您是工作、出差还是休闲,您都会享受到安全的保障,您的家人也会得到安全的保障,这一定正是您所希望的吧?”

此时姜先生还有什么可说的呢?他高高兴兴地购买了费用最高的那种保险,因为他要保证自己和家人时刻都处于一种足够安全的保险体系当中。

案例中的小李在劝服不成后及时转变说话方式,对客户姜先生进行了一番“威胁”,让原本犹豫不决、总是提出异议的客户迅速作出了购买的决定。可见,劝服客户购买,是要讲究一定的心理策略的,聪明的销售员通常能在三言两语间抓住客户的心理,以至于顺利完成推销任务,其中一条重要的策略就是“威胁”。因为,当销售人员告诉客户,他(她)此时不购买产品可能会失去某些利益或者有某种潜在危险时,对客户的触动可能要比告诉他(她)这种产品多么好更大。

那么,销售人员在利用这种说服方式时应该注意什么问题呢?

1.“威胁”并不是恐吓

没有人愿意被“威胁”，客户也不例外。这里所谓的“威胁”策略与恶意的恐吓没有任何关系，而是销售人员通过基于客户需求的认真分析，对客户进行的善意提醒。如果我们说话不注意方式，让客户觉得我们是在恐吓他的话，那么不仅不能完成销售，而且会让对方对你产生坏印象，从而使自己失去了客户资源。

2.与正面说服相结合

“威胁”策略应该与产品益处说明等正面说服方法相互结合，否则的话，就会引起客户的不安，从而造成沟通中出现不愉快的局面。

事实上，销售的过程就是说服的过程，在这个过程中，语言起到了无法代替的作用。而语言能否起到预想中的作用，还需要我们从客户的心理角度出发，触动客户的心而使其产生积极的效应，才能帮助我们达成销售的最终目的！

让顾客看到你的诚意，对方才能安心

俗话说：“精诚所至，金石为开。”生活中，我们在阅读文学作品、观看电影的时候，之所以会被其中的语言感动，多是因为真诚。如果没有生活，胡编乱造，可能就不会吸引人。连烧香拜佛也讲究“诚则灵”，销售中的语言也需要真诚。因为人都有一个基本的分辨能力，花言巧语只能欺骗少数人，多数人是不会上当的；只有真诚，才会打动客户。因为如果你不是来自一个世界知名的大公司，那客户是通过感知你才认识你的公司，你的产品的。第一印象十分重要，如果你给他的印象是一个十分诚实、可靠、准时、专业、有效率的人，那你的客户也自然会把这种看法带到对你的公司和产品的认识上。

当然，这种真诚并不是一点技巧也不讲。把一切商业秘密毫无保留地告知对方，那也不是所谓的真诚。销售语言的真诚就是要有真实的情感和诚恳的态度。

有一出戏叫《诸葛亮吊孝》，诸葛亮就是用这种真诚感动了东吴上下，化解了恩怨，巩固了孙刘两家联合抗曹的统一阵线。

三国时期，孙权和刘备为了联合抗击曹操，结成了一对盟友。诸葛亮设计"三气周瑜"导致周瑜一命呜呼后，双方出现了矛盾，东吴上下对诸葛亮恨之入骨，决心要杀死诸葛亮为周瑜报仇。孙刘两家的盟友关系也遭受了严峻的考验。为了不使两家分裂并结成仇恨，诸葛亮要亲自到柴桑口为周瑜吊孝。刘备一方的君臣坚持劝阻，认为诸葛亮此去必然要被东吴杀害，结果自然是有去无回。

诸葛亮分析，周瑜死了之后，鲁肃就会执掌东吴的大权。鲁肃是个深明大义的人，不会做出鲁莽的事情；东吴要在江东站稳脚跟，也必须和刘备联合。孙权、鲁肃都不会拿他们的江山开玩笑，同时也需要通过这次吊孝化解双方的怨恨。加上由赵子龙这位智勇双全的将军随身保护，即使出现意外，也将会有惊无伤的。诸葛亮说服众人，渡江去了东吴。到达柴桑之后，鲁肃果然非常礼貌地接待了他。诸葛亮到了灵堂，读完祭文就伏地痛哭。情真意切，泪流不止。

一口一个"周都督"，一嘴一个"周贤弟"，一边诉说两人联合抗曹的谋略，一边长叹从此失去了共同的谋划之人。似乎这个世界上只有周瑜是他诸葛亮唯一的知音了，令所有在场的人都非常感动。就连周瑜的夫人小乔也感动不已。人们对周瑜是不是诸葛亮气死的都产生了疑问，甚至认为周瑜之死是他自己心胸太狭隘造成的。

诸葛亮为什么能化解孙刘两家的怨恨？原因就是他凭借真诚的态度。所以，我们在销售过程中，说话的态度也一定要认真诚恳。只有认真诚恳，才能使客户相信你，相信你的产品，从而完成销售任务。

那么，我们该怎样运用真诚这一心理策略呢？

1.真诚而不轻浮

这就需要销售员在说话的时候，认真负责而不能花言巧语或者是信口开河。有些销售员为了赢得他人的信任，往往把话说得过了头，甚至采取发

誓、赌咒的方式以表示自己的真诚。这也是不可取的。

一个在小菜场卖螃蟹的小贩向围观的人吆喝道："新鲜的、新鲜的，亏本卖啦，要不亏本我是孙子。"一位经常买菜的老太太在一旁自语道："这人真有意思，天天在这里亏本当孙子。"结果，围观的人慢慢地散开了。

我们再来看下面一例：

山西一位建材商到上海某厂采购不锈钢装饰管。为了得到一个合适的价位，他了解了多家同类生产厂，又去浙江了解不锈钢带的价格。通过周密地调查了解，他认为每吨两万两千元到两万两千两百元比较合理，双方都有利可图。于是就和上海某厂的销售经理洽谈。当价格谈到两万两千五百元的时候，在一旁的老板坐不住了。于是就从座位上站起来说："这是最低价了。这个价卖给你，我要是能赚一分钱我就是王八。"这个赌咒无疑是让对方相信他的真诚。但是，山西建材商没有说什么，笑着站起来就要离开。销售经理通过劝说还是把他留住了，最终以每吨两万两千两百元成交。这位老板觉得很尴尬，连招待这位山西客人的宴请也不好意思参加了。

这种"真诚"就是有点过了头，可谓是"越位的真诚"或"真诚的越位"。"真诚"越了位，结果事与愿违。

2.适当暴露产品的某些小缺陷

客户心里明白，世界上没有完美的产品，我们若能主动暴露产品的一些小缺陷，定能获得客户的信任。聪明的销售员一般会"不打自招"，为了打消客户的疑虑，他们一般会主动说出一些产品的不足之处。但我们要注意，在说产品不足的时候，态度一定要认真，让客户觉得你足够诚恳，但是产品的不足一定是无碍大局的，对方可以接受的。例如，某些技术型的产品外观不是特别完美，如果你能先提出，反而会使那些理智型或挑剔型的客户更快对你产生好感，这样接下来的沟通也会更加通畅。

3.帮助客户解决问题

要知道，我们推销的产品或者服务，能为客户解决什么问题，这也是客户最关心的。也就是说，你的产品或服务能否为客户"赚钱"或者提高效率、

开拓市场等。如果不能，我们就不要盲目推销。

实际上，任何产品都有自己的不足之处，有时候，当客户购买产品以后，发现了问题，这时候，销售员要主动站出来承认错误，并主动帮助客户解决问题，这样，不仅为客户减少了麻烦，而且帮助了他们改善或有效地解决了眼前的困境，客户非但不会追究责任，还会被你的责任心感动，下一次客户一定还会购买你的产品，这时候，他就是冲你的人，而不是产品了，那么即便你不做过多的介绍，客户也会对你的产品情有独钟、充满兴趣，从而产生购买的想法。

赞美客户，让客户因喜欢你而成交

世界上最华丽的语言就是对他人的赞美，适度的赞美不但可以拉近人与人之间的距离，而且能够打开一个人的心扉。因为从人的心理角度来说，被别人承认是人的一种本质的心理需求。而作为一名销售员，能否站在客户的角度思考问题是衡量一名销售员是否优秀的关键。既然客户需要赞美，我们又何必吝啬我们的语言呢？因为我们的赞美是不需要增加任何成本的销售方式。

赞美不仅仅是一种心理策略，更是一种艺术。赞美不仅有“过”和“不及”，而且还有赞美对象的正确与否，不同的顾客需要不同的赞美方式。赞美方式的正确选用和赞美程度的适度把握，是对客户赞美能否达到实效的重要衡量标准。我们来看下面这位导购的销售语言：

有一次，一个顾客在一款地砖面前驻足了很久，导购走过去对顾客说：“您的眼光真好，这款地砖是我们公司的主打产品，也是上个月的销售冠军。”顾客问道：“多少钱一块啊？”导购说：“这款瓷砖，折后的价格是15元一块。”

顾客说：“有点贵，还能便宜一些吗？”导购说：“您家在哪个小区？”顾客

说："在东方绿洲。"导购说："东方绿洲应该是市里很不错的楼盘了，听说小区的绿化非常漂亮，而且每家每户室内的格局都非常不错，交通也很方便。买这么好的地方，我看您也不用在乎这个价格吧？不过我们近期正在对东方绿洲和威尼斯城做一个促销活动，这次还真能给您一个团购价的优惠。"顾客兴奋地说："可是我现在还没有拿到钥匙呢？没有具体的面积怎么办呢？"导购说："您要是现在就提货还无法优惠，我们按规定要达到20户以上才能享受优惠价，今天加上您这一单才16户，还差4户。不过，您可以先交订金，我算您团购价，等您住房面积确定了，再告诉我具体面积和数量。"

这样，顾客提前交了订金，两周之后，订单顺利签订。

这个案例虽然很简短，但这个导购员的语言艺术却值得我们推敲，最重要的是这个导购员善于赞美。"您的眼光真好，这款砖是我们公司的主打产品，也是本月的销售冠军。"导购员的话并不一定是真心话，没准他口中所说的这款产品是本月最差的产品。但是很明显，客户很喜欢他说的这句话。而让客户喜欢就是硬道理。每个人都需要被认同，顾客更加需要。"本月销售冠军"、"我公司的主打产品"就是对顾客的选择最好的也是最有力的认同。

再看后面的部分："东方绿洲是市里很不错的楼盘，听说小区的绿化非常漂亮，而且每家每户室内的格局都非常不错，交通也很方便。"先赞美顾客购买的小区非常漂亮，而实际上是夸客户的选择，再间接提醒客户不该省钱，让客户感觉到住这么好的小区再谈价钱有点惭愧，然后，再告诉客户我们正在做促销。"即使您不谈，我们也可以给您打折的"。这等于给客户额外的惊喜，也是一种超值的心理感受。

既然赞美在销售中能起到如此效果，那么，我们该怎样赞美客户，从而让客户产生愉快的心理呢？

(1)如果是新顾客，不要轻易赞美，只要礼貌即可。因为在大家还不是很熟悉的情况下就贸然赞美客户，只会让其产生疑心乃至反感，弄不好就变成了谄媚。

(2)如果是老顾客,下次来的时候一定留意其服饰、外貌、发型等有无变化,有的话一定要及时献上你的赞美之词,效果会非常好。

(3)如果你要赞美别人,请你一定要从具体的事情、问题、细节等层面赞美。

赞美顾客是需要理由的,我们不可能凭空捏造一个点来赞美一个顾客,这个点一定是我们能够赞美的点,要有一个充分的理由来赞美顾客。这样的赞美顾客才更加容易接受,这样的赞美顾客才能从内心深处感受到你的真诚,即使这是一个美丽的谎言,顾客也会非常喜欢。

比如,你可以赞美其提问题比较专业或者看问题比较深入等,这样有时反而让客户感觉你的赞美很真实、真诚。

(4)用自己的语言表达出来。对客户的赞美要通过我们自己的语言,以一种自然的方式表达出来,如果你用过于华丽的辞藻来说明生活中和工作中经常遇到的一件事情,那么我们就会认为你是一个太过做作的人,顾客对你的信任就会大打折扣。所以用自然的方式来表达你的赞美是一种非常好的表达方式。

(5)在恰当的时候真诚地表达出来。对顾客的赞美要在适当的时机说出来,这个时候才会使你的赞美之词显得自然,同时对于顾客的赞美可以适当地加入一些调侃,这样更加容易调节气氛,让顾客在心里感觉非常舒服。

(6)最好借别人的口去赞美顾客。比如你可以说:“是的,刚才旁边的那个客户也说你很有品味!”再比如,客户购买完产品后,总是怀疑自己买亏了或者买的不合适,所以他们会去询问身边的朋友、亲戚、家人以判断自己所买产品是否合适。此时如果你能对他说:“先生(小姐),你真是太有眼光了,这款是我们目前卖得最好的地板,很多客户都喜欢!”顾客听后心里一定会很舒服!

总之,能巧妙地赞美客户,可以说你就掌握了与准客户交往的通行证。作为一名推销员尤其要学会赞美别人,养成赞美别人的习惯。在销售中巧妙地运用赞美,把赞美之言说到客户心里去,从而使推销工作事半功倍。

用口碑的例子得到顾客认可

生活中，我们通常选择购买那些口碑好甚至是大品牌的产品。因为那些口碑好的产品已经获得了人们的认可，我们再去购买的话，风险相对就小一些。这是人们趋利避害的心理所致。而这也就给那些销售员一个启示：在销售过程中，我们要巧用口碑举例子，说出产品的优越性，让客户从心里接受我们的产品并最终完成购买。

曾经有一个充满传奇色彩的故事：在公元1189年，罗马帝国皇帝腓特烈一世和英法两国国王率领十字军第三次出征，前往耶路撒冷。行至阿尔卑斯山附近时，天气突变，风雪大作，十字军士兵的脚冻得寸步难行，情急之下，罗马骑士法雷诺让其他人把随身带的皮革裹在脚上，继续前进。14～15世纪，意大利北部城市一家有名的皮鞋制造商为纪念法雷诺将军的这段故事，将自己生产的最高档皮鞋命名为“法雷诺”，法雷诺的美名因此流传开来。

因此，意大利法雷诺皮鞋登陆中国市场后，受到国内影视明星、成功男士、政界名流等中高档消费群体的青睐。这不仅是因为法雷诺皮鞋款式新颖、做工精细、用材考究，尽显成功自信、尊贵不凡的男人风范，还因为它所传达的精神。

这是一个品牌成长的最初动力。因为这个故事给人们传递的不仅仅是产品的质量，更是一种情感的传播。客户认可的也就是如此。读过这个故事，我们应当有所启发：作为销售员，在与客户进行交谈、推销的过程中，可以用举例子或者讲故事等方法来为产品树立口碑。具体来说，可以尝试以下心理策略：

1.说故事，为产品寻找历史渊源

很多客户在购买产品的时候，更在乎产品的内涵。因为美丽而隽永的历史传说总能赋予品牌深刻而生动的文化内涵。当人们在接触到品牌或产

品时,会不由自主地想起那段美丽的历史传说。因为美丽而动人的故事,所以该品牌更容易被人们铭记在心。

享誉世界的茅台酒就有很多经典故事,至今这些故事仍伴随着茅台酒的品牌被消费者传颂。茅台酒因在巴拿马万国博览会上打碎了酒瓶,酒香四溢,征服会场中所有的酒商及评委,一举夺得巴拿马万国博览会金奖并赢来大量订单,进而走向世界的故事。

销售员要善于为客户讲述产品的历史渊源和文化内涵,这不仅能让客户觉得你是一个专业的销售员,还会因故事本身的真实性和说服力而对产品产生极大的忠诚度。

2.用精确的数字说话

例如,一般情况下,日化公司某些产品的广告宣传:

××沐浴露:"经过连续28天的使用,您的肌肤可以……"

××洗发水:"连续7天,你都没有头屑的烦恼。"

××牙膏:"只需要14天,你的牙齿就可以……"

和很多沟通技巧一样,使用精确的数据具有十分重要的意义。那么,销售人员应该从哪些方面用数字说话呢?

(1)产品的性能和指标。比如,空调销售员可以将所卖空调的省电量用权威的数字告诉客户,体现出销售人员的专业,更为重要的是,该空调的优越性能立竿见影。

(2)产品的普及化。比如,销售员可以告诉客户,你所销售的彩电已经在全国多少个省市畅销,获得多少消费者的好评等,如此一来,产品的质量也就有了一个很好的证明。

(3)购买产品会给客户带来多少好处。

客户最关心的是利益问题,而精确的数字会让客户更为信服。

3.用权威来证明

我们可以从下面两个方面来告诉客户产品的权威:

(1)用影响力较大的人物或事件说明。

要想使你列举出的数据给客户留下更为深刻的印象，销售人员可以借助那些影响力较大的人物或事件加以说明，由此增加客户对你所销售产品的信任度和重视程度。例如：

“某某明星从××年开始就一直使用我们公司的产品，到现在为止，她已经和我们公司建立了5年零6个月的良好合作关系。”

“这是某次奥运会的指定产品，仅那次奥运会就使用了68720箱这种产品。”

（2）利用权威机构的证实。

权威机构的证实自然更具权威性，其影响力也非同一般。当客户对产品的质量或其他问题存有疑虑时，销售人员可以利用这种方式来打消客户的疑虑。例如：

“本产品经过××协会的严格认证，在经过了连续9个月的调查之后，××协会认为我们公司的产品完全符合国家标准……”

然而，我们在向客户述说产品口碑的过程中，一定要保证其真实性，否则只会引发与客户之间的信任危机。因为一旦客户发现你所陈述的内容并非事实，就会对销售员本身乃至整个公司的产品产生质疑，那么，这无论对于销售员还是企业，都会产生无法估量的恶劣影响。

因势利导，循循善诱让客户心动

对销售员来说，在销售过程中遭遇客户拒绝，无论怎样都无法说服客户的情况屡见不鲜。然而在实际的销售工作中，因为遭遇客户拒绝而表现出沮丧、消极甚至态度恶劣的销售员却不在少数。遭到拒绝，就不再和此客户联系，或是认为不再需要对他尊敬，大骂一顿来解气，这实在是一种幼稚的解决办法。而真正聪明的销售者，则懂得应该从客户的心理角度出发，即使遭到拒绝，他们也保持一种处变不惊的坦然心态，以优雅的姿态、真诚的心

意，给客户留下一个好印象。当客户在心理上松懈的时候，他们会借此机会，循循善诱，问明客户拒绝的真正原因，然后解除客户的疑虑，最终令客户心动。这种说话策略，很有可能带来意想不到的收获，也就是销售员能让客户回心转意，从而使销售结果反败为胜。

一个销售员想和一家工厂的总经理见面，推销一些设备，经过几次预约，终于约到了那位总经理。但实际上，这名总经理根本不知道他是来向自己推销的，当销售员走进办公室，把名片递给经理后，经理很生气，对秘书吼道："我说过多少遍，一切来搞推销的，我都不见。"而面对如此坚决的客户，销售员并没有放弃，他走出办公室，来到了休息室。销售员看到一则新闻：某工厂因机器陈旧而导致火灾。销售员认为这是一个很好的机会，于是，他再次敲开总经理办公室的门。这时，总经理也在看新闻，而他的脸色似乎不太好看。

"每年这种因为机器陈旧而导致的事故都数见不鲜。"销售员说道。

"可是工厂每年都对机器进行检修。"经理的语气缓和多了。

"可是机器始终在老化呀。"

"这倒是。"

"我听说贵工厂的机器的使用已经超出使用年限了，这样很危险的。为什么不购进一套新的机器呢？"销售员接着问。

"我也想过，但购进一套机器可不是一笔小费用。"

"这的确是，但是新机器的生产效率会明显提高很多啊，而且，最近我们公司在搞促销活动。所有产品都有优惠……"

"是吗？这倒是很不错的机会，那明天，我去贵公司看看样品吧！"

很明显，这位销售员推销成功了，在他的劝说下，那位总经理买下了所有厂房需要的设备。

可以说，情景中的销售员的成功是典型的"置之死地而后生"，在被客户拒绝后，他并没有放弃推销，而是通过一个巧妙的机会，即新闻中的事故，巧言劝说，让客户明白了一个道理：工厂的机器的确需要换了。当客户已经没

有心理防备，并对销售员产生好感时，销售员再进行推销自然容易得多。

的确，客户似乎总是对所要购买的产品存在着或多或少的异议，无论是价格还是质量，客户都惯用怀疑的心理来看待。“产品质量真的那么好吗?”、“价钱为什么贵?”等诸如此类的疑问，常常成为客户购买商品时的心理定势，而正是因为这些心理定势，导致客户拒绝我们的推销。

面对客户的拒绝，很多销售员往往利用常规思维，要么极力劝说，要么放弃推销。其实，聪明的做法是不如从客户的心理角度出发，先被这种客户拒绝，然后等客户在心理上慢慢恢复平静时，销售员再问明客户拒绝的真实原因，客户已经没有理由再去隐瞒。当销售员了解这一原因后，再循循善诱地劝说，逐步消除客户心中的疑虑，此时，再针对客户的真实意图开展销售工作就容易多了。

销售员需要挖掘出客户拒绝的真实原因，一般来说，客户产生异议的原因主要有以下几种：

1.价格问题

价格问题是客户购买产品时不得不提到的一个问题，“产品不值这个价格”、“价格太贵”、“价格怎么会比其他的同类产品便宜，”是客户购买产品时一般会涉及的问题。对此，销售员可以在客户拒绝后，询问对方：“您是不是觉得产品太贵?”“您是因为产品价格太便宜而怀疑产品的质量吗?”然后我们要针对客户提出的具体异议作耐心的解答，以消除异议，从而挽回局面。

2.客户质疑产品质量

对于不够了解的产品，客户总是首先对产品质量产生质疑，“产品质量过不过关”、“有没有销售员说得那样好”是大多数客户面对新产品时的一种普遍心理。面对客户的异议，销售员一定要做到耐心，同时还要实事求是，因为很少有产品能达到尽善尽美。销售员对产品要进行真实的介绍和分析，不要为了急于成交而夸大产品的优点。

3.售后保障问题

也许因为曾经购买的产品售后服务不好，客户可能会拒绝购买新产品。当我们了解了这一原因后，要尽量作全面的解释，对于客户提出的那些合理的要求也要尽量满足。但是对于那些无法做到的服务项目，销售员要尽量委婉拒绝，不要一味地向客户许诺，以免失信而加剧客户对产品的不良印象。

4.对销售员不满意

客户拒绝购买，有时原因也在于销售员本身。可能客户不喜欢销售员的形象，或者销售员的信誉不好，又或者是销售员缺乏经验、无法把握客户的心理需求。因此，销售员要想扭转局势，就要让客户重新认识你。为此，销售员在了解客户拒绝的这一原因后，就要在说话时，保证自己以良好的态度，以自信健康的形象面对客户，并与客户形成良好的沟通氛围，尽量从方方面面满足客户的购物需求。

美国一位著名的推销员指出："推销的98%是对人的理解，2%是对产品知识的掌握。"销售工作的目的是推销产品，而过程则在于销售员对客户心理的把握和对客户的了解程度。有些时候，销售员作再详尽的产品介绍，也抵不过解答一句客户的疑问。销售员应尽量多了解客户的心理需求和心理疑问，以便更加了解推销对象，从而更为有效地推销产品，只要恰到好处地解答客户的疑问，就能让已经拒绝的客户回心转意。

用语言诱导客户做出接受行为

我们深知，说服是销售工作的重点部分，能否让客户接受我们的销售语言，是能否完成销售任务的决定性因素之一。而很多时候，我们发现，客户总是存在这样或那样的异议，给我们的销售工作增添很多麻烦。但是我们如果能从客户的心理出发，用诱导来弥补客户心中的那些缺憾，让其接受我们的语言暗示，销售工作的开展也将容易得多。我们来看下面的销售

案例：

小张是一名空调销售员，一次，当她为客户介绍了许多空调后，顾客还是撂下一堆话："你们这空调太贵了，我可买不起，你们这空调有那么好吗，我看还是去别家看看吧……"小张一听就火了，介绍了这么久，听到的竟是这些话，于是便气急败坏地说："我看你不是诚心买空调，倒像是搞社会调查的。"

不巧，这句话被顾客听到了，于是和小张吵了起来……

销售过程中，客户提出各种异议是再正常不过的了，毕竟每个客户都会考虑自己的利益，而销售人员应该在这关键时刻抓住客户这一心理，运用语言技巧消除客户的各种异议，然后达成交易。可见，销售语言并不是单纯的劝服工作，而是需要达到影响客户心理的效果。事实上，每个客户之所以提出异议，是因为在客户心中有利益的缺憾，如果我们能找出这个缺憾，然后进行诱导和弥补，那么，客户便能很快接受我们的语言暗示，达成交易也就容易得多。

那么，我们该怎样进行诱导呢？对此，我们需要根据客户不同的利益缺憾采取对策：

1.顾客认为太贵了

对策：一分钱一分货，其实一点也不贵。

（1）比较法

①与同类产品进行比较。

② 与同价值的其他产品进行比较。

（2）拆散法

将产品的几个组成部件拆开来，一部分一部分来解说，每一部分都不贵，合起来就更加便宜了。

（3）平均法

将产品价格分摊到每月、每周、每天，尤其对一些高档服装销售最有效。买一般服装只能穿多少天，而买名牌服装可以穿多少天，价格平均到每一

天，买名牌服装显然划算。

(4)赞美法

通过赞美让顾客不得不为面子而掏腰包。例如，先生，一看您，就知道平时很注重仪表或生活品位，不会舍不得买这种产品或服务的。

这样说，会让客户觉得，原来看似贵的产品其实并不贵，异议自然就消除了。

2.顾客认为没有预算（没有钱）

对策：制度是死的，人是活的。没有条件可以创造条件。

攻心法：分析产品不仅可以给购买者本身带来好处，而且还可以给周围的人带来好处。购买产品可以得到上司、家人的喜欢与赞赏，如果不购买，将失去一次表现的机会，这个机会对购买者又非常重要，失去了则会很痛苦！尤其对一些公司的采购部门，可以告诉他们竞争对手在使用同款产品，已产生哪些效益，不购买将很快失去优势地位。

3.顾客说：可不可以便宜一些

对策：价格是价值的体现，便宜无好货。

(1)诚实法

在这个世界上很少有机会花很少的钱买到最高品质的产品，这是一个真理，告诉顾客不要存有这种侥幸心理。例如，如果您确实需要低价格的，我们这里没有，据我们了解其他地方也没有，但有稍贵一些的××产品，您可以看一下。

(2)得失法

交易就是一种投资，有得必有失。单纯以价格来决定购买决策是片面的，光看价格，会忽略品质、服务、产品附加值等，这对购买者而言是个遗憾。例如，您认为某一款产品投资过多吗？但是投资过少也有它的问题所在，投资太少，使所付出的就更多了，因为您购买的产品无法达到预期的满足，也就无法享受产品的一些附加功能。

(3)底牌法

这个价位是本款产品目前在全国最低的价位，您想再低一些，我们实在办不到。通过亮出底牌（其实并不是底牌），让顾客觉得这种价格在情理之中，买得物有所值。

4.顾客说：为什么别的地方更便宜

对策：服务有价。现在假货泛滥。

（1）提醒法

提醒顾客现在假货泛滥，不要贪图便宜而得不偿失。例如，为了您的幸福，优品质高的服务与价格两方面您会选哪一项呢？你愿意牺牲产品的品质而追求便宜吗？如果买了假货怎么办？你不希望享受我们公司良好的售后服务吗？××先生，有时候我们多投资一点，从而获得我们真正想要的产品，是值得的，您说对吗？

（2）转向法

不说自己的优势，转向客观公正地说产品的弱势，并反复不停地说，摧毁顾客的心理防线。例如，我从未发现哪家公司（别的地方的）可以以最低的价格既提供最高品质的产品，又提供最优的售后服务。我××（亲戚或朋友）上周在他们那里买了××，没用几天就坏了，又没有人负责维修，上门理论态度极其不好……

（3）分析法

大部分的人在作购买决策的时候，通常会了解三方面的事：第一个是产品的品质，第二个是产品的价格，第三个是产品的售后服务。通过对这三个方面轮换着进行分析，以便打消顾客心中的顾虑与疑问，让它“单恋一枝花”。例如，××先生，那可能是真的，毕竟每个人都想以最少的钱买最高品质的商品。但我们这里的服务好，可以帮忙进行××，可以提供××，您在别的地方购买，没有这么多服务项目，您还得自己花钱请人来做××，这样既耽误您的时间，又浪费钱，想想还是我们这里的产品物美价廉。

总之，我们要知道，客户最关心的永远是利益问题，针对客户的不同心理进行引导，才能让客户产生及时购买的欲望，但销售人员要注意：

(1)注意语言和措辞,不要因为客户的预算不够而中伤客户,更不能伤害客户的自尊。

(2)要耐心。很多客户在最终购买前,总会有很多疑虑,当我们为客户打消疑虑后,生意自然就做成了,所以,千万不能心急。

适当使用激将法,令顾客主动完成交易

销售过程中,正面说服的结果似乎总是事与愿违。但我们可能忽视了一点,那就是人们都有不服输的逆反心理,越是被否定,越是要证明自己;越是受压迫,越是要反抗。因此,我们不妨利用顾客的好胜心、自尊心,反其道而行之,正话反说,以便激起对方的挑战欲,从而达成劝服的目的,促使顾客购买产品。这也就是人们通常所说的激将法。激将法,顾名思义,乃是指通过激将法来调动对方的积极性,开启对方对产品的兴趣,进而达成理想的协议,及时签约。现代销售,运用激将法促使顾客及早签约的实例的确不胜枚举。我们来看下面的销售故事:

橡胶厂甲曾进口一整套现代化胶鞋生产设备,由于原料与技术力量跟不上,搁置三年无法使用。后来新任厂长决定转卖给橡胶厂乙。正式谈判前,甲方了解到乙方两个重要情况:一是该厂经济实力雄厚,但基本上都投入了再生产,要马上腾挪200万元添置设备困难很大;二是该厂厂长年轻志大,自负好胜,在任何情况下都不甘示弱,甚至常以拿破仑自喻,不相信有什么办不到的事。古人云:"知彼知己,百战不殆。"对内情有所了解后,甲方厂长决定亲自与乙方厂长正面谈判。

甲方厂长:我向来不会奉承人,只会有一说一,实事求是。贵厂今天办得好,我就说好,明天办得不好,我就说不好。昨天,我的助理从哈尔滨打来电话,说总厂里有个棘手的事等着我去办,催我一两天内返回。关于咱们洽谈的关于进口的现代化胶鞋生产设备转让问题,通过在贵厂转了一天后,我

的想法又有所改变了。

乙方厂长：有何高见？

甲方厂长：当然谈不上高见。只是担心挺大，疑问挺多：第一，我怀疑贵厂是否有经济实力能在一两天里拿出这么多资金；第二，我怀疑贵厂是否有或者说是能否招聘到管理操作这套设备的技术力量。所以，我并不像原先考虑的那样，确信将设备转卖给贵厂，能使贵厂三年之内青云直上。

乙方厂长听到这些，觉得备受甲方厂长的轻视，十分不悦，于是不无炫耀地向甲方介绍了经济实力与技术力量，表明完全有能力购买和管理操作这套新设备，乙方为了急于炫耀和购买，迫于时间压力，就不好意思再在价格上设置障碍，斤斤计较。在激将法的作用下，乙方为了显示大厂风度，很爽快地答应了甲方 200 万元的报价，并当即拟写了协议，双方签约，握手共庆。

经过一番言语盘旋，甲方成功地将“休养”三年的设备转卖给了乙方。

在这场价格谈判中，甲方厂长就是利用乙方厂长“年轻志大，自负好胜，在任何情况下都不甘示弱”的心理，然后加以激将，把自己“担心”的问题告诉乙方厂长，让乙方厂长感觉自己受到了轻视，从而激发了对方的好胜心而达成了协议。但运用激将这一心理策略既易又难。容易的是，只要你发现对方是自负高傲的人，就可以用此法与其舌战。困难的是，一般情况下，往往难以摸清对方的真实性格。要知道，现在的客户大多含而不露，隐藏本性。我们要想在销售中稳操胜券，运用这一心理策略的时候，就要注意以下几个方面：

1.了解客户的弱点

逆反心理能否起到应有的作用，需要我们了解对方的弱点。“请将不如激将”，也要了解“将”的“致命伤”。比如那些爱面子的人，我们不妨从反面说：“我承认，这款手机价格不菲……”这样一来，对方的购买欲肯定会被激起。

2.因人而用

我们在运用这一心理策略的时候，要先了解对方，因人而用。要对对方的心理承受能力有所了解，如果激而无效，那么只能是白费力气。

3.掌握火候，语言不能“过”

如果说话平淡，就不能产生激励的效果如果言语过于尖刻，就会让客户反感。语言不能过急，也不能过缓。过急，欲速则不达；过缓，对方无动于衷，无法激起对方的自尊心，同样达不到目的。

总之，运用激将法是为了缩短谈判时间，促使对方尽快签约。劝服客户购买的过程中，如果我们能巧妙运用“激将法”，那么销售结果不言而喻。

社交沟通把握对方心理——让你受人喜欢的说话策略

生活中，我们每天都要与人打交道，自然免不了要说话。而说话谁都会，但要将话说到位，通过说话给人留下好的印象，却未必人人都能做到。世界著名心理学家、奥地利人阿德勒曾指出，要紧紧抓住对方的内心，靠的不是渊博的知识，而是准确地掌握对方的心理。同样，为人处世，我们说话的效果如何，不在于见多识广或表达之难，也不在于有没有直抒己见的胆量，而在于能否看透对方的内心，并运用自己的语言影响到对方的内心世界。也只有做到这一点，我们才能操纵对方的心理，故而达到我们交际的目的。

社交暖场语言，让大家自在不尴尬

生活中，我们与人打交道，会遇到这样的情况：大家似乎都不愿意主动开口而导致场面冷清、尴尬，此时，我们该如何是好？要知道，开口交谈是人际交往中最重要的步骤之一。处理好这一步可以使交谈气氛迅速融洽起来，使我们结识很多有趣的朋友，如处理不好则会引起尴尬，失去很多机会。可见，用语言暖场是我们要掌握的重要心理策略。而用语言暖场，并不是毫无章法的。我们来看看下面这个故事：

有一个人请客，眼看时间就要到了，可一大半的人还没来，到场的人显然很焦急。主人也很焦急，便说："怎么搞的，该来的客人还没来？"一些敏感的客人听了，心想："该来的没来，那我们是不该来的了？"于是便悄悄地走了。主人一看，又走了几位好友，便越发急了，说道："怎么这些不该走的客人走了呢？"剩下的人一想："走的是不该走的，那我们剩下的便是该走的了。"于是又走了几个。最后只剩下一个跟主人比较亲近的朋友，看到这种局面，就劝他说："你说话前应考虑再三，否则说错话，就不容易收回来。"主人大叫冤枉，急忙解释说："我并不是叫他们走啊！"朋友一听，心想："不是叫他们走，就是叫我走了。"于是也扫兴地走了。

在这个故事中，主人本想打破沉寂，活跃一下现场的气氛，但却因为说错话，致使在座的客人认为自己是"该走的"而相继离开。可见，暖场的话也不是随便说的。有人因为善于表达说出悦耳的话而备受大家欢迎，有人则因为表达方式不当而在人际交往中吃亏。因此，从人们的心理角度看，每个人都希望别人能说出自己喜欢听的话。我们要想做好暖场工作，需要从以下几个方面努力：

1.保持良好的说话态度

曾有这样一个故事：

一天,一位年轻的女孩来到一位神父面前倾诉自己的烦恼。神父了解了女孩的缺点,就是喜欢说些闲话伤害别人,其实她心地倒不坏。神父说:“你不应该谈论他人的缺点,我知道你也为此苦恼。不过为了赎罪,你要到市场上买一只鸡,走出城镇后,沿路拔下鸡毛并四处散布。你一定要不停地拔,直到拔完为止。做完之后再告诉我。”女孩照办了,然后去见神父。神父说:“你已经完成了赎罪的一部分,现在你要进行第二部分。你必须回到原来的路上,捡起所有的鸡毛。”女孩为难地说:“这可能吗?风已经把鸡毛吹得到处都是了。我只能捡回一些,但不能捡回所有的。”“没错,我的孩子。你那些脱口而出的愚蠢话不也是如此吗?到后来想收也收不回来。当你想说别人的闲话时,请闭上自己的嘴,不要让那些愚蠢的言行如同羽毛散落在路旁,想收也收不回来。”

从这个故事中,我们可以得到这样的启示:人际交往中,我们说出的话就像那些“散出去的鸡毛”,是很难收回来的,尤其是在公共场合下,我们说的每一句话都会产生或好或坏的影响。正是这样,无礼的言行就像留在他人心中的伤疤难以愈合。就像一针见血地指出人的缺点,他人可能会错把自己的好心当成恶意对待,这岂不是费力不讨好。因为自己说话方式不妥当,别人会把自己的忠言当做胡言乱语,要么敬而远之,要么置之不理。说话太鲁莽,不经过大脑思考,只会伤人伤己。

2.以对方感兴趣的话题暖场

一般而言,说话时要选择大家都感兴趣的话题,而不是只顾自己说,否则他人就会感到厌倦,也就是我们常说的没有共同语言。如果我们能很好地找到共同感兴趣的话题,会使他人感到自己很亲切,很了解他,找到了知己,双方就会快乐不已,感情会随之深厚。那么,在公共场合,我们可以选择大家都关注的一些话题,比如,时事政治、体育、房价等,即使在场的人不是很了解这些,但也能插上几句,不至于冷场。当大家你一句我一句时,我们的语言也就起到了暖场的作用。

3.幽大家一默

公共场合，适度幽默能迅速引起大家的注意，并能起到良好的沟通作用。有这样一个故事：

公共汽车上，一中年妇女提着带鱼上车，蹭脏了中学生小刚的新衣服。中年妇女说："衣服脏了没关系，回家洗洗就行了。"小刚笑着说："阿姨，我该说的话都让你说了，我只有说'对不起'了！"

众人向小明投来赞许的目光，中年妇女也被这幽默的批评羞红了脸。

可见，公共场合，说话中巧妙运用幽默能够起到很好的效果，它既表明一个人是否具有道德修养，还有助于和谐交往、化解矛盾与冲突。

古人曰："口者，心之门户也。"语言表达的技巧是心灵沟通的桥梁。是否会说话，不仅有利于自己开辟出更广阔的交往空间，而且能使他人感到快乐与温馨。人际交往，尤其是公共场合，学会如何暖场是掌握说话艺术的重要部分！

说话低调，不给人高高在上的距离感

中国有句俗语："低调做人，高调做事"，这其中的低调做人就包含说话这门艺术。尤其是当双方地位悬殊，而对方的地位较低，与之说话，如果我们低调一些，会满足普通人的自尊心，会给对方留下容易亲近的印象，这样的讲话方式理所当然会受到对方的欢迎。

美国有位总统，在庆祝自己连任时将白宫开放，与一百多位小朋友亲切"会谈"。

"小时候哪一门功课最糟糕，是不是也挨老师的批评？"小约翰问总统。"我的品德课不怎么好，因为我特别爱讲话，常常干扰别人学习。老师当然要经常批评我了。"总统告诉他说。

总统的回答，使现场气氛非常活跃。

有一位叫玛丽的女孩，她来自芝加哥的贫民区。她对总统说，她每天上

学都很害怕，因为她害怕路上遇到坏人。

此时，总统收起笑容，严肃地说：“我知道现在小朋友过的日子不是特别如意，因为有关毒品、枪支和绑架的问题，政府处理得不理想，我希望你们好好学习，将来有机会参与到国家的正义事业之中。只有我们联合起来和坏人作斗争，我们的生活才会更美好。”

总统告诉小朋友们，自己的过去和他们一样，也常被老师批评，但只要经过努力，终会成长为有用的人。总统在认同小朋友对社会治安的担心时，还鼓励小朋友参与正义事业，因为那样正义者的力量会更大。

总统放低姿态的谈话方式使小朋友们发现，总统和他们之间没有任何距离，和他们一样也是普通人，是可亲近的、可以信赖的“大朋友”，从而紧紧抓住了小朋友们的心。即使场外的大人们看到这样的对话场面，也感觉总统是一个亲切的人。

可见，与地位低者说话时放低姿态，不仅能拉近双方的距离，而且更容易沟通，更容易让对方从心理上接受自己。

那么，我们具体该怎样运用低调说话这一心理策略呢？

1.沉默是金，不要抢着发言或说话

真正的说话技巧，并不是不放过任何一个说话的机会，而是懂得适时地说话。低调说话，就是需要我们懂得沉默。也就是说，任何时候，我们都不要抢着发言，即使对这个问题有处理办法，也只是建议别人应该如何去做，而不是说应该怎样去做。说话低调，可以给自己留下回旋的余地，不至于让自己陷入尴尬与难堪。沉默是金，这也许并非人生箴言，但却是许多风雨人生的凝聚。早在白居易的诗中，就有“此时无声胜有声”的意境。达到了语言所表达的极限，便需要用沉默来体会和理解。当我们沉默的时候，就给了对方更多的说话机会，自然容易得到对方的好感。

2.不要当面指出别人的缺陷和过错

任何人都是爱面子的，尤其是当自己犯了过错或者被人发现某种缺陷时，更希望别人不要指出来。但生活中，总是有那么一些人，与人交谈，只逞

一时口舌之快，有意或无意地对他人造成了伤害，有时一句侮辱性的语言完全可能葬送深厚的友情。因为，没有人能彻底忘掉别人对他的侮辱，即使那个人曾经有恩于他，或者他们曾经是好朋友，所有这一切，都无法弥补你在语言上对他人造成的伤害。

3.开玩笑要有分寸

小李是公司的帅哥，他现在在一家外企上班。正因为他长相英俊，他在大学时有“恋爱专家”的雅号，而毕业后，他在众多的异性朋友中选了貌若天仙的丽作为女友。也许是为了炫耀自己的能耐，小李带着丽去参加朋友的聚会。

就在大家天南海北闲谈的时候，“快嘴”王换了话题，谈起了大学校园罗曼蒂克的爱情故事，故事的主人公自然是“恋爱专家”小李。“快嘴”王眉飞色舞地讲述小李如何引得众多女生趋之若鹜，又如何在花前月下与女生卿卿我我。丽开始还觉得新奇，但越听越不是滋味，终于拂袖而去。小李只好撇下朋友跑出去对丽作解释。

实际上，我们都知道，“快嘴”王不是有意要揭小李的伤疤，但他的追忆往事确实使丽难以接受，最终拂袖而去。这不仅使小李费不少周折去挽回即将失去的爱情，而且使在场的人也不高兴。可见，有时候，口下留情很重要，开玩笑可以活跃气氛，但玩笑却不能乱开。否则，你就会成为不受欢迎的人。说话应该谨言慎行，给语言的刀子加上一把鞘。

从以上三点，我们可以看出，说话谦虚低调不仅是一种美德，更是一种明智的说话策略，也是我们在人际交往中必须掌握的处世方法！

巧妙打圆场，让他人不掉面子

中国人素来爱面子，尤其是在人际交往中，更是处处怕丢失面子，这也是中国人的普遍心理。但人们在处理人际关系的时候，也会因经验或能力

的不足而面临尴尬的局面,或与客户争吵,或被上司批评,或被同级嘲笑等,此时,他们都希望保全面子,保持尊严。此时,如果我们能巧妙地打圆场,帮对方找一个台阶下,从而使其摆脱难堪的局面。那么,对方一定会从心底感激我们。

老诗人严阵和一位青年女作家访问美国,在一所博物馆广场散步时,恰巧有两位美国老人在一旁休息,看见有中国人来,他们很热情地迎上前交谈。其中一位老人为表达对中国人的感情,热烈地拥抱那位女作家,同时亲吻了她一下,女作家十分尴尬,不知所措。另一位老人抱怨说,中国人不习惯这样,那拥抱过女作家的老人像犯了错误似的呆立一旁。老诗人严阵见此情景赶快上前微笑着说:“呵,尊敬的老先生,你刚才吻的不是这位女士,而是中国,对吗?”那老人马上笑道:“对,对!我吻的是中国!”尴尬气氛就这样在笑声中烟消云散了。

老诗人严阵的一句打圆场的话,化解了因错误亲吻带来的尴尬。而从这个“犯错”的外国老人的角度看,他一定从心里感激严阵给他这个台阶下。而所谓打圆场,是指交际双方争吵或处于尴尬处境时,由第三者出面进行调解的一种方法。打圆场运用得好,有利于打破僵局,解决问题,还可以融洽气氛、消除误会、缓和矛盾、平息争端、联络感情。

可见,交际中遇到尴尬的场面时,做到审时度势,准确把握双方的心理,然后运用说话技巧,恰到好处地及时出面打圆场,化解尴尬,维护交际活动的正常进行,则显得十分重要和宝贵,也确实是十分必要和值得重视的。那么,我们在交际中,怎样才能不失时机地打好圆场呢?

1.找个借口,给对方台阶下

有些人之所以在交际活动中陷入窘境,常常是因为他们在特定的场合做出了不合时宜或不合情理的举动,于是就进一步造成了整个局面的尴尬和难堪。在这种情形下,最行之有效的打圆场的方法,莫过于换一个角度或找一个借口,以合情合理的解释来证明对方有悖常理的举动在此情此景中是正当的、无可厚非的和合理的,这样一来就解除了对方的尴尬,正常的人

际关系也能得以继续下去了。而我们在无形中也多交了一个朋友。

2.侧面点拨

即不作直言相告，而是从侧面委婉地点拨对方，使其明白自己的不满，打消失当的念头。这一技巧通常借助于问句的形式表达出来，例如：

小李与小王是一对好朋友，彼此都视对方为知己。有一次，本单位的小张对小李说："小李，我总觉得小王这小子为人有点太认真了，简直到了顽固的地步，你说是不是？"小李听后顿生反感，心想：你这小子在背地里贬损我的好朋友缺德不缺德？但他又不好发作，于是假装一本正经地说："小张，我先问你，我在背后和你议论我的好朋友，他要是知道了会不会和我反目成仇？"小张一听这话，脸"刷"地一下红了，立刻闭上了嘴。

这里，小李就使用了委婉点拨的技巧。面对小张的发问，他没有直接回答"是"还是"不是"，而是将话题一转，给对方出了个难题，而这个难题又正好能起到点拨对方的作用，既暗示了"小王是我的好朋友，我是不会和你合伙议论他的"，又隐含了对小张背后议论、贬损小王的不满。同时，由于这种点拨较委婉含蓄，所以也不至于让对方太难堪。

3.审时度势，让各方都满意

在某种场合，当交际双方因彼此不满意对方的看法而争执不休时，很难说谁对谁错，作为调解者应该理解争执双方此时的心理和情绪，不要厚此薄彼，以免加深双方的差异，并对双方的优势和价值都予以肯定，在一定程度上满足他们的自我实现心理，在这个基础上，再提出双方都能接受的建设性意见，这样就容易为双方所接受。

4.转移话题，制造轻松气氛

当尴尬或僵局出现时，有些人由于情绪上的冲动，往往会在一些问题上互不相让。我们在打圆场时，不妨岔开他们的话题，转移他们的注意力。

在交际场合中，如果某个较为严肃、敏感的问题导致交谈双方都很对立，甚至阻碍交谈正常进行时，我们可以暂时回避一下，通过转移话题，用一些轻松、愉快的话题来活跃气氛，转移双方的注意力，或者通过幽默的话语

将严肃的话题淡化，使原来僵持的场面重新活跃起来，从而缓和尴尬的局面。

如朋友之间为了某个问题争得面红耳赤，僵持不下时，可以适时说一句“要把这个问题争得明白，比国家足球队赢球还难”；或者说一个笑话，让双方的情绪平缓下来，在轻松的气氛中使尴尬消失殆尽，使交际活动得以顺利进行。

有时候当人们因固执己见而争执不休时，造成僵持局面难以缓和的原因往往不是双方的看法本身，而是彼此的争胜情绪和较劲心理在作怪。实际上，对某一问题的看法常常不是固定不变的。随着环境的变化和角度的转移，不同乃至对立的看法可能都是合理和正确的。因此，我们在打圆场时要抓住这一点，帮助争论双方换一个角度来看待争执点，灵活地分析问题，使他们认识到彼此看法的相对性和包容性，从而让双方停止无谓的争论。

总之，打圆场是一门语言艺术，但打圆场必须从善意的角度出发，以特定的话语去缓和紧张气氛，调节人际关系，而从我们自身来说，掌握交际双方的心理，运用说话技巧，帮人夺回面子，也可以使我们在交际场合左右逢源。

忠言也可以说顺耳，不招人怨恨

俗话说“人无完人”，尺有所短，寸有所长，每个人都有可能犯错误。我们犯错误，并不能说明我们一无是处；反之，一个人做了一件好事，也不能说他做的每件事都是好的。在人际交往中，当发现交际对方的过失而必须指出来时，不能不顾及对方的颜面。我们只有注意方式和方法，做到忠言而且顺耳，才能让他人心存感激；而如果我们坚持“忠言逆耳，良药苦口”的原则，说话过急或过火，必然会招致对方的厌烦。当然，过轻或过迟，对方则可能根本意识不到。所以，只有及时和含蓄地提出批评，让忠言不再变得逆耳，

才能发挥应有的作用。当然这里说的含蓄应遵循不失实、不就轻的原则。

那么，我们怎样做才能忠言顺耳又能说到对方心里去呢？

1.先讲自己的过失

在日常生活中，所有的批评和建议如果只提对方的短处而不提其长处，对方在心里肯定会感到不平衡，或者感到委屈。最有效的办法之一就是先讲自己的缺点和过错。

因为你讲出自己的错误，就能给对方一种心理暗示：你和他一样都是犯过错的人，这就会激起他与你的“同类意识”。在此基础上再去批评或提出建议，对方就不会觉得失面子了，因而也就更容易接受你的批评和建议，你的忠言也就通过顺耳的方式传递给了对方。这也算含蓄的一种方法。

2.委婉表达，含蓄指出对方的过错

人都是有自尊心和荣誉感的，有的人之所以不愿接受批评或建议，主要是由于怕触伤自己的自尊心和荣誉感。为此，我们在对他人批评和建议时，如果能找到一种含蓄委婉的方法，就会达到使其改正错误的目的。

齐景公在位的时候，下了三天雪不转晴。景公披着狐皮大衣，坐在朝堂一侧的台阶上。晏子进去朝见，站了一会儿，景公说：“奇怪啊！下了三天雪，可是天气不冷。”晏子回答说：“天气真的不冷吗？”景公笑了。晏子说：“我听说古时候贤明的君主自己吃饱了却想到别人的饥饿，自己暖和了却想到别人的寒冷，自己安闲了却想到别人的劳苦，现在您不曾想到别人啊！”景公说：“好！我受到教诲了。”于是命人发放皮衣、粮食给饥饿寒冷的人。在里巷见到的，不必问他们是哪家的；巡视全国统计数字，不必记他们的姓名。士人已任职的发给两个月的粮食，病困的人发给两年的粮食。孔子听到后说：“晏子能阐明他的愿望，景公能实行他认识到的德政。”

这段文字记述晏子同齐景公的一段对话，提醒执政者要重视百姓疾苦。晏子劝谏，并不是采取直言的方式，而是从天气入手，让齐景公认识到自己不顾百姓疾苦的过失，进而产生“我受到教诲了”这样的感叹。俗话说，伴君如伴虎，直言劝谏很可能招来杀身之祸，委婉劝谏才是既能让君王接受又

能保全自己的最佳方式。

现代社会,人际交往中,采用委婉方法指出对方的过失也不失为一个好方法。

3.欲抑先扬,给足对方甜头后再提出

一家皮革厂接了一笔生意——为某私营单位生产一批皮具。双方签订合同,限定的日期必须生产完成。如果到期还未完成,皮革厂须承担责任,赔偿损失。皮革厂经理原以为可以按时交工,不料进的一批料子出了问题,必须停止生产,重新寻找材料。眼看限期就要到了,依照合同要负担相当大的损失赔偿,情急之下,皮革厂不得不派一位协调员去该单位当面交涉。

派去的协调员走进那家单位,恰好碰到了经理。这位协调员首先问道:"在这地方,尊姓是否只有你一家呢?"

那位经理听了这样一句突然的问话,惊奇地说道:"什么?是真的吗?你怎么知道?"

协调员笑着说道:"这是我今天早上到你这里来之前,从电话簿上看出来的。"

经理被协调员的好奇心打动了,随手将电话簿翻开来检查,果然不错,于是很高兴地说道:"啊,我这还是第一次知道呢!如果不是你告诉我,我还不会知道这么有趣的事呢!我的姓氏本来是很少的,我的祖先从前住在××,那里与我们同姓的人家本不多,我现在搬到此地经营生意,还不到二十年。"

经理说完后,那位协调员接着赞美那位经理办公室布置的得体,业务发达,工厂的规模宏大,产品精良。经理听了他的话乐不可言,并请他到厂中去参观一下,最后还邀他一同吃午餐。

协调员在与经理用餐期间一直不提自己的来意,因为经理心中早已猜测出他的来意了。如果协调员自己提出来,经理一定会设辞推托。饭后,经理忽然自己开口说道:"你今天的来意,我早已知道了,想不到你对我这么宽容和气。其实,那批货我们也不是很着急,这样,我把提货的日期再往后延迟半个月吧,请你放心好了。"

协调员的目的就这样达到了。

当我们遇到这样的情况，可能会直陈对方合同的不合理性，然后直接告诉对方让其推迟提货日期。但若这样，皮革厂至少就要承受一半赔偿损失的危险。因为在你的严斥下，该单位经理可能因气愤而置之不理。那么，到头来损失最大的还是自己。而这位协调员的聪明之处就在于先对该单位经理进行了一番夸赞，然后让对方看清自己的目的，这样，他就在无声中完成了劝说的任务。

我们说："良药苦口利于病，忠言逆耳利于行。"说的是一个道理，但却不是日常交流中普遍适用的法则。人和人的感情不仅需要培养，更需要维护，而且规劝批评别人，正是以维护的目的去做的，那么，我们何不让苦口的良药裹上糖衣呢？将劝谏委婉地说，甜到对方心里，对方在接受你的同时还会心存感激！

把话说圆满，让他人无可反驳

俗话说，覆水难收。说话也是，"说"与"话"是一个因果关系，你的嘴"说"些什么，"话"便是什么。可见，我们要想对自己说出的话不后悔，就要谨慎说话。在人际交往中，我们更要三思而后言。因为从心理角度看，人们一旦发现一些有漏洞的语言，不由自主会产生纠正的心理，而一旦对方提出反驳的问题，就会让我们尴尬，而同时，人们对那些说话不谨慎的人，都有防备心理。

总之，与人交往，只有谨慎把握自己的言语，才能打消他人的反驳心理，说话也才能使对方心服口服。具体来说，在运用这一心理策略的时候，我们要从以下几方面努力：

1.注意修饰自己的语言，让语言形象化

我们来看看下面这两个鞋童的叫卖语言：

再到周末，我们常看到许多青年男女伫立街头，他们中间有不少人是等待与情侣相会的。傍晚时分，有两个擦鞋童正高声叫喊着以招揽顾客。

其中一个说："你看你的皮鞋多脏，我为您擦擦吧，保证擦完又光又亮。"

另一个却说："约会前，请先擦一下皮鞋吧！"

结果，前一个擦鞋童摊前的顾客寥寥无几，而后一个擦鞋童的摊前却收到了意想不到的效果，青年男女纷纷要他擦鞋。

那么，为什么会出现这两种不同的结果呢？我们来分析一下：第一个擦鞋童说："你看你的皮鞋多脏，我为您擦擦吧，保证擦完又光又亮。"这句话虽然表现出了他对顾客的热情和礼貌，并且向顾客保证自己擦完的鞋"又光又亮。"但这句话对那些即将约会的青年男女却起不到什么作用。因为，在黄昏时刻破费钱财去买"个""又光又亮"，显然没什么必要。同时，"你看你的皮鞋多脏"这句话很明显地激起了人们心中的不快情绪，那么，即使对方的鞋子真的需要擦，恐怕也不会光顾他的摊子。人们从这儿听出的意思是"为擦鞋而擦鞋"。而第二个擦鞋童的话就与此刻男女青年们的心理非常吻合。黄昏之时，那些约会的青年男女，都希望自己以一副清爽的形象去面对所爱的人，一句"约会前，请先擦一下皮鞋吧！"说到了青年男女的心坎上。可见，这位聪明的擦鞋童，正是在自己的话语里放入了"为约会而擦鞋"的温情爱意。一句"为约会而擦鞋"一下子就抓住了顾客的心，因而深受人们的欢迎。

通常人们都不会意识到说话用词给人以形象的极端重要性。实际上，讲话如果能让对方眼前浮现出各种各样的形象，听众就会感到轻松、惬意，并愿意继续听下去。相反，如果话题含糊笼统，语言索然无味，那么，恐怕只会让对方昏昏欲睡，提不起聊天的兴趣，甚至对你产生厌倦的情绪。

2.以事实说话

人际交往中，我们要想让自己说出的话更有说服力、无懈可击，就需要从事实出发。

一位病人在与医生约定的时间内准时到达，可等了15分钟后医生才到。病人很气恼，觉得医生这种不守信用的行为是无礼的，他必须对医生提出批

评，否则心里会感到不平衡。于是，他走进医生办公室后，先用手指了指手表，然后说："现在是两点十五分。"医生似乎没明白他的意思，敷衍地说："是吗？"医生的回答更激怒了这位病人，可他仍然说："现在是两点一刻。"尽管他内心非常愤怒，但脸上依然保持镇静。因为他在克制自己，试图用暗示来让医生明白自己的意思。可医生仍装糊涂："两点过一刻又怎么样？"这回病人真是忍无可忍了，终于指出了医生的错误：不该迟到，浪费了自己的时间。医生明白后连忙向他道歉。

开始，这位病人是想用迂回的暗示法将自己的批评信息传递给医生，让医生接受批评，向自己道歉，但医生并没有领会他的意思。因此他才更加恼火，最后直截了当地将医生迟到、耽误病人时间的事实说出来，医生才明白过来并接受了批评。

3.说话要把握分寸

卡耐基说："好口才是社交的需要，是事业的需要，是生存的需要。它不仅是一门学问，还是你赢得事业成功常变常新的资本。"但是，能说话不等于会说话，只有把握好说话的分寸，才算掌握了开启成功之门的钥匙，如此才能把话说到人的心坎上，达到"一语惊起千层浪"的效果！

有一天，几个同事在办公室聊天，其中小李提起她昨天配了一副眼镜，于是拿出来让大家看看她戴眼镜的效果如何。大家为了不扫她的兴都说很不错。这时，同事老王因此事想起了一个笑话，便立刻说出来：

"有一个老小姐走进皮鞋店，试穿了好几双鞋子，当鞋店老板蹲下来替她量脚的尺寸时，谁知这位老小姐是个近视眼，看到店老板光秃的头，以为是自己的膝盖露出来了，连忙用裙子将其盖住！"

大家爆发出一片哄笑声，谁知事后大家竟从未见到李小姐戴眼镜，而且碰到老王后也不再和他打招呼了。

其中的原因不说自明。说者无心，听者有意，在老王看来，他只是联想起一则近视眼的笑话。然而，李小姐则感觉到自己被侮辱了。

可见，与人交往，我们说话要看场合、对象，以便把握好说话的分寸。

总之，我们与人交流，要把握对方的心理，说出让对方心服口服的话，对方才更容易接受我们！

说点甜言蜜语，让他人喜欢和你相处

人，总是希望得到他人的赞美。无论是牙牙学语的孩子，还是白发苍苍的老人，都希望获得来自社会或他人的恰当赞美，从而使自己的自尊心和荣誉感获得满足。有位企业家说过："人都是活在掌声中的，当下属被上司肯定，他才会更加卖力地工作。"同样，我们与人交际，嘴甜一点，把赞美、恭维的话说到对方心里去，会让对方喜欢与我们相处。

法国的拿破仑就深知赞美的力量，而且他也具有高超的统帅和领导艺术。他主张，对士兵要"不用皮鞭而用荣誉来进行管理"。他认为：一个在伙伴面前受到体罚的人，是不可能愿意为你效命疆场的。为了激发和培养士兵的荣誉感，拿破仑对每一位立过功的士兵都加官晋爵，而且还会在全军进行广泛的通报宣传。通过这些直接和变相的赞美，激励士兵勇敢地战斗。

另外，美国历史上有一个年薪百万的管理人员名叫史考伯，是美国钢铁公司的总经理。有记者曾经问："您的老板为何愿意一年付给您超过100万元的薪水呢？您到底有什么本事能拿到这么多的钱？"史考伯回答说："我对钢铁懂得不多，但我最大的本事是会鼓舞员工。而鼓舞员工的最佳方法，就是表现出对他们真诚的赞赏和鼓励。"史考伯就是凭着他会赞美他人而年薪超过一百万的。有趣的是，史考伯到死也没有忘记赞美人。他在自己的墓志铭上写道："这里躺着一个善于与那些比他更聪明的下属打交道的人。"

人们喜欢被恭维，但对于那些肉麻的奉承，则会感到恶心。那么，人们究竟希望得到什么样的赞美呢？我们又该如何巧妙地赞美他人呢？

1.发自内心地恭维

当我们真诚地赞美别人时，对方也会由衷地感到高兴，并对我们产生一

种好感。所以，要想缓和增进双方的关系，拉近彼此的距离，不妨对其使用真诚的赞美。

如果我们对一位清洁工人这样恭维："您真是一位成功人士啊！您具有非凡的气质，您是一位伟大的人！"对方一定会认为我们太虚伪，因为这些话好像和他没有一点关系。

总之，恭维别人，一定要发自内心并有据可依。唯有这样恭维他人，才能抓住对方的心，才能获得对方的好感，从而改善人际关系。

2.间接恭维

要赞美一个人，直接赞美固然能起到作用，但间接赞美的效果更明显。比如，如果我们当面说别人好话，说得不当可能会被认为我们在奉承他、讨好他；然而在背后说这些相同的好话时，被赞美者就容易接受我们的赞美之词，也容易领情。如果我们当着上司和同事的面赞美上司，同事们会认为我们在讨好上司，拍上司的马屁，从而引起周围同事的反感。而且，这种正面的赞美所起到的效果也是不明显的，甚至还会起到反作用。与其如此，我们不如在上司不在场时，对上司"大力吹捧"一番。而我们所说的这些好话，会很快传到上司的耳朵里。

当然，间接赞美不仅包括背后赞美，我们还可以借助第三者赞美。多在第三者面前赞美你想赞美的人，是你与那个人改善关系、增进交往的最有效的方法。如果有个陌生人对你讲："某某经常与我谈起你，说你是个了不起的人！"相信你的愉悦心情一定会油然而生。这也就是说，我们要想让对方感到愉悦，就应经常在第三个人面前赞美他，这种赞美要比一个帅气的男人站在你的面前说："我是您忠实的崇拜者！"听着更让人舒坦。

3.恭维的话要说得具体

赞美要具体，不能含糊其辞，否则会让对方感到混乱和窘迫。赞美越具体，说明你对被赞美者越了解，也更容易让对方接受你的赞美。

克莱斯勒公司为罗斯福总统制造了一辆汽车，因为罗斯福总统下肢瘫痪，不能使用普通的小汽车。所以工程师将汽车开到白宫，总统立即对它产

生了极大的兴趣:“我觉得简直不可思议,只需按按钮,车子就能跑起来,真是太奇妙了!”

他的朋友们也在一旁欣赏汽车,总统当着大家的面夸奖工程师:“我真感激你们花费时间和精力研制了这辆车,这是件了不起的事!”总统接着欣赏了车的散热器、车灯等。也就是说,他提到了车的每一个细节,并坚持让夫人和他的朋友们注意这些装置。

这些具体的赞美,让人感到了罗斯福总统的真心和诚意。

4.把握恭维的度,话要说得恰如其分

真诚的赞美应该是恰如其分的,不空泛、不夸大、不含糊、具体、确切。而且,所要赞美的事情也并非一定是大事,即使是别人的一个很小的优点,只要给予恰如其分的赞美,就不属于“拍马屁”。

有一位先生,听说外国人都喜欢听别人的赞美,尤其是女士,最喜欢听别人说自己漂亮。后来,他出国了,便想尝试去赞美别人。

一次,他去逛超市,迎面走来一位很胖的妇女。他习惯性地对这位妇女说:“女士,您真是太漂亮了!”

不料,这位妇女狠狠地瞪了那位先生一眼,毫不客气地说:“先生,你是不是离家太久了?”

的确,赞美的目的是对对方表示一种肯定和欣赏,让对方从我们的话中领会这些含义。然而若是赞美不当,就如同隔靴搔痒,不仅起不到好的作用,反而更像“拍马屁”,引起对方的反感。

总之,爱听恭维的话是人的天性,人人都喜欢正面刺激,不喜欢负面刺激。如果在人际交往中人人都乐意赞美他人,善于夸奖他人的长处,那么人际交往间的愉快也将会大大增加。为了让我们的人际关系更加和谐,请不要吝啬你的赞美,多给予你身边的人一些由衷的赞美吧!

主动承认错误，让他人不好意思指责你

生活中，我们与人交际会因为说错话、做错事而让交际对方心生不悦，而如果我们始终不肯主动承认错误，把话说开的话，将会给对方留下指责我们的机会，而同时，双方之间的关系也会因此而产生隔阂甚至闹僵。因为对方心中这种不悦心理的存在会随着时间的推移而逐渐加深。而相反，如果我们能在犯错之后立即主动认错，对方心中的这种不快便也会随之消失，也会因为我们敢于认错的这种态度而给对方留下良好的印象。《人性的弱点》中讲了这样一件事：

我住的地方，靠近纽约市中心。从家里出门步行一分钟，就是一片森林。我常常带着雷斯到公园去散步；它是一只温驯而不伤人的小狗，因为公园里游人稀少，我一般不给它系狗链或戴口罩。

有一天，在公园碰到一位骑马的警察。他严厉地拦住我们，“干吗不给你的狗系上链子?”他训斥道：“不知道这是违法的吗?”“是的，我知道。”我连忙温和地回答：“不过我的狗从来不咬人。”“不咬人！这是你自己的想法，法律可不管你怎么想。它可能在这里咬死松鼠，也可能咬死小孩。这次我不追究，下次我再看到这只狗不系链子，不戴口罩，你就只好去跟法官解释了!”我客气地点头，连说“遵命”。我的确照办了，可是雷斯不喜欢戴口罩，有一次我决定再碰碰运气。

这天下午，雷斯和我在一座小山坡上赛跑，突然间，糟了，我又碰上了那位执法大人，雷斯跑在前头，直向他冲去。我知道这回要倒霉了。于是不等警察开口，就抢在他前头说：“警官先生，这下你当场抓到我了。我确实有罪，触犯了法律。你在上个星期就警告过我了。”“好说，好说。”警察说话的声调意外的温和。“我知道在没有人的时候，谁都会忍不住要带这么好的一只小狗出来溜达。”“这倒是的，”我说，“但我违反了规定。”“这条小狗大概

不会咬到别人吧?”警察反而为我开脱起来。“这样吧,你们跑到我看不见的地方,事情就算了。”我向他连连道歉,带着小狗迅速走过了山坡。

这位警察前后态度的变化,缘于故事中带狗的主人的语言艺术,假如这位带狗的主人不是赶紧道歉认错,而是设法辩解,不管他的理由多么充分,恐怕也不能得到警察的谅解。在人际交往中,只有缺乏智慧的人才会为自己的错误寻找借口,强词夺理;而智者总能够坦率诚恳地道歉认错,从而获得对方的谅解。

那么,我们在运用主动认错这一心理策略的时候,应该掌握哪些语言技巧呢?

1.先道歉后解释

有错就应先承认,以诚恳的态度获得对方的谅解。千万不要找客观原因为自己辩解、开脱,使对方怀疑你的诚意,从而扩大裂痕,加深隔阂。如确有非解释不可的地方,应在道歉之后再作解释,才能表示自己的诚意。例如,“对不起,这事我做得真不对。事情是这样的……”

2.道歉时的语气和态度

真诚的道歉,应该做到语气温和,态度坦诚而不谦卑。道歉时目光友好地看着对方,并多使用一些礼貌用语,如“请包涵”、“请原谅”等。同时,道歉的语言以简洁为好。只要表明了自己的态度,对方也表示谅解就行了,切忌重复、啰唆。

3.假如你觉得道歉的话说不出口,可用别的方法代替

比如,如果你与某个朋友发生了不愉快的事,你可以打电话问他:“还生气呢?”即使对方之前很生气,但面对你的道歉,他一般都会说:“生什么气啊。”可见,打电话致歉是个好办法。

4.没有错,有时也需要道歉

这种情况常适用于管理者。当下属在工作中未能恪尽职守,或者某一方面的工作未尽如人意,为了促使下属进一步反省,也为了挽回公司的信誉,作为管理者应诚恳庄重地向对方或公众表达歉意,以求得谅解。

某学校教研室有一次承担了一个重要的考试任务，大家都很重视。按理说在考试的前一天，要把一切考务工作做好，可是这一天，恰逢学校开运动会。运动会结束后，大家都要留下来做考务工作。然而，有一位年轻教师因为疏忽没有留下来从而影响了工作。事后，教研室主任找到他，他采取这样的批评方式——自责。他说："你看，都怪我，我多提醒你一下就好了。"这位年轻教师连忙说："不怪你，你都告诉我两遍了。"

于是，在总结会议上，教研室按原则扣了这位年轻教师100元钱，教研室主任同时在大会上做了检讨："我工作做得不到位，没有及时提醒他，请大家下不为例。"

在这个事例中，这位教研室主任虽然没有错，但他选择主动道歉，这是一种得当的批评方式。那位年轻的教师自然会愉快地接受，而实际上，大家也根本不可能指责这位主任。

总之，在道歉的语言技巧这部分里，我们需要掌握：先道歉后解释；假如你觉得道歉的话说不出口，可用别的方法代替；道歉时的语气和态度要把握好；没有错，有时也需要道歉。

虽然我们掌握了道歉的语言技巧，但还应该根据场合、情况的不同，注意一些小事项：

(1)道歉并非耻辱，而是真挚和诚恳的表现；

(2)道歉要堂堂正正，不必奴颜婢膝；

(3)道歉要把握时机。应该道歉时马上道歉，耽搁时间越久越难启齿，有时甚至追悔莫及。

礼貌话挂嘴边，别人更容易对你产生好感

生活中，我们对那些说话彬彬有礼的人总是充满好感。因为人们总是把"礼貌"与其他一些品质联想在一起，比如，有修养、真诚等。我们与人交

际，就是希望能得到别人的认可，从而达到我们的交际目的。而语言是交际的外衣，我们要想收到良好的交际效果，就要从语言入手，应酬场合不忘说些礼貌话，让人产生积极的心理，对我们的素质和修养另眼看待。

我们来看下面这个寓言故事：

在茂密的山林里，一位樵夫救了一只小熊，老熊对樵夫感激不尽。有一天，樵夫迷路了，遇见了母熊，母熊安排他住宿，还以丰盛的晚宴款待了他。翌日晨，樵夫对母熊说："你招待得很好，但我唯一不喜欢的就是你身上的那股臭味。"母熊听后怏怏不乐，说："作为补偿，你用斧头砍我的头吧。"樵夫按要求做了。若干年后，樵夫遇到了母熊，便问："你头上的伤口好了吗？"母熊说："噢，那次疼了一阵子，伤口愈合后我就忘了。不过那次你说过的话，我一辈子也忘不了。"

从这则故事中，我们发现，懂得礼貌用语是我们获得良好人际关系、求人办事成功的前提。懂得礼貌性地说话，是一个人应具备的最基本素质，人们对那些没有素质的人往往特有敬而远之甚至厌恶的态度。俗话说："好言一句三冬暖，恶语伤人六月寒。"人与人之间相处是平常的事，也是一件微妙的事。一张笑脸伴着一声问好能带给他人好心情；相反，一句粗话恶语却会破坏人们良好的情绪。坏的情绪和好的情绪都容易传染。良好、自然的环境和融洽的人际关系是大家共同的创造出来的，好的环境需要大家共同创造和维护。

的确，在与人交际中，都能说文明话、礼貌话，少一些失礼的语言，不管对方是熟人还是陌生人，多说一些善意真诚祝福的话，我们的交际圈子就会更加和谐，这样的和谐环境对我们的生活、工作都大有帮助。

那么，人际交往中，我们该怎样说"礼貌"话呢？

1.真诚地说话

无论是雇主关系，还是朋友关系；无论是亲戚还是顾客，相互交往都应真诚相待。只有真诚，才能换取真诚。如果我们只是把"礼貌话"当成一种场面语言，那么就会缺乏真诚，即使场面话说得再好听，也不会获得对方的

信任。

当松下电器公司还是一个乡下小工厂时，作为公司领导，松下幸之助总是亲自出门推销产品。每次碰到砍价高手时，他总是真诚地说："您好，我的工厂是家小厂。炎炎夏日，工人们在炽热的铁板上加工制作产品。大家汗流浃背，却依旧努力工作，好不容易才制造出了这些产品，依照正常的利润计算方法，应该是每件××元承购。"

听了这样的话，对方总是开怀大笑，说："很多卖方在讨价还价的时候，总是说出种种相同的理由。但是你说的很不一样，句句都在情理之中。好吧，我就按你开出的价格买下来好了。"

松下幸之助的成功在于真诚的说话态度。他的话充满情感，描绘了工人劳作的艰辛、创业的艰难、劳动的不易，语言朴素、形象、生动，语气真挚、自然，激起了对方的深深理解和深切同情。正是他的真诚，才换来了对方真诚的合作。

2.掌握一些礼貌用语

礼貌用语要文明雅致、措辞恳切、热情真挚、口气和蔼、面带微笑，主要有以下几个方面：

问候的用语：早晨好；您早；晚上好；晚安。

答谢的用语：请多关照；承蒙关照；拜托。

赞赏的用语：太好了；真棒；美极了。

挂念的用语：身体好吗；怎么样；还好吧。

理解的用语：太忙了只能如此；深有同感，所见略同。

征询的用语：您有什么事情；需要我帮您做什么；如果您不介意的话，我可以做吗。

道歉的用语：对不起；请原谅；实在抱歉；真过意不去；完全是我们的错。

常用的客套话：慢走；留步；劳驾；少陪；失敬；久违；久仰；恭喜。

俗话说："一句话能把人说跳，一句话也能把人说笑。"言语是思想的衣裳，谈吐是行动的羽翼。它，可表现一个人的高雅，也可以表现一个人的粗

俗。言谈高雅即行动之稳健；说话轻浮即行动之草率。也就是说，人际交往中，如果我们想接通情感的热线，使交际畅通无阻，就应该得体地说好“礼貌话”。谈话中，习惯用礼貌语言，就会让人感到“良言一句三冬暖”，使感情顿时亲切融洽起来。

不抢他人风头，关键话让他人说

中国有句俗话：“良言一句三冬暖，恶语伤人六月寒，话到嘴边留三分。”的确，人际交往中，我们与人说话，切不可占尽先机，而应把重要的话留三分，给他人表现的机会，让其说出关键点。这样，对方会从心里感激我们让给他的表现机会，进而对我们产生好感。法国哲学家拉·罗切福考尔德说过：如果你希望得到敌人，就超过你的朋友；但若想得到朋友，就让他们超过你吧。为什么这么说？因为从心理的角度看，当朋友超过我们时，他们便充满了成就感；若是情况相反，他们会深感羞耻并充满嫉妒。与人说话，同样是这个道理，让他人充满成就感，能使我们结交友谊，掌握交际的主动权。我们来看看下面的故事：

有一次，纽约报纸的财经专页上刊登了一则大型广告，招聘具备特殊能力和经历的人，卡贝利斯决定应征，并把简历寄了出去。几天后，他接到一封面试邀请信，面试前，他花费几个小时的时间在华尔街寻找这家公司创始人的一切消息。

面试开始了，他从容不迫地说：“我非常庆幸自己能够和这样的公司合作。据我了解，这家公司成立于28年前。当时只有一间办公室和一名速记员，对吗？”

几乎所有的成功人士都喜欢回忆创业之初的情景。这位老板也不例外，他花了很长时间来谈论自己如何以450美元现金和一个原始的想法创业，并如何战胜了挫折和嘲笑。他每天工作16~18个小时，节假日也不休

息，最终战胜了所有的对手，现在华尔街最知名的总裁也要到这里来获取信息和指导，他为此深感自豪，而这段辉煌经历也的确值得回忆，他有资格为此骄傲。最后，他简要地询问了卡贝利斯的经历，然后对副总裁说："我认为这就是我们需要的人。"

卡贝利斯先生应聘之所以会成功，是因为他掌握了一些经历千辛万苦的成功人士的心理，那就是，他们都喜欢缅怀自己的过去，并希望得到他人的敬仰。掌握这一心理后，他大费周折地研究未来雇主的成就，并且表现出对此有强烈的兴趣，他还鼓励对方更多地谈论自己，从而给老板留下了良好的印象。试想，如果他主动说出未来雇主的创业史，即使语言再精彩，恐怕也只会让对方觉得你只是个很好的演说家，而不是"他们需要的人"。所以，如果你想赢得朋友，切记：给他人说话的机会，把重要的话让给对方说。

那么，我们怎样才能让对方说出这一关键点呢？

1.提问法

我们要想把表现的机会让给别人，就要为别人创造说话的契机，而提问是一种很好的引导法。就像故事中的卡贝利斯先生问雇主："当时只有一间办公室和一名速记员，对吗？"面对这一提问，对方一般都会顺着问话者的思路作出回答。

2.不要打断别人说话

交际中，与人说话，我们可能会遇到另外一种情况，那就是你不同意别人的观点，这时你也许很想打断他，但是最好不要这样做，他人在还有一大堆意见要发表的时候，是不会注意到你的，所以要保持开阔的心胸耐心听下去，并诚恳地鼓励他人把意见完整地表达出来。

这种方法在商业中同样适用。让我们来看看下面这个故事；

美国最大的汽车制造公司决定购买一整年用的装饰织物，3 个重要生产厂家都提供了自己的织物样品。汽车对其公司进行了检验并发出通知，每家公司都有机会派一名销售代表在指定的时间里为争取合同作出陈述。

其中一个厂家的销售代表 R 先生，抵达时正患有严重的咽喉炎。

轮到他和公司总裁见面时，他已经说不出话来了，连轻声耳语也很困难，他被带进一间屋子，发现里面坐着纺织品工程师、销售代理，营销总监以及公司总裁。他站起身来，费劲地想要说话，但只能发出嘤嘤声。这些人围坐在桌子旁，于是他在便签上写道：先生们，我嗓子哑了，无法说话。

“我可以替你说话。”总裁说完，就把 R 厂家的样品陈列出来并逐一说明其优点，关于产品品质的一场生动讨论就此展开。总裁既然是替 R 先生说话，很自然站在了 R 先生这一边，而 R 先生做的只是微笑、点头和打一些手势。

这场特别会议的结果是 R 先生赢得了合同，装饰织物需求量高达 50 万码，总价值 160 万美元，而这是这位销售代表拿到的最大订单。

从这个故事中，我们想象一下，如果这位销售代表没有失声，则很可能会失去这份合同。可见，让他人讲话的回报竟是如此丰厚。

3.寻求帮助法

也就是说，我们在与人说话的时候，不要显得无所不知，关键时候，你不妨对对方说：“这个问题我还真不清楚，您能帮我跟大家解释一下吗？”很明显，这样一说，话语权就交到了对方手里。同时，也能体现对方的能力，这是变相地给对方增光添彩。

一个精明的英国人曾经说过：“一个人在世界上可以有许多事业，只要他愿意让别人替他受赏。”的确，我们与人交往也是这个道理，说话留三分，让他人说出关键点，给他人表现的机会，给别人留下好印象，你会发现这种做法将会有利于长远利益和奋斗目标的实现！

聊天闲扯的技巧，让他人更喜欢亲近你

日常生活中，我们与人交流感情的一个重要方式就是聊天。知己是如何来的？多半是通过聊天聊出来的，也就是人们常说的闲扯，闲扯带有随意

性，但闲扯也有技巧，天南海北地闲扯，不仅不能增进感情，还会让别人觉得无趣。我们如果能从对方的角度出发，说出对方喜欢听的话，给对方带来愉悦的心情，便能拉近与对方之间的距离。

那么，闲扯有哪些技巧呢？

1.选择合适的话题

在与他人聊天时，话题的选择很重要。一旦话题不对，就难以与对方顺利聊下去，所以，寻找合适的话题是使聊天顺利进行的关键所在。

有些人认为，聊天时只有那些不平凡的事才值得谈。因此朋友见面时，往往满脑子都在苦苦思索，企图找到一些怪诞、惊奇的事件或相当刺激的新闻作为话题。但实际上，我们的生活是朴实的，这类话题毕竟不合适。而且，如果我们每天与对方谈新闻，则毫无新鲜感可言。

事实上，我们都是普通人，所关心的问题也比较普通，比如，孩子大了，到哪个学校读书比较好；花卉被虫子咬了，该用什么药；养个什么宠物比较好；猪肉又涨价了等。

话题的选择最好能就地取材，依照当时所处的环境选取话题。比如，如果你和对方相遇在朋友家里，不妨与对方聊一聊与主人的关系："听说您和某先生是战友？"这样，无论问得对与不对，都不会引起对方的不愉快。

除此之外，你还可以和对方谈一些他熟悉、感兴趣的话题。如果对方是销售员，你可以问他："你销售什么产品？生意好不好做？"因为这是对方熟悉的话题，所以对方很容易作出回答。如此，你们就能按这条路子聊下去了，可以聊聊产品、行业前景等问题。

有个笑话说：某君以伶牙俐齿见长。有人向他请教有什么诀窍，他说："其实非常简单，就看他是什么人，对什么东西感兴趣，然后你和他谈他感兴趣的东西就可以了。比如，如果对方是屠夫，你就和他谈猪肉；如果对方是厨师，你就和他谈菜肴。"请教者又问："那如果屠夫和厨师都在场怎么办？"他说："那我就谈红烧肉。"

当然，这是个笑话，但足可以看出合适的话题对聊天的重要性。

总之，只要选好话题，就不愁谈不下去，也就能够避免聊天中出现无话可说的尴尬局面。

2.用热情带动聊天气氛

如果你选择的话题与你长期的经历、追求或者爱好有关，那么你很容易打动对方的。

缺少热情的谈话和聊天无疑是枯燥乏味的，也没有人愿意迎合。比如你与朋友聊你某次开车，因为超速而被警察发现了。实际上，对方希望听到的不是你的轻描淡写，而是你当时的感受，希望你能说出你看着警察开罚单时的情况。你将当时的情况描述得越详细，越精彩，就越能吸引听众。

所以，在与人聊某些话题时，你的话语中有多少激情，就会激起多少听众的激情。

3.用兴趣打开交谈的突破口

与人聊天时会出现一些头疼的问题，不管我们说什么，对方都流露出一副不在乎的表情。其实，这是因为，你说的话令对方不感兴趣，要想让对方打开话匣子，我们需要从对方的兴趣入手。如果可能的话，你应尽量找出对方最感兴趣的事，然后从这个方面引导他。倘若没有机会，或这种机会不易得到，也该尽可能选择对方可以参与的话题去聊。我们主要的目的，就是要让对方对你产生兴趣，这样才能使聊天继续下去。

某文艺编辑曾讲过一段故事。他邀一位名作家写稿，该作家很难合作，各报社的编辑都对他大伤脑筋。因此，这个编辑在见面前也相当紧张。

一开始果不出所料，怎么谈都谈不拢。作家一味地说："是吗？""或许是吧？""这我还真不清楚"，导致这位编辑很是头痛，只好改变主意，另选合适的时间再来，于是闲谈起来。

他把几天前在一本杂志上看到的有关该作家作品近况的报道搬出来，说："您的大作最近要翻译成英文，在美国出版了？"作家见对方如此关心自己，表现出很感兴趣的样子。编辑又说："您的写作风格能否用英文表现出来？"作家说："就是这点令我担心……"

这位编辑在遇到这位“难对付”的作家后，开始改变了聊天的策略，以便抓住对方的心理。从对方感兴趣的作品入手，从而打开了交谈的突破口，令交谈继续下去。

4.不要轻易否定别人

如果你在与别人聊天或交谈时，出现了与对方观点相左的情况，特别是你想说服对方接受你的观点时，那么你最好不要一上来就否定对方的观点，说他的观点是错误的、荒谬的，这样你一定不会获得你想要的结果。相反，如果你能机智、委婉地说出你的观点，然后将对方引导到其他话题上来，从而让他们忘记自己原来的观点，这是将话题继续下去的明智之举。

比如，对方在你的面前指责一个你非常熟悉的朋友：“他这个人脾气太坏，那次我们一起去谈某项业务，结果与对方负责人没说三句话，就在饭店吵了起来。”你可以问他：“哦，是吗？在哪家饭店？”对方回答完，你们不妨就哪些菜比较有特色这个话题聊一聊，将话题引开。

5.避开别人的痛处

事实上，每个人都有自己的忌讳，人人都讨厌别人提及自己的忌讳。我们在与他人聊天或闲扯时，就要注意避开这类话题，把握好分寸，不要伤害到别人的自尊心。

只要掌握以上聊天技巧，我们就能把话说到对方心里去并产生积极的作用，也就是说，对方会产生愉快的情绪，自然愿意与我们亲近了。

提问的技巧，让你快速获得有用信息

生活中，我们与人交际，有时候是为了达成一定的目的，这也就是人们所说的交际目的。比如，获取某种信息。我们要想获得答案，就免不了要提问，但提问也是有技巧可言的。因为在问答过程中，提问的人、提问的内容、提问的方式，甚至提问行为本身都会对被问人的心理产生一定的影响。因

为在提问的时候，被问人总是处于一定的心境之中，比如我们去探望病人，人家正在为病情焦灼不安，我们就不应问："病情会不会恶化呀？"

另外，被问人总会对提问人的问题本身采取一定的态度，从而产生种种心理活动，如抗拒心理、回避心理、揣测心理等。

可见，提问人必须根据被问人的心理特点进行提问，这样才能达到提问的目的。

要恰当、得体、有效地提问，我们就需要掌握一定的提问技巧。那么，我们该怎么提问呢？

1.注意提问的态度

人际交往中，说话的态度极为重要。试想，一个语言粗鄙、说话尖刻的人，谁愿意回答他提出的问题呢？我们要想保证对方如实回答我们的问题，首先必须注意自己提问的态度。

打工妹莉莉找到了一份在饭店做服务员的工作，却只上了一天班就被老板辞退了。其实她的条件并不算很差，也没有做错什么事，原因在于她问了一句不该问的话。

那天，莉莉刚上班，店里就进来了三位客人，她随即拿了菜单，让客人点餐。第一位客人点的是糖醋里脊，第二位客人点的是宫保鸡丁，第三位客人点的是京酱肉丝，但是，他们特别强调要用干净一点的杯子盛啤酒。

很快，莉莉将这三位客人所点的菜用盘子端了出来，一边朝他们坐着的方向走去，一边大声地向三位客人问道："你们谁要用干净一点的杯子盛酒……"

莉莉仅凭这一句问话，就被老板毫不客气地辞退，因为她的问话会让客人觉得饭店的服务态度差，老板脸上自然也就无光。

提问者是否谦恭，其问话是否合乎听者的心意，都将直接影响问话的效果。任何人都希望得到别人的尊重和体谅，问话者如果不尊重和体谅对方，自己也只能自讨没趣。

2.掌握几种提问方法

提问是有技巧的，这里的技巧就是指方法。

(1)选好对象，有针对性地提问。

我们在提问前，要先了解被提问者的年龄、身份、文化素养、性格等特点。单就性格特点而言，被问者有的热情直爽，有的沉默寡言；有的文静安详，有的急躁粗心；有的高傲，有的谦虚；有的诚恳，有的狡黠。性格不同，气质各异，提问的方式也应当有相应的变化：或单刀直入，或迂回进攻，或敞开发问，或试探而进。只有这样，才能达到目的。

(2)迂回式提问。

电车上，一位中年人给一位妇女让座，妇女一声不吭就坐下了。

中年人问："嗯，您说什么？"

"我没说什么呀！"

"哦，对不起。我以为你说了'谢谢'呢。"

先生的提问是为了引出自己对妇女的批评，显得含蓄而又有心计。

(3)诱导式提问。

我们来看看孟子的提问技巧。

孟子在批评齐宣王不会治国时这样问道：

"假若一个人，把妻室儿女托付给朋友照顾，自己到楚国去了。等他回来时，妻子儿女却在挨饿受冻。对这样的朋友，该怎么办？"

王答："和他绝交。"

孟子说："假若管刑罚的官吏不能管理他的部下，该怎么办？"

王答："撤掉他！"

孟子又问："假若一个国家搞得很不好，那又该怎么办？"

王这时只好看看左右，转而讲其他的了。

孟子先设两问，诱导齐宣王作出肯定的回答，然后提出应该怎样处置不会管理国家的国君，使宣王无言以对，最后只能服从自己的想法。

(4)给对方施加压力。

两人问答，气氛是冷淡或是融洽，对社交的效果有很明显的影响。社交气氛可由提问的内容和方式来控制。选择问句的句式和严肃的语气，使气

氛紧张，能对被提问者的心理产生压力。如审讯犯人：

"你昨晚去没去会计室？"

"去过。"

"一个人还是几个人？"

"一个人。"

"去干什么？"

"偷钱。"

"偷没偷？"

"偷了。"

从此例可看出收到了较好的效果。

3.修饰自己的提问语言

表达同类或类似的意思、达到同样或类似目的的问话，以不同的形式说出来，其效果也不一样。

比方说，"你很讨厌他吗"或"你很喜欢他吗"就不如"你对他的印象怎么样"的问法好。对一个看起来超过40岁的人，与其问"你今年贵庚"，倒不如问"你今年可能有30多岁了吧"；"替我把信寄了吧"就不如"能否帮我寄了那封信"听起来令人更舒服。

前后两句提问的表达效果是不一样的，为什么会出现这种效果上的差异呢？原因很清楚。第一句问话太直接，而第二句话以对方为中心，让人听来有被尊重之感。为此，我们需要多修饰自己的提问语言，提高自己的提问水平，从而让对方乐意回答并接受我们的提问。

总之，提问在交际活动中处于主动地位，它决定了对方说不说，说什么，怎么说；也决定了双方的交谈程序和交际气氛。而作为提问者，我们也只有从对方的心理角度提问，才能获得我们想要的信息。

谈判沟通摸清对方弱点——让对手无可反击的言语策略

生活中,谈判无处不在。谈判不是那些外表风光的外交官的专利,它一直都是人们日常生活中不可或缺的组成部分。因为谈判是我们获得权力和利益的重要手段。谈判中,最主要的自然是“谈”,只有通过“谈”,谈判双方才能达到信息流通,从而达成协议的目的。而这其中,最重要的莫过于取得谈判的主动权,而要做到这一点,我们就需要掌握对手的心理,通过说话让对方无力反击,建立心理优势,从而使谈判结果有利于我们。

谈判中说点幽默话，让气氛放松不尴尬

谈判过程中，因谈判双方利益点冲撞严重等不可调和的矛盾，使谈判陷入僵局是常有的事。谈判一旦陷入僵局，自然会影响谈判效率。

谈判专家指出，谈判僵局一旦处理不好，就有可能把谈判逼入死胡同；相反，如果能够恰当地应用策略和方法，还是可以“起死回生”的。面对谈判僵局，“只剩下一小部分，放弃了多可惜”、“已经解决了这么多问题，让我们再继续努力吧”，这种说话技巧并不一定能起到打破僵局的作用。此时，我们不如适当加入幽默的成分。当谈判陷入僵局时，人们是紧张的，谁也“不敢越雷池一步”，因为谁先表态，就意味着谁先放弃谈判立场，而如果我们能加点幽默、让大家诙谐一笑的话，双方紧张与尴尬的氛围会立即得到缓解。不拒绝任何渠道的快乐是人们普遍的心理。

幽默能减少人们之间的紧张对立。因为双方代表各自的利益，恐怕很难轻易地让步，谈判期间必有一番唇枪舌剑的辩论，有时甚至到了剑拔弩张的地步。这时，如果某一方代表说句幽默的话，或讲个小笑话，就会使紧张的气氛得到缓解，双方可以继续谈下去。

那么，我们在谈判中该怎样运用这一心理策略呢？

1.转移话题

转换话题也就是不谈和谈判议题有关的事，只谈一些毫不相关的话题，以使双方紧绷的神经得到暂时的放松。当然，聪明的谈判者还可以通过这些看似不相关的话题引起对方的兴趣和共鸣，作为下一步双方谈判的主旋律，并且将话题逐渐引到正题上，使对手在不知不觉中就上了自己的当，从而为打破僵局、抢占谈判主动权赢得先机。

一所大学的辩论社有两位指导教授，一位是遗传学的教授，另一位是环境学的教授。一天，两位教授为了指导学生，于是以遗传学和环境学哪门学科对人类的贡献最大为主题展开辩论。两人各据铿锵有力的论证,各自说明自己的立论最为正确,没想到在唇枪舌剑之下,两人越辩越激烈,最后,环境学教授赌气说了一句:“哼!遗传学有什么了不起,我儿子跟我长得像,就是遗传学。”遗传学教授见环境学教授动气了,于是幽了他一默,惹得所有学生大笑不止。你猜,他是怎么说的?遗传学教授说:“是啊!你儿子像你是遗传学,若是像你的邻居,那可就是环境学了。”

遗传学教授的一句幽默话回应了环境学教授的赌气话,既有力又不伤和气,可谓出奇制胜。

在社会生活中,类似出奇制胜的例子还有很多,它们全都在意志、情感的接轨点上灵机启动,在笑语中成功地打破谈判僵局,达到说服人、征服人、感染人的目的。

另外,话题的转移有相当的难度,须有对语言驾轻就熟的技巧。话题转移得不好,有时虽然能暂时缓和一下紧张的气氛,但对于大局并没有什么益处。转移的话题必须视具体情况和对象,就近转移,不能不着边际,随心所欲,风马牛不相及。

2.兜圈子

谈判过程中,我们都有自己的立场,在运用兜圈子这一心理策略的时候,我们要记住,使谈判绕了一个圈子,多走了一些弯路无伤大雅,但一定要成功地到达终点,达成双方都能接受的协议。也就是说,兜圈子的话题主旨不能变,虽然不涉及正题,但必须与正题有关,不管绕多少圈子,牛鼻子始终不能放,做到“形散神不散”。

总之,恰到好处地使用幽默,有利于打破僵局,使冷场的窘境在笑声中得到缓解,从而操纵谈判对方的心理,为我们达成谈判目的铺平道路。我们要学会理解幽默和善于运用幽默,还必须从两个方面加强修养:一方面要不断清除自身琐碎、渺小、卑微的缺点和陋习,陶冶自己的情操,提升自己的人格;另一方面要努力学习,经受实际考验,使自己富于才华和机智,以便遇事时能表现出敏捷的思维和机智的应变能力。

把话说到点子上，对方自然会认同你

在这个商业社会的信息时代，时时刻刻都面临着各种各样的谈判。谈判，打的就是一场心理战。等到真正谈判开始，就进入心理角力战，临场反应很重要，我们要顺利达到自己的目标，就得掌握微妙的人性心理，并通过语言成功操纵对方的心理。如果我们能把话说到对方的需求点上，那么，对方便会自发地认同我们。

一个年轻人在一家百货公司做业务员，第一天工作刚结束，总经理就开始检查新员工的业绩。每个人都完成了20~30单的生意，而这个年轻人只完成了一单的生意。总经理不满意地问他："你卖了多少钱？"

"30万元。"年轻人回答说。

"你怎么卖那么多钱？"总经理吃惊地问。

"是这样的，"年轻人说，"一位先生进来买东西，我给他一个小号的鱼钩，然后是中号的鱼钩，最后是大号的渔线。我问他上哪儿钓鱼，他说在海边，我建议他买条船，所以我带他到卖船的专柜，卖给他一艘帆船，然后他说他的汽车可能拖不动这么大的船，于是我带他到汽车消费区，卖给他一辆丰田新款豪华型'巡洋舰'。"

总经理听得目瞪口呆，几乎难以置信地问道："一个顾客仅仅买个鱼钩你就能卖给他这么多东西？"

"不是的，"年轻人说，"他是来给他妻子买卫生巾的，我就告诉他'你的周末算是毁了，干吗不去钓鱼呢？'"

上面的这个案例可能在现实生活中很少发生，但却很明确地告诉我们，只要我们把话说到对方的需求点上，让对方认同我们的观点，那么，它给我们带来的利益就是无法估量的。这一点，同样适用于谈判过程中。谈判双方，都有一个需求点，我们在谈判前，要先找出这个需求点，然后围绕这个需

求点，把快乐说够，把痛苦说透，从两方面加以陈述，对方必会在心里接受我们的谈判建议。

我们需要从以下三个方面来述说这个需求点：

1.把痛苦说透

心理学家卡尼曼和特沃斯基发现，损失给人带来的心理冲击是同样数额的获利给人带来的心理冲击的2.5倍。怪不得人们要在本应削减损失的时候仍然苦苦坚持。

研究表明，如果购买的股票价格迅速上升，人们往往很快将其出手，锁定利润。然后，他们就可以向朋友吹嘘自己的判断力如何准确。然而，如果股票价格大跌，人们则趋向于继续持有股票，等待价格回升。结果，投资者卖出了应该继续持有的股票，而保留了应该出手的股票。

这就是人们害怕损失的心理在作怪。从这一现象中，我们可以获取一项谈判经验，那就是将对方不达成协议的痛苦说透。

比如，当我们走在沙漠的时候，如果水喝完了，太阳非常毒辣，你的嘴巴干得裂开，此时有人过来卖水，哪怕是一千元一瓶的矿泉水，我们也会花钱买下。这个时候，那不仅仅是一瓶水，而是救命的东西，每瓶的价值远远超过一千元。

再比如，谈判的内容通常牵连甚广，不是单纯的1项或2项。在有些大型的谈判中，议题最多时可达70项。当谈判内容包含多项主题时，某些项目可能已谈出结果，而某些项目却始终无法达成共识。这时候，你可以反面“鼓励”对方：“看，许多问题都已解决，现在就剩下这些了。如果不一并解决的话，那不就太可惜了吗？”这就是一种用来打破谈判僵局的说法。它看起来虽稀松平常，实则能发挥巨大的效用，所以作为谈判的利器值得被广泛地使用。

2.把快乐说够

比如，客户要购买一批产品，但总是在利益上不愿意让步。那么，我们应抛开利益点，把对方购买产品后的利益说透，让对方感觉物有所值。因为

双方的利益是既定的，那么，我们就要做好分配工作，让对方在最少的利益点上获得最高的快乐情绪体验。这就好似一张饼，你得到的多我得到的就少，你少我更多；我们就是要让对方心甘情愿地让我们得到更多，此时，我们可以把对方的注意力转到其他地方，让其乐不可支，从而为我们拿到更多的“饼”而提供契机。

3.适当让步

是否知道何时该退出交易，显示了交易者是否聪明。喜剧演员菲尔兹说得好：“如果开头失利，还需继续努力。如果还不成功，就放弃，没必要在一棵树上吊死。”然而，很多谈判者往往忘记了菲尔兹的建议，顽固地坚持到底，这样做的后果无疑是失去谈判的机会，损失利益。

当然，我们在作出让步前，要做好“坚持”工作，并对对方说：“恐怕我作出的让步，会让我的领导大发雷霆的。”这样，会让对方觉得你作出的让步是个艰难的决定，他也会觉得自己占了很大的便宜。

总之，我们在谈判的时候，一定要抓住对方的心理，也可以概括成：追求快乐，逃避痛苦。这是人的本性。抓住这一心理说话，我们要做的工作也只有一个：把快乐说够，把痛苦说透，帮对方建立一种意愿，从而使其认同我们，这样我们的谈判工作离成功也就不远了。

展示丰厚的利益，让对方垂涎认可

人生时时刻刻都需要谈判，现实世界就是我们的谈判桌。而是否能攻心谈判，是我们是否能取得谈判成功的关键因素。在这个现实社会中，每个人都有自己内心的需求，而对于大部分谈判者来说，争取最大的利益就是他们的内心需求。事实上，利益就是他们的死穴。如果你能攻进他们的死穴，展示令人垂涎的利益，就能让对方心服口服。否则，只靠声音大或死缠烂打地诡辩，根本不算是“说话高手”或“谈判高手”。

在买卖双方达成一笔交易时,双方都会竭尽全力维护自己的利益。通常的谈判也最容易将谈判的焦点集中在价格上。

但是,如果在商业活动中,大家都遵循这样的谈判原则与技巧,往往会使谈判陷入一种误区。这种传统的坚持立场而非利益的谈判方式常常导致最后谈判各方的不欢而散,以致破坏了双方今后的进一步合作。

此时,我们就应该抓住对方的心理,从对方所渴求的利益说起,或许会收到截然不同的效果。

我们来看看下面一段谈判对话:

客户:"M 公司的设备比较符合我们的要求,而且他们的价格比你们的要低得多……"

销售方:"的确,他们的价格比我们的要低,而且他们的设备也不错。但是我们的产品更适合你们。首先每年贵公司的维修费就是一笔巨大的开支,产品的使用寿命是贵公司需要考虑的关键问题,再加上贵公司的生产方式需要一种高性能、高效率的设备,而且需要考虑设备长久的资源利用率,我们公司的产品刚好可以与贵公司的旧设备共同作业。您觉得我说的有道理吗?"

客户:"可是,你们公司产品的价格与他们的产品相差甚远,而他们公司的产品质量也不错。"

销售方:"他们的质量确实不错,这是一份产品的故障调查报告,我们的设备故障率只有 1.2%,不知道对方有没有这样一份故障调查报告。据我所知,他们的故障率一直都是在 5%左右。这样算下来,贵厂将会为此多付出几万块。"

在这段谈话中,作为销售方的谈判者,就是从客户最关心的利益出发,让客户明白:如果购买了 M 公司的产品,会带来利益上的损失;然后说出自己产品的优势,这样,经过对比,客户自然会作出正确的选择。

那么,在谈判过程中,我们该怎样向对方展示利益呢?

1."减少付出"利益谈判法

谈判涉及的是谈判双方。在我们看来,如果我们希望对方以某个条件

答应成交，那么，我们就需要让对方觉得，这样的条件达成共识是可取的。比如，在商务谈判中，我们可以利用产品价格对比法，也就是销售人员用所推销的产品与同类产品进行比较，用较高的同类产品价格与所谈的产品价格作对比，从而让客户明显感觉便宜的方法。很明显，所谈的产品价格明显低了许多。但运用这一策略时，销售人员手中至少要掌握一种较高价格的同类产品，当然，掌握得越多越好，这样才更有可比性。

马先生是一名水果店的老板，生意红红火火，这主要得益于马先生会经营。比如，早上打开店门，马先生先把那些外观漂亮的水果拣出来，单独放在一边，价格定得高一些，而那些外表上稍微差一点的同类水果则定价较低。

一天，他遇到这样一位难缠的顾客。“你的水果也不怎么样啊，1 斤也是 1 元钱吗？”这个顾客拿着一个水果仔细端详起来，还敲了敲，看看水果到底怎么样。

“您放心，我的水果不能说是最好的，但也是这一带比较好的。您不信，可以和别家的比较比较。”马先生满脸堆笑，不紧不慢地说。顾客说：“太贵了，8 毛钱卖不卖？”

马先生还是笑眯眯地说：“先生，我要是 1 斤卖你 8 毛钱的话，那之前那些人岂不是买亏了，而且，我这已经最低了，周边几个水果店都比我的贵，您也可以去问问。”

不管顾客是什么态度，马先生一直保持着微笑。虽然这个顾客认为水果太贵，但最后还是被马先生的态度折服了，以 1 斤 1 元买了好几斤。

“嫌货才是买货人啊。”马先生感慨地说。

当然，我们在利用这一心理策略谈判的时候，最重要的还是要掌握客户的心理，和案例中的马先生一样，他看出的就是，顾客想买的是便宜的水果，而不是相对较贵的水果，“对比出效益”，马先生并没有多说什么，而是让客户自己作对比，可以说，马先生是个真正能洞悉客户内心世界的销售员。同时，我们还看到，马先生对自己的产品很有信心，在客户批评自己的水果时，一点也不生气,这也体现了一个销售员的修养问题。然而,很多销售员在介绍产品时,一听到客户抱怨产品,就按捺不住心中的怒火,有的甚至和客户理论起来,这是万万不可的。

2.“物有所值”利益谈判法

客户:我觉得你们的设备挺符合我们的要求,只是在质量方面,我还是有点担心。因此,我觉得有些贵。

销售方:这个您完全可以放心,国家质检部门已经作过多次检验了,我们所有的设备合格率是90%以上,而且这型号的设备质量比其他的都好,它的合格率已达到了95%,而其他公司的同款产品合格率才85%。

客户:是吗?

销售方:是的,您看,这是产品相关的质量合格证、质检部门的检测报告……

客户:是这样啊。

销售方:目前这款设备已经在全国20多个城市销售了100多万台,重要的是直到现在我们仍然没有接到任何关于这款设备的退货要求。所以,你大可放心使用。

这里,作为销售方的谈判者,也就是抓住了客户担心产品质量的心理,从事实出发,从而打消了客户的疑虑,最终让客户觉得购买该产品物有所值。

这一销售谈判法同样适用于其他任何谈判中,只要让对方看到他希望得到的利益,对方一定会就范,并顺利接受谈判建议!

转换话题打破僵局,让谈判轻松继续

谈判充满了变数,并不是每次谈判都能够顺利进行。谈判时,因为谈判各方利益点的冲突或因为谈判某方语言方式让人接受不了等,使谈判陷入

僵局是司空见惯的。每一位谈判者或早或晚都将面对谈判的困境。分歧的确令双方都非常难堪，但又很难避免。造成谈判困境的原因有很多种，如价格上的分歧、交易条件上的分歧、售后服务方面的分歧等，双方要么沉默相对，要么索性终止谈判。这是双方都不愿面对的局面，也会给各自企业带来损失，对谈判个人来讲是时间上的浪费。那么如何能够化解矛盾，摆脱谈判僵局呢？

许多经验欠佳的谈判手在困境面前不知所措，认为谈判即将破裂，没有办法扭转局面，完全丧失了继续谈下去的信心。其实在实际谈判中真正的僵局少之又少，很多僵局都是有办法打破的。

我们知道，谈判少不了说话，谈判中，陷入僵局，也就是说我们说出了令对方不悦的话。如果我们及时转变话题，把话说到对方心里去，谈判双方的心情便可以得到舒缓。

很多时候，对于谈判新手来说，僵局听起来好像是死胡同，可对于优秀谈判高手来说，它们只是一个插曲罢了。无论什么时候，你都可以采取一种非常简单的策略来打破这些僵局。该策略被称为“暂置策略”，也就是转移话题。

1973 年阿以战争爆发之后，美国代表前往中东，对以色列代表说：“请坐下来，与埃及政府谈谈看。因为如果你们不这么做的话，很可能就会有人发动第三次世界大战。”美方的反应使很多人误以为谈判进入了死胡同——“好吧，我们可以和他们谈，可我们首先声明有一点是绝对无法谈判的，那就是无论出现什么情况，我们都绝对不会退出西奈沙漠。我们在 1967 年就占领了这个地方，我们的许多油井都在那里。我们绝对不会退出西奈半岛。”

之后，埃及代表告诉以方：“可以。我想我们知道西奈半岛对你们有多重要了。你们的油井在那里。你们在 1967 年就已经拥有了这块土地。好吧，那就让我们先把这个问题放到一边，讨论另外一些重要问题吧。”

我们非常清楚，埃及人对西奈地区的态度同样坚决，他们要求以色列一定得从西奈地区撤军。可通过使用暂置策略，埃及人就可以先解决许多小

问题,并在这个过程中为后面的谈判积聚一些能量。然后,当埃及人重新把谈判的重点转回西奈地区撤军问题时,这个问题似乎就不是无法解决了。而最终,以色列人还是从西奈撤走了军队,虽然他们当初曾反复重申自己是绝对不会撤军的。

1991 年,美国试图让以色列再次回到和平谈判桌前与巴勒斯坦解放组织进行谈判,美国国务卿詹姆斯·贝克遭到了以色列的强硬抵制。以色列人起初坚持认为,只要一进行谈判,对方就会提出要以色列从巴勒斯坦定居点撤军,而在以色列看来,撤军是绝对不可能的,所以他们干脆拒绝与自己的敌人坐到谈判桌前。詹姆斯·贝克是一个非常聪明的谈判高手,他知道,要想让以色列重新坐到谈判桌前,必须把棘手问题暂且放到一边,先解决一些小问题。

于是他说:“好的,我也意识到你们并不准备和巴勒斯坦人举行和平会谈,可我们不妨先把这个问题放到一边。设想一下,如果真的举行和平会谈的话,你们希望会谈的地点在哪儿?是在华盛顿,或者是中东,还是在一个中立城市?比如,马德里呢?”

通过讨论这些看起来微不足道的问题,美国国务卿詹姆斯·贝克一步一步地把谈判过程向前推进,随后他提出了巴勒斯坦谈判代表的问题。如果巴勒斯坦解放组织派出代表参加谈判,以色列方面希望谁来代表该组织?解决完这些小问题之后,再和以色列讨论和平问题已经变得很容易了,以色列最终同意和巴勒斯坦解放组织举行和平会谈。

在这两个经典的谈判案例中,我们发现了一个谈判技巧:当谈判双方陷入僵局时,恰逢时机地转换话题是打破僵局的关键。从心理角度看,因为此时双方的心情都是压抑的,如果我们再纠结在原本无法解决的问题上,那么势必会使气氛更加沉重,从而不利于谈判的进行;而如果我们能转化换话题,则能转移对方的注意力,从而缓和气氛,进入再度谈判的过程。

那么,谈判中,我们该如何转移话题呢?对此,我们需要注意以下几个方面:

(1)千万不要混淆僵局和死胡同。所谓僵局,就是指谈判双方就某一个

问题产生巨大分歧，而且这种分歧已经影响到谈判的进展了；所谓死胡同，就是指双方在谈判过程中产生了巨大分歧，以至于双方都感觉似乎没有必要再继续谈下去了。谈判过程中很少会出现死胡同，所以当你以为自己进入死胡同时，你很可能是遇到了僵局。

(2)先在小问题上赢得对方的共识。你可能会问："如果我们不能在价格和付款方式等重要问题上达成共识，为什么还要浪费时间讨论那些微不足道的问题呢？"可优秀的谈判高手非常清楚，一旦双方在那些看似微不足道的小问题上达成共识，对方就会变得更加容易被说服。"我们先把这个问题放一放，讨论其他问题，可以吗？""我知道这对你很重要，但我们不妨把这个问题先放一放，讨论一些其他问题。比如说，我们可以讨论一下这项工作的细节问题，你们希望我们使用工会员工吗？关于付款，你有什么建议？"

这样，你可以首先解决谈判中的许多小问题，并在最终讨论真正的重要问题之前为谈判积聚足够的能量。

(3)首先通过解决一些小问题为双方创造契机，但千万不要把谈判的焦点集中到一个问题上。

以情动人，让对方感同身受而妥协

有人说，谈判桌上永远是虚虚实实、真真假假，信息的掌握也各有不同，无论是谈判的哪一方，都希望买方用尽各种办法让你相信他们比你更有优势。最常使用并且效果最佳的方法就是给对方施加压力，比如，他们会拿竞争对手来压你，他们会在谈判前对竞争者进行充分的调查，谈判时突然拿出数十份数据资料使你信以为真并让你接受谈判条件。

但事实上，无论是何种谈判，"用刑"不如"用情"。用点情说话，会更容易打动对方，让对方臣服于我们的真情实意，谈判自然会有利于我们。因为人都是有感情的，谈判中也会"感情用事"，即使谈判涉及利益问题，对方也

可能会因为“情”作出“有失偏颇”的决定。

那么,我们该怎样用“情”说话,以此来掌控谈判对方的心理呢?

1.考虑对方的利益,从对方的角度说话

事实上,谈判双方在沟通的过程中都有各自的立场,若别人说话的立场和自己的不同,自然就会产生抗拒心理。聪明的谈判者应该学会和客户站在同一个立场,并从对方的角度出发来思考问题。

我们来看看下面的谈判案例:

某客户准备为自己的饭店购进一些桌椅,于是,他和家具公司的代表谈判。

客户:“我觉得那套棕色木质家具看起来比较大方,而且我一直比较喜欢木质的东西……”

销售方:“请问您的饭店大厅有多少平方米?”

客户:“我的饭店有100平方米,买20套这样的桌椅应该放得下。”

销售方:“您看一下这套家具的宽度,放在100平方米的饭店大厅里会不会显得剩余空间太狭窄了,其实主要是我们这个展厅比较大,很多人一进来就相中了这套家具,实际上那套小巧玲珑的家具更适合现代餐厅的布局,而且价格也比刚才那套实惠很多。”

客户:“你说的对,我还是买小巧玲珑的那套吧。”

作为销售方的谈判代表,并没有为利欲熏心,而是从客户的实际情况出发,及时提醒了客户:购买贵一点的那套木质家具是不适合的。谈判者这样说,会让客户从心里感激他,并觉得他是一个具备高品质的人,自然毫不犹豫地达成了谈判的目的。的确,伟大的销售员总会在第一时间考虑客户的要求,一旦你掌握了这种方法,你的工作就能够顺利地开展下去,并且你做成的不只是一笔生意,还赢得了一名忠实的客户。忠实客户给你带来的利益是不可估量的。

2.让信息流动起来

麦肯锡的一条著名原则是“让信息流动起来”,谈判中沟通的重要性从

中可见一斑。有人说，谈判中谁掌握的信息多，谁就掌握了谈判的主动权。此话不假，但实际上，如果我们能和对方多沟通，让信息流动起来，那么，便会减少很多不必要的误解。

一位知名的谈判专家分享他成功的谈判经验时说道："我在各个国际商谈场合中，时常会以'我觉得'（说出自己的感受）、'我希望'（说出自己的要求或期望）为开端，结果常会令人极为满意。"

其实，这种行为就是直言不讳地告诉对方我们的要求与感受，若能有效地直接告诉你所要表达的对象，将会显示出我们的真诚，用真诚换真诚，这是最佳的谈判结果。但我们同时要切记"三不谈"：时间不恰当不谈；气氛不恰当不谈；对象不恰当不谈。

3.说话要有耐心

无论多么简单的交易，我们都要充满耐心，即使是一个很小的环节。人们经常因为没有花时间系统地质疑自己的先入之见，或者考虑清楚交易的原因，而身陷糟糕的交易中。心理学家把这种急切的心态称为"确认陷阱"——他们没有去寻找支持自己想法的证据，同时又忽视了那些能证明相反意见的证据。

而从谈判对方的角度看，我们在谈判中，说话越是有耐心，他们越是能感受到我们的素质和修养，也自然愿意与我们合作。

4.多询问对方的意见和想法

询问与倾听的行为，是用来控制自己，让自己不要为了维护权利而侵犯他人。尤其是在对方行为退缩，默不作声或欲言又止的时候，可用询问行为引出对方真正的想法，了解对方的立场以及对方的需求、愿望、意见与感受，并且运用积极倾听的方式，来诱导对方发表意见，进而对自己产生好感。一位优秀的谈判高手，绝对善于询问以及积极倾听他人的意见与感受。

总之，谈判中，用"情"说话，让对方心服口服，比用尽心机让对方屈服的效果要好得多！这也是我们要掌握的重要的谈判策略之一！

话语中示弱，让对方放松警惕

同情弱者是人性天生的弱点，再铁石心肠的人，内心也有颗同情的种子。现代社会，无处不存在谈判。谈判过程中，我们也可以抓住人们这一共性心理，在言语上适当示弱，在对方放松警惕心理时，再提出我们的要求，达到谈判目的也就容易得多。

当然，现代社会，与人谈判，并不是凡事都要摆出一副可怜兮兮的样子，流下几滴泪。而是当我们谈判时，应该调动听者的同情心，使对方首先从感情上与你靠近，产生共鸣。这就为你问题的解决与事情的解决打下了基础。人心都是肉长的，只要我们适度示弱，对方是会动心的。

那么，谈判中，我们该怎样用语言示弱，从而操控对方的同情心呢？

1.扬人之长，揭己所短

这一心理策略的目的是使交易重心不偏不倚，或使对方获得一种心理上的满足，从而达到目的。

有个人非常善于做皮鞋的生意，在相同的时间里别人卖一双，他却可以卖几双。一次别人问他生意有何诀窍，他笑了笑说："要善于示弱。"

他举例说："有些顾客到你这里来买鞋子，总是东挑西拣到处找漏洞，把你的皮鞋说得一无是处。顾客总是头头是道地告诉你哪种皮鞋最好，价格又适中，式样与做工又如何精致，好像他们是这方面的专家。这时，你若与之争论毫无用处，他们这样评论只不过是想以较低的价格把皮鞋买到手。这时，你要学会示弱，比如，你可以恭维对方确实眼光独特，很会选鞋挑鞋，自己的皮鞋确实有不足之处，如式样并不时尚，不过较稳罢了，鞋底不是牛筋底，不能踩出笃笃的响声，不过，柔软也有柔软的好处。你在表示不足的同时也借此机会从侧面赞扬一番鞋子的优点，也许这正是他们看中的地方，促使他们动心。顾客花这么大心思不正是表明他们其实是很喜欢这种鞋子

的吗？善于示弱，既满足了对方的挑剔心理，又使生意很快做成。”这就是他卖鞋的妙招。

这里，这位商人之所以生意兴隆，主要是因为他抓住了客户爱挑剔的心理，懂得示弱。客户挑剔鞋子，实际上是满意鞋子存在的某些优点，如果我们面对客户的挑剔采取反驳的态度以证明产品的可靠性，此时，我们或许保住了产品的名誉，但却失去了一个客户。

同样，在谈判中，如果我们死守自己的立场，不肯示弱的话，估计面临的不是谈判的僵局就是以失败告终。

2.硬话软说，不卑不亢

其实，我们所说的示弱并不是真的在示弱，也并不是非得流眼泪才能博取对方的同情，只不过是一种说话的技巧，以达到你的谈判目的。在生活中，我们常常会听老人们这样说：“软刀子更扎人！”也就是说，在谈判过程中，我们要硬化软说，同时，我们的态度要不卑不亢。

有位教师，教学科研成绩突出，各项条件具备，但职称总评不上，原因是他与校领导关系不好。此君上告到上级主管领导处，虽然竭尽所能博取领导对自己处境的同情，但仍收效不大，这位领导听后反而推辞说：“评不上是你学校的问题，学校不上报，我又有什么办法？”此君早有心理准备，于是立刻说：“如果学校能解决，我就不会来麻烦您了。我是逐级按程序反映。您是上级领导，而且又主管这方面的工作，您是有权过问的。如果您不及时处理，当出现更大的麻烦时就为时已晚。我想，只要您肯过问，您的意见他们会听的。”这番话很奏效，这位领导很快改变了态度，事情最终得以解决。

与其说是这位教师在求上级办事，不如说是在和上级谈判，他这一番话的言外之意是：“处理此事是您的责任，如果您不过问就是失职，那么，我还会向更高的上级领导反映，那时，您可就被动了。”虽然是示弱，但却显得不卑不亢，让对方不得不处理此事。

总之，谈判中，我们说话不可太强硬，要想让谈判结果朝着我们希望的

方向发展,就需要学会适当示弱,激发起对方的同情心,令其放松警惕的心理,此时,我们就掌握了谈判的主动权,谈判结果不言而喻。

让对方不觉吃亏又能索取到利益的说话术

一般情况下,在谈判时,我们知道双方都会竭尽全力维护自己的谈判立场。通常的谈判也最容易把谈判的焦点集中在利益上。

实际上,一个谈判高手不打这种耗费精力的持久战,他们多半会另选说话的角度,抓住对方的心理,说出能让对方心甘情愿让步的话,进而在不动声色中索取我们要获得的利益。

那么,谈判中,我们该怎样运用这一心理策略呢?

1.赞美法,满足人们的自尊心和荣誉感

人,总是希望得到他人的赞美。无论是牙牙学语的孩子,还是白发苍苍的老人,都会希望获得来自社会或他人的恰当赞美,从而让自己的自尊心和荣誉感获得满足。尽管我们都是抱着要赢取最大利益的心态谈判的,但在赞美面前,每个人都愿意为了愉悦自己的耳朵而放弃一些利益。

1671年5月,伦敦发生了一起令人震惊的盗窃案。一伙盗贼潜入伦敦市郊的马丁塔,想盗走英国的镇国之宝——英国国王的皇冠。然而,这群盗贼技艺不够高超,被守塔的卫队擒住了。事后查明,这伙盗贼一共有五个人,是集团作案,为首的是一个叫布雷特的家伙。此人能言善辩,机警诡诈。

英国国王查理二世听说有人去盗他的皇冠,非常震惊,于是亲自审问这个胆大妄为的狂妄之徒。

盗贼头目布雷特被押到了国王面前,查理二世看着这个其貌不扬的家伙,实在看不出他有什么特别之处。于是问道:“听说你还有男爵的头衔?”

“是的,陛下。”布雷特老实地回答。

“我还听说你这个头衔是因诱杀了一个叫艾默斯的人而得来的？”

“陛下，我只是想看看他是否配得上您赐予他的那个高位，如果他轻而易举地就被我拿下，陛下就能挑选一个更适合的人来接替他的位置。”

查理二世沉思了片刻，觉得布雷特不仅胆大包天，而且口齿伶俐。于是又厉声问道：“你的胆子可真不小啊，居然敢来偷我的王冠？”

“陛下，我知道我的行为有点狂妄，不过我只是想借此来提醒您关心一下我这个生活没有依靠的老兵。”

“什么？可是你并非我的部下啊！”查理二世惊奇地问道。

“陛下，我从来都不曾与您为敌。现在天下太平，所有的臣民不都是您的部下吗？我当然也不例外。”

查理二世感到此人更像个无赖，就直接问道：“那你说吧，我该怎么处置你？”

“从法律的角度来看，我应该被处死。但是，我们五个人死后，每一位至少会有两位亲属为之落泪。而从陛下您的角度来看，多十个人的赞美，总比多十个人的眼泪要好得多，您说对吗陛下？”查理二世没想到他会这样回答，接着又问：“那么你觉得自己是勇士还是懦夫？”

“陛下，我现在连个安身的地方都没有，到处都有人抓我。直到去年我在家乡搞了一次假出殡，让一些人认为我死掉了，才不再被人抓。这显然不是一个勇士的所为。因此，尽管在别人面前我是个勇士，但在陛下的权威面前，我是个懦夫。”

查理二世听到布雷特强词夺理的辩解，居然大悦，最终不仅赦免了他，而且还给了他不少的赏金。

这个叫布雷特的盗贼，被国王查理二世抓到后，之所以没被处罚，反而赢得了不少的赏金，就是因为他懂得满足国王的虚荣心，对其进行了一番巧妙的赞美。而从局外人的角度看，在这场交涉中，很明显，查理二世吃了亏，布雷特占尽了便宜。但国王却心甘情愿赦免布雷特并赏赐他，也就是这个原因。由此可见，谈判双方之间并不需要立场分明、不苟言笑的交涉，有时

候懂得赞美对方，维护和提高对方的地位，不仅可以有效地缓解与对方的关系，还能让对方主动让出利益。

2.制造竞争原则

制造竞争是谈判中的一条原则。谈判中无竞争，只有一个买家，或者只有一个卖家，这是很危险的，再加上时间的限制，谈判就不容易取得成功。假如想引导整个谈判向你希望的方向发展，希望对方作出一些让步的话，那么最好引入一些竞争，为自己创造选择的机会。

(1)作为卖主，为你的产品制造竞争，让买主互相竞争。

(2)作为买主，为你所买的商品制造竞争，让卖主互相竞争。

3.用语言制造公平、客观的成交标准

在谈判中，为避免一些不公平现象的存在，一般都有可遵循的客观标准，比如，市场价值、科学的计算、行业标准、成本、有效性、对等原则、相互原则等。客观标准的选取要独立于双方的意愿，公平和合法，并且在理论和实践中均是可行的。通常来说，对方为避免吃亏，一般会问："您提出这个方案的理论依据是什么？为什么是这个价格？您是如何算出这个价格的？"

此时，我们就需要充分发挥自己的语言天赋了，要善于阐述自己的理由，一定要用严密的逻辑推理来说服对手。比如，我们可以这样说："实际上，我们附赠的长期的售后服务是其他公司所没有的。您可以想象一下，如果我们去维修公司请求维修的话，费用远不止这个差价吧！"

当然，这里说的用语言制造客观标准，并不是说要我们欺骗对手，而是用语言说服对方，以此达到一种价值上的认同。

总之，谈判，并不需要我们与对手死缠烂打，只要我们懂得从对方的心理角度出发，用语言来操控对方的心理，让其觉得凭借现在的成交条件不吃亏，那么，我们是可以成功索取利益的！

适时的沉默让对方不知所措

任何谈判都要注意实效，要在有限的时间内解决各自的问题，有些谈判者口若悬河、妙语连珠，总能在谈判的过程中以绝对优势压倒对方，但谈判结束后却发现并没有得到多少，交易结果令人失望，与谈判中气势如虹的表现不相匹配，可见，在谈判中多说无益。而实际上，如果我们懂得适时沉默，可能会收到不同的谈判成效。这也就是人们常说的“沉默谈判法”。所谓沉默谈判法，是以沉默的方式来使谈判气氛降温，从而达到向对方施加心理压力的目的。注意这里所讲的沉默并非一言不发，而是指本方尽量避免对谈判的实质问题发表议论。

一位著名的谈判专家代理他的邻居与保险公司交涉一项赔偿事宜。谈判在专家的客厅进行。保险公司的理赔员首先发表意见：“先生，我知道您是交涉专家，一向都是针对巨额款项谈判，恐怕我无法承受您的要价，我们公司如果只付 100 美元的赔偿金，您觉得如何？”

谈判专家表情严肃地沉默着，根据以往的经验，不论对方提出的条件如何，都应表示出不满意，此时，他的沉默派上了用场。因为以他的经验得知，当对方提出第一个条件之后，总暗示着可以提出第二个、第三个。

理赔员果然沉不住气了，于是说：“抱歉，请勿介意我刚才的提议，再加一些，200 美元如何？”

又是一阵长久的沉默，终于，谈判专家开口了：“抱歉，这个价钱令人无法接受。”

理赔员继续说：“好吧，那么 300 美元如何？”谈判专家沉思良久，说道：“300 美元？我不知道。”理赔员显得有点慌乱了，他说：“好吧，400 美元。”又踌躇了一阵子，谈判专家才缓缓地说道：“400 美元？喔，我不知道。”“就 500 美元吧！”理赔员痛心疾首地说。就这样，谈判专家只是保持着他良久的沉

默，重复着他痛苦的表情，重复着那句老话。最后，谈判在950美元的条件下达成协议，而他的邻居预计的赔偿金是300美元。

这位谈判专家之所以能为他的邻居多索取650美元的赔偿，就是因为他的沉默，起到了以静制动的效果，打乱了原有的谈判秩序，造成了理赔员心理的失衡。

老子所著的《道德经》中有这样一句话："虚而不屈，动而愈出。"要求人们"抱朴守静"，以观其动，强调"知其雄，守其雌，为天下荣"，"知其白，守其黑，为天下式。"意思是说，人能把激烈的情绪平息下去，以一种清静无为的心理状态，敏锐地观测事物的运动变化，才能抓住突破口，迅速攻击，克敌制胜。这句话同样适用于谈判。而事实上，很多缺乏经验的谈判者的最大弱点是不能耐心地听对方发言，他们认为自己的任务就是谈自己的情况，说自己想说的话和反驳对方的意见。因此，在谈判中，他们总在想下面该说的话，不注意听对方发言，许多宝贵信息就这样失去了。

一位印刷商得知另一家公司要购买他的一台旧印刷机，他感到十分高兴。经过反复核算，他决定以250万美元的售价出售这台机器，并准备了充足的说服对手的理由。谈判那天，双方坐在谈判桌前，印刷商一再叮咛自己，要沉住气。果然，买主首先沉不住气了，他滔滔不绝地对机器进行挑剔。然而，面对买主的一再压价印刷商一言不发，只是报以微笑，使得买主误认为印刷商已经找到了新的顾客。于是，他按捺不住了，心理上败下阵来，咬着牙说道："这样吧，我出350万美元，除此之外，一个子儿也不能多给了。"

350万美元比印刷商原来的估价要高出许多，这是他始料不及的，于是印刷商欣喜万分，爽快地拍板成交。

从这个谈判案例中，我们发现，沉默不仅能够迫使对方作出让步，还能最大限度地掩饰自己的底牌。所以，谈判中，在你没弄清对方的意图之前不要轻易表态。在正常的谈判中，对于同一个问题一般总会有两种解决方案，即你的方案和对方的方案，你的方案是已知的，如果你不清楚对方的方案，则在提出本方的报价后，务必要设法了解到对方的方案后再作出进一步的

行动。

那么，我们该怎样运用沉默这一心理策略谈判呢？

(1)当我们谈判遇到关键问题急于要求对方表态时，如果我们反其道而行之，一言不发或者避而不谈，以此激怒对方，扰乱对方的心理，迫使对方说出自己的真实意图，然后迅速出击，我们便能达到改变对方谈判态度的目的。

(2)当对方处于优势，我们处于劣势时，应采取以退为进的方法，静观其变，然后，再寻求突破。

另外，我们用沉默法时还要注意以下两点：

(1)要有恰当的沉默理由。通常人们采用的理由有：假装对某项技术问题不理解；假装不理解对方对某个问题的陈述；假装对对方的某个礼仪失误表示十分不满。

(2)要沉默有度，适时进行反击，迫使对方作出让步。

总之，我们在谈判中，不要误以为滔滔不绝才能显示我们的语言水平，适时地保持沉默，引而下发，可以以一种特殊的心理状态，攻破对手的心理防线，故而成功地达到谈判的目的。

表现自己的强硬态度，让对方甘心屈服

我们深知，谈判过程中有一项重要的心理策略，那就是以情动人，也即怀柔政策——谈判者可以用温柔的情意去化解对方冰冷的心，用甜蜜的语言去消解对方的怒气。而实际上，与之相对的是，还存在一种心理策略——高压政策，也就是要求我们在谈判的时候，说些“硬”话，给对手施加心理压力，从而影响谈判对手的心理状态和立场观点，达到有时用武力也不能解决问题的目的。

1951 年 5 月，联邦德国的著名外交家威廉·格雷韦率领代表团在彼德

斯贝格山上，同英、法、美三大国的代表，进行废除占领法规的谈判。盟国方面虽然想改善同德国的关系，但此时他们还不准备真正地放弃占领法规。他们想得更多的是同德国方面只限于达成不涉及盟国主宰权本身的契约性协议，这些协议的对象只是盟国如何行使这种主宰权，继续保留占领国的“最高权力”这个基本想法仍贯穿于三大国的谈判态度之中。与此相应的是，三大国于1951年2月27日就向联邦政府递交了一份供讨论的单子，共有39个题目。

从1951年5月到8月进行了第一轮会谈，目标很明确，仅仅是：听取德国方面对这些问题的表态，并通过提问使德国的立场具体化。8月3日，会谈应以达成发表一项公报的协议而告终。可是摆在桌子上的草案中却只字未提已经商谈过的关于废除占领制度的问题。格雷韦觉得他不能拿着这么一份公报离开彼德斯贝格山。但是，经过较长时间的周旋，对方丝毫没有作出让步。于是，格雷韦宣布，在这种情况下，会谈不能在当天结束，因为他得到的指示不允许他签署这么一份文件。他的这一策略起到了意想不到的作用。根据日程安排，延长这轮会谈是极其不受欢迎的。然而如果以不发表公报而散场，则更不受欢迎了，这将无法掩盖冲突是什么。

这个时候公开地讨论三大国极其不得人心的立场，是对他们很不利的。所以，三大国不得不暂时休会进行内部协商，然后又继续会谈。最后，会谈取得了突破，三大国愿意寻找联邦共和国和盟国关系的“新基础”。格雷韦取得了胜利，他满意地驱车返回波恩。

在这次谈判过程中，面临实力强大的谈判对手，格雷韦宣布会谈不能在当天结束，因为他得到的指示不允许他签署这么一份文件。而实际上，对于谈判对手来说，这是不妥的，于是，其他三国只好商议并作出让步。最终，格雷韦化不利为有利，转败为胜，取得了谈判的胜利。

那么，在谈判桌上，该怎样运用高压政策，把话说“硬”呢？这里，要有一定的原则规范：

（1）削弱对方的原则。要达到这个目的必须操纵对方，使己方变劣势为

优势。

(2)经常抵抗或反对对方的原则。这是在不使谈判破裂的情况之下，通过对对方吹毛求疵或反对对方的意见，给对方施加压力，迫使对方降低期望，以达到使对方作出让步的目的。

客户："请问我买的房子，大概什么时候可以收楼呀？"

销售员："一般情况下，是签完合同，收到首期房款三个月之后。"

客户："要这么长时间呀，一个月时间行不行呢？"

销售员："如果要求一个月时间收楼的话，装修人员就要赶工。您都知道慢工出细活，赶工的时候，容易忙中出错，最后影响您房子的装修质量，那就划不来了。"

客户："噢，是这样呀。那就按正常时间收楼吧。"

案例中的销售员运用的计策就是让客户晓以利害，给对方施加了心理压力，在权衡之后，客户接受销售员提出的"不"，并同意按时收楼。

(3)创造一种竞争的姿态。比如，"这种订单我们已经接到好几份了，他们都希望和我们合作。"这种说辞通常就是向对方施加压力的有力措施。

总之，一名谈判高手，尤其在快达成协议时，不应该一味地迁就对方，使自己处于一种心理上的弱势地位。而应适时说些"硬"话，使对手心弱屈服，从而控制局面，使局面对自己有利。

掌握谈判技巧，让对方干着急

无论是商业还是政治或者是其他活动，都离不开谈判，通过谈判而达成一致意见，签订协议并通过认真履行使双方获益。而谈判行为是一项很复杂的交际行为，它伴随着谈判者的言语行动、行为互动和心理互动等多方面的、多维度的错综交往。谈判过程中，能否成功识别出对方的现实动机和长远目的、对方派出人员的权限乃至其心理状态、个性特征等，在很大程度上

影响着谈判的成败与否。

美国谈判学会主席、谈判专家尼尔伦伯格说，谈判是一个“合作的利己主义”的过程。寻求合作的双方必须按一个互相均能接受的规则行事，这就要求谈判者应以一个真实身份出现在谈判行为的第一环节中，以赢得对方的依赖，继而把谈判活动完成。但是由于谈判行为本身所具有的利己性、复杂性，加之游戏所允许的手段性，谈判者又很可能以假身份掩护自己、迷惑对手，从而取得胜利，这就使得本来很复杂的行为变得更加真真假假，真假相参，难以识别。同时，谈判中，对方说的每一句话对于我们来说，都有可能是一个“套儿”。从这个角度看，我们只有懂得从对方的心理角度出发，在陷阱面前懂得迂回说话，才能操纵对方的心理，反败为胜，取得谈判的主动权。

在美国某乡镇有一个由 12 个农夫组成的陪审团。有一次，在审理了一项案件之后，陪审团中的 11 个人认为被告有罪，另一个人则认为被告不应该判罪。由于陪审团的判决只有在其所有成员一致通过的情况下才能成立，于是这 11 个农夫花了一整天的时间，想说服那位与众不同的农夫改变初衷。此时，天空中忽然乌云密布，眼看一场大雨就要来临，那 11 个农夫都急着在大雨来临之前赶回去，把放在屋外的干草收回家，可是，这时候另外那个农夫却不为所动，坚持己见，11 个农夫急得像热锅上的蚂蚁。此时他们的立场开始动摇了，最后，随着“轰隆”一声雷鸣，这 11 个农夫再也无法等下去了，他们转而一致投票赞成另一个农夫的意见：宣布被告无罪。

在这一谈判案例中，这位最终取胜的农夫在面对强大的谈判阵容时并没有轻易就范，而是利用了其他农夫都急于结束谈判的心理，同对手们展开了心理攻势，让对手急得像热锅上的蚂蚁，最终，在忍无可忍的情况下，这群农夫放弃了自己的立场：宣布被告无罪。

可见，我们在谈判中处于劣势时，要沉着镇静，根据不同的情况调整不同的反击策略，我们没有说话时不要撞在对方的枪口上，而应该运用迂回的语言，保护自己的利益，取得谈判的胜利。

一场谈判如同一次战斗，要了解那么多的材料，并进行综合、分析、推

理、决策，我们没有未卜先知的能力，一不小心就会陷入对方设置的陷阱中。为此，懂得掌握对方的心理，巧妙反击就很重要。

一般来说，如果我们了解到了对方的心理优势或者心计后，就要避其锋芒，当对方发现自己的优势没有起到作用后，就会很焦急，此时，谈判的主动权就会转移到我们手里。那么，我们该怎样说话才能让对方产生焦急的心理呢?

1.拖延术

在上述谈判实例中，那位坚持己见的农夫用的就是一种“拖延”术，同他的对手们展开了心理攻势，从而赢得了这场看似无望的判决的胜利。因为谈判结束的时间被称为“死线”，在一般情况下，谈判者都要保密自己的最后期限和“死线”，因此在谈判中，往往会出现这种情况，双方都希望摸到对方在谈判中的“死线”，以争取主动；与此同时，也都对“死线”严格保密。

在针对谈判的“死线”的时候，谈判者常常采用欲擒故纵的拖延技巧，但在运用这种技巧时需要注意以下几点：

(1)每一次“拖延”不能拖死对方，要给对方一个回旋的余地。例如，在改变与对方的谈判日程时可说，“因为还有别的重要会见。”在神秘中仍给对方一个延后的机会，待对方得到这个机会时，会增加一种珍惜感。

(2)在拖延的时候，要确定自己手中有几个有利的条件以便重新把对方吸引回来，不能使自己的地位僵化，否则，一“拖”即逝，便无力再拉回对方。

(3)在采取拖延技巧的时候，一定要注意自己的言论，说话要委婉，避免从情感上伤害对方造成矛盾焦点的转移。

2.补救术

这种说话策略是用来补救我们已经陷入对方陷阱的措施。比如对方诱导你认可了他们的报价，你失口承诺认可了对方的报价，如果发觉得及时，可马上纠正——“当然，这个价格尚未计入关税税额”，如果发觉得较迟，你可通过助手补充纠正，“请注意，刚才张先生所允诺的价格，是以去年底的不变价计算的，因此，还需要把今年头八个月的涨价比率加上去。”当对方听到

你已经巧妙绕开了陷阱后,会大乱方寸,这时,便是我们展开进攻的时机了。

总之,谈判是富有竞争性的合作,虽然不是战争,拼个你死我活,但是谈判也绝不是找朋友,推心置腹,谈判虽然是遵循互利互惠的原则,但双方皆赢的利益结果很难对等。在这种双方都希望争取最大利益的心理游戏中,就允许双方施展谋略,寻获更多利益,这是规则。在谈判中声东击西,迂回地说话也是自我保护、扰乱对方方寸的心理战术,更是谈判高手惯用的技巧!

适时把话说绝,不给对方留退路

生活中,谈判无处不在。谈判不是那些外表风光的外交官的专利,它一直都是人们日常生活中不可或缺的组成部分。谈判是我们获得权力和利益的重要手段。谈判中,最重要的莫过于取得谈判的主动权,而要做到这一点,我们就需要掌握对手的心理。通常情况下,人们在没有退路的情况下,都会退而求其次,接受人们的建议。古语有云:“不到黄河心不死”说的就是这个意思。从这一点看,我们在与对手交涉的过程中,就可以虚张声势,适时把话说绝,让对手觉得无路可退,从而令其就范。

若干年前,意大利米兰足球俱乐部的一位著名球星想要得到更高的年度合同酬金,接连几个赛季,他都试着亲自去谈判,但都未能达成满意的协议。这名运动员虽然也颇富有,而且非常聪明,但他却很怕羞。他承认,自己斗不过那个不讲情面的总经理,因为那个总经理手中握有一张王牌:在与球星签订的合同中,有一项是运动员不能跳槽的保留条款。怎样才能使态度强硬的总经理接受自己的要求呢?经过苦苦思索,球星想出了一个绝招。那项保留条款是他不能加薪也不能跳槽的主要障碍,但是这个条款并不能阻止他退出体育界,因此他决定以退出体育圈加入影视界为筹码,向总经理施加压力。

这名运动员虽然腼腆，外形却颇占优势，何况又大名鼎鼎，许多人正巴不得在荧屏上一睹其风采。于是，他开始同一个独资的制片商接洽，并草拟了一份为期5年的合同，同时把这一切都告知了新闻界。大众传媒对此进行了大肆渲染。

这样一来，那个总经理受到了巨大压力，因为如果这名球星挂靴而去，球迷们定会不依不饶，没准闹个天翻地覆，他的生意也只好告吹。不得已，他最终满足了球星的加薪要求。

这位球星要求提高合同酬金上的做法是明智的。面对不讲情面的总经理，他只得采取这一策略，也就是钻了合同的空子，合同并没有规定他不能退出体育界，而这正是制约总经理的因素。于是，他对新闻界宣布了自己的虚假意图，很明显，这一说法果然对总经理起到了作用，最终只好满足了球星的加薪要求。

谈判过程中，只要我们能抓住对方的心理，根据对方不同的利益需求，适时说出让对方毫无对策的话，我们势必会掌握谈判的主动权。具体来说，我们可以根据对方不同的心理，采取不同的对策：

1.出其不意，让对方迅速作出回应

某国的一家实业公司获得了一个有二等汽车出卖的信息。

几天之后，该公司董事长的办公桌上出现了一份报告，这份报告的内容是：在南美的智利，一家铜矿公司最近倒闭。矿主在事前订购了美国道奇、西德奔驰等各种型号大吨位载重货车、翻斗车共计1500辆，全部是新车。为了偿还债务，矿主决定将这批新车折价拍卖。看了这份报告，董事长眼前一亮，1500辆折价拍卖的新车，是多么具有诱惑力呀！

但在该公司获得这一信息的时候，在香港、在智利的邻近，甚至在全世界，这已经不是一个秘密了。此时，时间就是金钱，于是，他果断地授权采购人员说："只要质量好，价钱便宜，你们说了算。"

该公司的采购小组立即飞往智利，同行的还有汽车方面的技术专家。他们对这批共1500辆的崭新的各种载重汽车，一辆一辆地进行技术检验，

现场验货。最后结果表明,它们的质量是令人满意的。

随后,双方开始坐下来谈判,经过一番紧张的讨价还价之后,这批载重7~30吨的汽车,矿主同意以低于原价 38%的低价出售给该公司,仅此一项,该公司就节约了外汇 2500 万美元。

谈判获得了空前的成功。从发现这个信息到成交这笔生意,仅仅花了 3 个月的时间。

可以说,这家公司的董事长打出了一场迅雷不及掩耳的闪电战。此笔生意之所以能够迅速地成交,在于谈判对手也有迅速签约的打算。矿主急于尽快偿还债务,达成交易的心情迫切,“只要质量好,价钱便宜,你们说了算。”这样一句果断的话自然让谈判对方也作出果断的回应。如果没有这一客观条件,单方面讲求迅速往往导致“欲速则不达”的结果。在多角竞争或有多角竞争的潜在威胁的时候,速度具有决定性的意义。拖拖拉拉,贻误战机,只会让你的对手捷足先登。

2.下最后通牒

美国的一家航空公司要在纽约建立一座规模庞大的航空站,他们找到实力强大的爱迪生电力公司,希望该公司能在电价方面给予优惠。由于是航空公司有求于电力公司,于是电力公司自以为掌握了谈判的主动权,奇货可居, 所以态度非常强硬,他们推说如果给航空公司提供优惠电价,公共服务委员会将不予以批准,所以他们不敢擅自作出降低电价的决定。

面对谈判中出现的这一难题,航空公司马上作出相应的反击,他们声称,如果电力公司不提供优惠电价,他们只得停止谈判,立即抽调一部分资金,自己建厂发电,这就意味着电力公司将失去一个最大的用户,其经济损失将是不可估量的。

航空公司此言一出,电力公司便慌了神,他们马上改变了原来的傲慢态度,找到公共服务委员会,请求委员会从中说情,表示愿意给予航空公司最大的优惠价格。于是两家公司顺利地达成了协议。

航空公司在这次谈判中之所以能以优惠价格达成协议,就是因为他们

抓住了电力公司害怕失去这单生意的心态，然后对其下出了最后通牒，权衡之下，纵使无奈，电力公司也只好答应航空公司的条件。

所谓最后通牒策略，是指当谈判双方因某些问题纠缠不清时，其中处于有利地位的一方向对方提出最后交易条件，要么对方接受本方交易条件，要么本方退出谈判，以此迫使对方让步的谈判策略。当然，高明的谈判者要想成功地运用这一谈判技巧，必须具备两个方面的条件：

(1)最后通牒必须使对方无法反击。如果对手能够进行有力的反击，就不能称其为最后通牒。作为一个成功的谈判者，必须有理由确信对方会按照自己预期的结果那样去做。

(2)最后通牒必须使对方无法拒绝。在对手走投无路的前提下，想抽身但又为时已晚的时候，你可以发出最后通牒，因为对手已耗费了许多的时间、金钱和精力，他已经没有了选择的余地。

男女沟通说到甜处——让对方身心愉悦的说话策略

“金风玉露一相逢，便胜却人间无数。”这句话的含义是，有情人哪怕短暂的相聚，便会陶醉在一刻千金的巨大幸福之中，这是恋爱中的人的共同体会。而实际上，有情人要成眷属并享受到爱情的甜蜜，有“一点”是绝不可少的。这“一点”便是言语。因为，首先，爱是需要表达和传递的。如果没有言语，是很难达到这种体味柔情蜜意的巅峰的。实际上，爱恋，只有通过言语作为媒介，才能将两颗燃烧的心融为一体。也只有通过言语，才能使爱情迸射出耀眼的光彩。然而，言语要如春风，吹拂悸动的心灵，要如细雨，滋润干渴的心田，才能使爱情之花开得鲜艳夺目，芬芳四溢。

用一些意外的言辞打开对方的心门

男女之间谈情说爱，重在一个“谈”字，谈得好就有走到一个屋檐下，同吃一锅饭的可能；谈得不好，必然分道扬镳，甚至反目成仇。可见，如何说话，说什么话，在恋爱伊始，有着举足轻重的地位。毕竟爱情是心与心的相撞，情与情的交流，如要对接得好，必须借助语言这门艺术的工具。在青年群体中，“沉默寡言”、“老实忠厚”、过于拘谨，绝不是心目中的理想对象。你若能落落大方，谈吐自如，就有可能赢得好感，沟通对方情思的脉搏，开启对方情感的心扉。

恋爱双方，欲要谈吐入机、渐入佳境，达到两情依依的目的，了解对方的心理是必要的。俄国作家契诃夫有句妙言：“18 岁的姑娘要你的一切，但什么都不愿意给你；30 岁的姑娘什么都愿意给你，但只要你的一片真情。”这就是说，随着时间、条件的变化，人的心理、情感也会变化。而对于那些初识的恋爱对象之间，我们只有说出特别的话，给对方留下特别的印象，我们才能迅速打开对方的心扉。

李德全就是因为有随机应变的口才而被冯玉祥将军看中的。当年，冯玉祥采取口试、对话的方式择偶。他先问对方：“你为什么要同我结婚？”有的姑娘羞涩地说：“因为你官儿大，和你结婚就是官太太。”有的女子钦羡地回答：“你是英雄，我爱慕英雄。”对于这些回答，冯玉祥都不满意。后来，遇到了皮肤黝黑、相貌平平而又不修边幅的女性李德全，她的回答不同凡响：“上帝怕你办坏事，派我来监督你！”幽默中显示出了她的才智，出众的口才令冯玉祥十分佩服。他们一拍即合，结下了百年之好。

一句“上帝怕你办坏事，派我来监督你！”果然与众不同，这句特别的情话让冯玉祥眼前一亮，他们一拍即合自然是情理之中的事。的确，人们愿意挺特别的情话，是因为它显得真实，而非流于言表的奉承之词。可见，我们

在说话的时候，要根据交往对象的具体情况而定，从其心理出发，说出特别的话，也就容易得多。

那么，我们该怎样说话，才能显得特别而打动对方的心呢？对此，我们可以采取以下步骤：

1.谈吐大方，适当寒暄以消除双方的陌生感

第一次见面，男女双方总会有一些羞涩之感，但不要羞羞答答，遮遮掩掩，也不要惜字如金，嗫嗫嚅嚅，而要主动启口，坦率大方。

初次交谈没有固定模式。可单刀直入，开门见山，谈及自己的“概况”，如年龄、工作、文化程度、脾性、嗜好等；也可谈些天南海北的见闻，花草虫鱼、车马行人、电影电视、旅游观感之类不着边际的“闲话”。你要尽可能了解对方的兴趣爱好，若交谈双方都颇感兴趣的话题，就容易心心相印，情感交融。当然也可谈及一方了解、另一方又不甚熟悉的内容，只要对方洗耳恭听，就说明两人话语投机。你若谈别人想好的故事，需适当加上自己的评论，还要随时观察对方的“反馈”。有时，你不妨投“石”试情，谈到别人对你们之间交往的议论，这也许能探到对方的心思。当然，操之过急，急于求成，不注意分寸是不行的。至于对方的风度、才华、穿着、打扮，你表示赞赏，不谓不可。但也不能言过其实、任意夸大，充斥溢美之词，这反而会使人觉得你是一味讨好、奉承，从而引起反感。在赞赏之余，你可适当提出一点你的建议，比如穿戴怎样合体，房间怎样布置，生活怎样安排等。语言的表达应该清楚、直率，含糊不清、是非难辨往往容易造成误会。

2.委婉表达，将表白的话语说得含蓄些

表达含蓄更合乎东方民族的传统习惯。向异性求爱，有些话是难以直言启齿的，完全可以说得含蓄些。电影《五朵金花》中的金花问情人：“蝴蝶飞来采花蜜，阿妹梳头为哪桩？”《阿诗玛》中的阿黑试探阿诗玛：“一朵鲜花鲜又鲜，鲜花开在岩石边，有人想把鲜花戴，又怕崖高花不开。”话虽含蓄，但真情溢于言表。

3.促使爱情瓜熟蒂落，水到渠成

与恋爱对象交往不深或者是初次相见，好像处于云雾山中，许多情况只是初见端倪，未来还难以预测，所以，轻易就进入“实质性”交谈则显得过于唐突了。如果贸然说：“你心中的爱人是什么样的？”“啊，你太令我陶醉了，嫁给我吧！”“我太爱你了，我跟你一辈子！”……只会落得个难堪的结局。须知“好雨知时节，当春乃发生”。对于一切谈吐，应顺其自然。那种出自真诚而又经过选择的话题才是令人喜欢的。通过多次交谈，仔细察言观行，你必然会对对方有深入的了解，到那时就瓜熟蒂落，水到渠成了。

俗话说，言为心声。如果我们能抓住恋爱对象的心理，然后驾驭好语言之车，我们就能在与恋人的接触中，将丰富的思想、复杂的情怀、微妙的心声用妥帖、与众不同的话语表达出来！

多点甜言蜜语，更易获得女人心

都说恋爱是人生最美的季节，情话是世界上最动听的语言。人们都说，任何一个女人都长着爱听甜言蜜语的耳朵，被异性赞扬，这是女性的普遍心理。然而偏偏有些笨嘴拙舌的男士，不是“爱你在心口难开”，就是词不达意，惹得心上人芳心不悦，亲口毁了一段美好姻缘。而那些会说甜言蜜语的男士，热情而又不失稳重、真诚而又不流于轻浮地表达爱意，即使被对方拒绝，仍能以言示诚，使对方被自己的赤心所感动，重新回归自己的怀抱。可见，是否会说甜言蜜语，是男士能否博得女人心的关键因素之一。我们来看看下面这一段爱情故事：

叶航与周倩倩经人介绍相处了近两个月时间。叶航对周倩倩非常满意，可是倩倩对叶航却没有什么感觉，这使得叶航很苦恼。这一天，两人一起散步，经过一个工艺品店时，倩倩的目光被一个缀着金色小钥匙的手机链吸引住了。叶航见状马上掏钱买下来，并亲手替倩倩挂到了手机上。他一

边挂一边说："等咱俩结婚了，我给你买条纯金地换上。只要你喜欢，多少钱我都舍得。"倩倩本来一脸笑意、满眼温柔地看着叶航摆弄那个可爱的小饰品，可听完这句话，却一下子皱起眉，眼中的柔情也被冷漠所取代。她伸手拿过手机，将刚刚挂好的手机链三下五除二解了下来，放到叶航手里。冷冷地说："谢谢你，我不喜欢。我还有事，先走了。"然后快步离开了。叶航无论如何也没想到，自己满心期待的热恋还没开始，就因为自己的一句话被冷处理了。

倩倩为什么会马上由一脸笑意变为冷漠呢？从心理角度看，女孩子天生有颗浪漫的心，尤其是恋爱中的女孩子，在她们眼里，再多的黄金也比不上爱人的一句贴心情话；再重的钻石也比不上与爱人心心相印。倩倩喜欢手机链，只是单纯地喜欢它的小巧精致，而不是因为它具备黄金的颜色。刚开始，她一脸柔情，是因为叶航看出了她喜欢手机链的心思；而后，她立马转变情绪，是因为叶航那番自以为会打动女孩的话。在叶航看来，这番话是发自肺腑的，并不是虚情假意，可是对倩倩来说，这番话不仅暴露出叶航庸俗而缺乏浪漫的一面，而且，他这么说，也误会了倩倩的意思，倩倩自然会产生这样的想法：叶航的心思与自己的想法风马牛不相及。尤其是叶航居然以为自己是个拜金主义者，这无疑是对自己圣洁感情的玷污！因而，可以说，倩倩的愤怒离开是叶航的那番话所产生的必然结果。

实际上，如果叶航转换一种说法，或许会得到完全不同的结果。比如，他完全可以这样说："我早就听人说，送给自己的爱人一条链形饰品，能将两颗心紧紧连在一起，心心相印，永不分离。感谢上天给了我这个机会，虽然手机链并不贵重，但这个金色的小钥匙，能打开你我的心锁，让我们通过手机互诉心声！这条手机链将成为我们爱情的信物，让我们的心越来越近，让我们的爱情越来越浓。"

如果叶航能这样说，即使以往倩倩对叶航毫无感觉，但此时也会被叶航的一番情话所打动进而倾心于他。因为在情人的耳朵里，任何甜言蜜语都

不过分。

可能很多男士正在为如何传递爱语而发愁，那么，怎样才能较好地向对方吐露心迹并成功打动对方呢？请注意以下两方面：

1.从细节处赞美女性

有人说，恋爱中的女人都是美丽的，也有“女为悦己者容”的说法。并且，恋爱中的女人尤其希望得到心仪的男性的欣赏与赞扬。因此，那些不善言辞的男生，可以从细节处赞美女人。比如，某天，当你发现对方变换了一种新发型时，一定不要错过这个赞美的机会，你可以对她说：“估计你的新发型又要掀起公司的一阵时尚潮了。”可能她的回答是：“是吗？怎么可能呢？”但此时她的心里肯定已经乐开了花。

2.甜言蜜语不可失分寸

这里的分寸，指的是男士在和心仪的女性说话的时候，要视和对方关系发展的深浅而定。宋代秦观说得好：“两情若是久长时，又岂在朝朝暮暮。”如果和女方交往不深，切不可直入主题，对对方说“嫁给我吧”之类的话，只会显得唐突，也会使自己陷入难堪的境地。在初次见面的时候，交谈用语要温柔谦虚，力避趾高气扬，唯我独尊。情态上，要表现得稳重、诚恳，切不可给人以浮华不实的印象。初涉情场，过于亲昵，一览无余是大忌。因此流露情爱应该含蓄、委婉。

古人说，花若解语还多事，石不能言最可人。在现代生活中，尤其是对恋爱中的那些不善言辞的男士而言，不仅要有一颗解语的慧心，而且要有一张能言、善言的巧嘴，能够用美妙、精当的口才畅述真心、表达真爱，从而演绎一幕“美言抱得美人归”的浪漫爱情剧！

把表达爱情的语言说得平白真实，给对方安全感

语言是一门艺术，恋爱中的语言的作用更为明显。如果我们懂得表达，

可以使彼此的感情迅速加深，彼此的心可以拉得更近；但是如果男女双方中的一位语言使用不当，就会造成彼此感情的疏远。

现代生活中，人们的示爱行为越来越由暗示性而趋向直接的亲昵动作，而且男女的个性差异在一部分开放的女孩中似乎正在消失。据心理学家分析，爱情的来临使人带有比平时更强的非理性化。人的行为中，感情、动作的沟通往往比语言要快。这也使得人们对理想概念中的爱情产生一种质疑。而事实上，人们更倾心于爱的传统表达方式——语言。

恋爱中，双方关系能否取得突破，很多时候，要看我们如何表达爱。也有很多时候，在与爱情的交战中，我们不是输在"不爱"，而是输在不知道"如何表达爱"。

生活中，我们发现有这样的情话对白：

"你爱我吗？"

对方的回答一般是："爱。"

而后，发问的人继续追问："那爱我哪里？"

"哪里都爱。"

这个回答似乎合情合理，但实际上，发问人会有一种被敷衍的感觉。有些人会说，爱一个人是没有理由的，实际上则不然，爱一个人会留心观察对方的包括恋爱中的每一个细节，至于那些"爱我哪里"的问题，如果你回答："我最爱你的眼睛，每当我们在一起的时候，我会注意你的眼睛，当你睫毛颤动的时候，我的心也随之跳动。"或者："我爱你身上那股忧郁的气质，当初，就是这股气质吸引了我，让我不可自拔地爱上你。"相信这样的回答，定使对方心里充满安全感。可见，爱表达的越真实，越细腻，也就越能给对方信任，对方也就越有安全感。

那么，恋爱中的男女，该怎样把爱表达得更真实呢？

1.坦率表达

这种表达爱的方式十分简明，直率，不虚伪造作，大胆毫无保留地向对方倾吐自己的感情，宛如小溪，潺潺而流，是属于一种单刀直入、直接挑明的

方式。这种表达爱的方式固然直接，但却显得真实、可爱。

一般而言，对性情直率、表达思想感情喜欢开门见山的人宜用此法。

显然，对于几经磨难或交往比较深，有一定感情基础，或两个人已经暗地互相倾慕，只需“捅破那层纸”的双方来说，坦率地直抒胸臆表达爱情不但省力，而且也别有一番风味。电影《锦上添花》里的铁英，在对段志高表达情意时，直率地说：“痛痛快快地说吧，你喜欢不喜欢我们这个地方，喜欢不喜欢我们这儿的人，喜欢不喜欢我？我就喜欢你！”

列宁的求爱也是直截了当。列宁向克鲁普斯卡娅求爱时就直截了当地说：“请你做我的妻子吧！”而一直爱慕列宁的克鲁普斯卡娅回答得也很干脆：“有什么办法呢，那就做你的妻子吧！”列宁的求爱言语简明扼要，感情真挚，给人以难以抗拒的力量。

2.悬念告知

当感情发展到一定程度，就应该抓住时机，向你的心上人表达爱意，恋人为了避免直露的生硬，常常巧妙地动用智能的机敏，使得表达爱的方式新颖别致、真实。

马克思年轻的时候，向燕妮表白爱情就是一个成功的典范。在一次约会中，马克思满脸愁云地说：“燕妮，我已经爱上了一个姑娘，决定向她表白爱情，不知她同意不同意。”燕妮一直暗恋着马克思，此时不禁大吃一惊：“你真的爱她吗?”“是的，我爱她，我们相识已经很久了。”马克思接着说：“她是我碰到的姑娘中最好的一个，我从心底里爱她！这里还有她的照片，你愿意看吗?”马克思一边说着，一边递给燕妮一个精致的小木匣。燕妮用颤抖的手接过后打开一看，立刻惊呆了。原来里面放着一面镜子，“照片”就是她自己！即刻，一股热流涌上心头，沉浸在幸福和甜蜜之中的燕妮猛扑进马克思的怀抱。

这样，马克思既作了聪明的试探，又制造了紧张的气氛，让深爱着他的燕妮在惊讶中误以为他另有所爱。在这过程中他察觉到燕妮的痛楚、失落的表情，又及时诱导她揭开悬念，原来匣子中的“照片”就是自己。马克思如

此巧妙地表达爱意，使这位最富有牺牲精神的夫人每当回忆起这件事时，便会产生甜美而富有想象趣味的情思。

这就是制造悬念求爱法：先制造一个悬念，有意让对方产生一个误解已爱上别人，给对方造成一种欲爱不成，欲割难舍的状态，“引诱”对方一步步“上当”，然后，突然使对方恍然大悟，实现爱的转折，出现先惊后喜的心理效果。

3.借物暗示

心中有情而欲结良缘，又怕对方不答应，可以采用暗示法。这样，既不必担心得罪对方，又可以收到知其心意的效果。

小伙俊与姑娘兰互有好感，俊性格外向，兰内秀少言。俊虽已感觉兰有意于自己，但又见兰常沉默无语，有时他说一些开心的事，兰仅仅淡然一笑，导致俊心里直犯嘀咕。一次，月上柳梢头，他们人约黄昏后。俊欲探兰到底是何想法，便对兰说：“我有一支红玫瑰，不知该送给谁。”兰望着圆月，有些心不在焉地说：“你爱送谁是你的自由。”俊见状，觉得兰似有拒绝之意，便说：“我想送给一个人，但又怕人家不赏脸。”兰说：“也不一定，你可以试一试。”俊见有希望，便说：“我怕一试，人家不要，我会很伤心。我有个预感，人家对我不满意。”兰说：“也许人家满意而你没有勇气。”“那我就把玫瑰送给你，你愿意接受吗？”兰见状，微笑着说：“那要看你心诚不诚。”至此，俊完全明白了兰已接受了他的爱，高兴得跳起来。

俊用“送你一支红玫瑰”这种借物暗示法，避开了话锋，在试探中测出兰对他的爱，这一席对话，可谓步步深入，凭借玫瑰，运用暗示语，揭开了爱情的面纱，在含蓄中品尝爱情的果实，那甜美的滋味浸润着心田。

总之，我们在用语言表达爱的时候，表达方式越特别，越真实，越能令对方心里充满安全感，我们的爱情也就越有保障！

婉转应答敏感问题，打消对方内心顾忌

恋爱中，人们为了证明爱情的可靠，通常会问爱人一些敏感的问题。比如，如果一个男士因为贫穷而害怕失去自己心爱的女孩，他会问："如果给你5000万元，条件是离开你的爱人，你会同意吗？为什么？"如果这位女士的回答是："肯定会离开呀，这么多钱！"那么，这位男士必定伤心不已。再比如，尚未确定恋爱关系的一对男女，这位男士想更多地了解这位女士，他会问："你最希望从朋友（不包括爱人）那里得到的是什么？"如果这位女士回答："我希望我未来的丈夫能有车有房。"那估计，这位男士会认为，这位女士是冲着自己的钱来的，再谈下去已无必要。恋爱中，我们经常会遇到诸如此类的敏感问题。此时，如果我们的回答能让对方满意，消除其顾忌，那么，这对于双方感情的增进是有帮助的。而假如我们不善言辞，那么，也可能使原本关系发展良好的两个人因此而产生隔阂。

在罗马尼亚农村，未婚女婿的口才显得至关重要。这里，小伙子首次去姑娘家时，礼品是不用带的，但跨入门槛前，必须先从容地朗诵一首古诗，还要接受未来岳父提出的五花八门的考验，若不能对答如流，往往得不到"入场券"。有幸通过第一场"考试"的小伙子，刚跨进正门，就有一位满脸皱纹、干瘪奇丑的老妇对他微笑致意，姑娘的父亲揶揄地问："你找的可是她？"小伙子必须在一阵哄笑声中镇定地回答。假若他发窘语塞，其命运就会凶多吉少。接着，未来的岳父一次又一次地将邻村媳妇，甚至一只花猫"请"到座椅上，并连连发问："这才是你的心上人，对吗？"小伙子必须在嬉笑声中脸不红、心不跳，神色自如地描述心爱的姑娘的容貌、身材、脾气、性格，一直说到大家满意为止，小伙子真正要找的美丽姑娘才会羞答答地走出来，这时，他的婚事才算有了着落。

一个小伙为了娶到自己心爱的姑娘，需要经受这么多的"盘查"，而他的

回答只有让众人满意,他的婚事也才有着落。可见,在爱情的世界里,我们要经历各种各样的考验。当然,现实生活中,我们要想消除对方的顾忌和疑虑,从而获得爱情,所作的回答只需要让对方满意即可。

那么,在遇到这些敏感话题的时候,我们该怎样回答呢?

1.领悟问题的含义,避免唱“独角戏”

一个性格内向害羞的年轻人,暗恋一位女同事很久了,可是一直不敢表白。后来这位女同事跳槽到另外一家公司了,临走的时候,给这个年轻人留了一封信。年轻人打开一看,信封里面只有一张用笔戳破了一个洞的白纸。年轻人一下子泄了气,心想:“她是叫我看破,不必太认真。”

年轻人失落了很长一段时间,心情才得以平复。两年之后,这个年轻人接到了那位女同事的电话,邀请他去参加自己的婚礼喜宴。在电话中女同事说:“有一件事我想问你,你看过当年我留给你的信了吗?”年轻人叹气道:“看过了。”女同事问:“那你为什么没有再和我联系?”“你不是让我看破吗?所以……”没等他说完,女同事就气恼地说:“哪里是要你看破,我是要你突破!”

在这里,我们发现,这个年轻人之所以会失去一段珍贵的爱情,就是因为他没有正确理解女同事的意思,造成了误解。这就是唱“独角戏”带来的后果。也就是说,在面临对方的一些敏感问题,首先,我们要正确理解对方的含义,不要急于表态。否则,就容易出现文不对意的结果,尤其是在说话的时候,即使你有出类拔萃的口才,也不要在约会时唱“独角戏”。恋爱是“谈”出来的,你一个人说,恋爱怎么会成功呢?只有双方你来我往、你言我语,感情才会逐渐加深。

2.委婉表达

英国哲学家培根说:“交谈时的含蓄和得体,比口若悬河更可贵。”两性相恋,两情相爱,语言交谈是表达感情的重要方式,它直接反映着爱情的格调、品位,关系到爱的生存和死亡。由于每个人的性格、气质、修养、身份、经历的不同而形成不同的交谈特点,或诙谐幽默,或直白平实;或真诚坦率,或

含蓄委婉。过分的亲昵，肉麻的表白，反而显得缺乏修养，有时候山盟海誓更会让人感到缺乏真情。

这一表达方式同样适用于那些敏感的问题，比如，对方希望从你口中获知你对他的态度，此时，如果你直接说："我愿意"，则显得太过袒露，而如果你回答："以后你负责洗碗还是做饭？"对方则立刻了解你的态度。电影《归心似箭》中的玉贞爱上了魏得胜，她并没有说"我爱你"，而是向正在为她挑水的魏得胜说："挑吧，我要你给我挑一辈子！"电影《白莲花》中红军团长肖列向白莲花表白爱情时说："我希望的是你和枪一起到红军中来。"一语双关，含而不露。同样，如果是拒绝，委婉的语言也更容易被接受。

可见，人们在谈恋爱的时候，如果能巧妙地掌握和运用"婉言"这一绝妙的交谈方式，情窦深处就会充满温煦的阳光。"曲径通幽处，禅房花木深"，通过那弯曲的小道，去寻求幽静高雅花木葱茏的爱情胜境。尤其是初恋男女，彼此间的心灵尚未得到彻底沟通，各自都在揣摩对方的心理，品味对方的性格，甚至在衡量对方与他人的优劣长短。此时，他们会提出各种敏感的问题，只有用婉言才能更巧妙、更有效地打动对方的心，拨响爱的琴弦，提高恋爱的成功率；也只有用婉言才能在各种不同场合、环境下，产生美妙奇异的爱情。

"哪个男子不钟情，哪个少女不怀春。"爱情似一杯美酒，有醉人的醇香，也有恼人的苦涩。总之，处在谈情说爱季节里的年轻人们，不要因为自己不会"谈"、不善"谈"，结果把爱情变成了一杯苦酒，面对那些敏感的问题，要巧妙回答，然后把这些恋爱中的问题当成加深彼此感情的催化剂！

哄女孩子用点心，对方才能开心接受

生活中，我们经常看见大人哄孩子的场景："哦哦哦，别哭别哭，别哭了，再哭狼就来了！哦哦哦，别哭了别哭了，乖乖儿的，妈妈这就给你买糖，

……”孩子需要哄，这是人所共知的道理，而实际上，恋爱中，女孩也需要哄。俗话说：女人好哄。我们常常能听到一个傻傻的女人对自己不善言辞的恋人这样说：“嗨，你就不能哄哄我吗？”“虽然我也知道你说的可能不是真话，但你哄哄我，我心里还是蛮高兴的啊。”从这个女人的话中，我们可以看出，喜欢被人哄是女人共有的心理。

只要是女人，她就可能有像小孩子的一面，而且有可能需要你言不由衷地恭维，或许需要你乖巧的美言以及夸大其词的赞赏。因此，作为一个男人，你务必要掌握一些恭维女人的技巧。这不叫虚伪，不叫骗人，这叫智慧。

人们常说，女人之所以好哄，是因为女人永远需要一种“感觉的泡沫”，来沐浴她们那脆弱而敏感的神经，来满足她们内心的虚荣。女人的弱点一般就是容易轻信，尤其是容易轻信男人的话。生活中没有几个女人能经得起男人的一番甜言蜜语。

实际上，男人哄女人，跟大人哄孩子的情形差不多。聪明的男人知道女人身上的弱点，也知道“女人好哄”的道理，往往动用他的一张嘴巴把女人哄得心花怒放。那么，具体来说，男人该怎样用心哄女人呢？

1.发自内心说些令女人顺耳的话

其实，这个问题说起来十分简单。比方说，你可以毫无顾忌地对一个女人说她脸上有一只本来并不漂亮的酒窝，但你却决不能说她脸上有一颗本来就十分醒目的黄褐斑。甚至你可以说她不够聪明，但你绝对不能说她不漂亮、不迷人，更不能说她“难看死了”，不能说她没有任何女性的魅力。

一个聪明的男人总是顺着女人说话的，但是说这些话的前提必须是发自内心的。哄女人的时候，男人大可以放飞想象的翅膀，不管你的想法是多么的离奇和白痴，也不管你的想法是何等的虚无和天真，只要你是善意的，只要你是在真心地努力让她开心，那么所有的一切她都可以接受，而且会乐此不疲，也许她在外表上显示出不屑一顾的冷淡，但这只是暂时的或者是假象。在这一点上，男人从来都跟不上女人的节奏，女人的多愁善感和喜怒无常大多因此而起。

男女之间谈恋爱，其实本就没有什么天大的事情，尤其是在感情的世界里，无非是一些鸡毛蒜皮，一些七零八碎的情绪。因此，作为男人，只要稍稍具备一点通常人的智商，就知道如何说话来哄女人了。比如，女人通常对自己的年龄特别敏感，也特别在意别人怎么看她的年龄的，尤其计较男人们是怎么看她的年龄。对一个女人，你要是违心地说她如何年轻，故意少说几岁，她也会对你的话深信不疑。她觉得这是对她的最高的奖赏。听了你的话，她的精神就会立刻抖擞起来，她脸上的笑容就会如春日的牡丹，粲然地绽放开来。

于是，聪明乖巧的男人在女人面前常常拿出"逢人减岁，遇货加钱"的"伎俩"，随口胡诌一个美妙无比的年龄，当做送给女人的一份见面礼。其实只要动一动嘴皮子，就会讨得一个天大的人情，落得一个真诚的感激了。那女人也果真眉开眼笑，乐得合不拢嘴了。

2.多承认错误，多承担责任，少抱怨

我们发现，恋爱中的男人通常会对自己心爱的女人这样说："都是我的错，我不该……"而实际上，错误的原因并不一定出在这个男士身上。此时，如果这位男士非要和自己心爱的女人争个输赢的话，那么，这位男士恐怕会给这位女士留下没有绅士风度的印象，两人的关系也可能"土崩瓦解"。

恋爱中，男人"哄"女人，一定要坚持两多一少的原则——多承认错误，多承担责任，少抱怨。我们可以发现，那些婚后生活幸福的男人，大都具备一身"哄"女人的本领。他们的聪明说到底并没有别的高招儿，最重要的一点就是他们拿捏住了女人身上的这种天然的弱点，然后"见风使舵"，投其所好，能哄得女人三秒钟之内破涕为笑，乐颠颠儿地去干她的家务活儿。而正是因为具备这身本领，他们能迅速消除和恋人之间的矛盾。因为通常情况下，女人生气，要么是因为男人的确做了什么对不起她的事；而大多情况下，是因为她们没有感受到男人对她的爱，男人没有好好地哄哄她，而这恰恰说明了她是非常爱你的。所以男人千万不可烦躁，解决这种问题的最好途径就是投其所好——好好地哄哄她，给她讲一段笑话，说几句甜言蜜语，用不了多久便会“由阴转晴”。

有人说，一辈子幸福的女人，往往都是被男人哄了一辈子，此话不假。这种哄也许有时少不了欺骗，但绝不是恶意的。所以，作为男人，如果你爱上了某个女人，并且希望给她一辈子幸福的话，那么你一定得好好研究一下“哄”女人的艺术，也许你可以用真诚和不折不扣的爱心及体贴让她暂时幸福着，但你绝不可以仅仅凭爱让她一辈子幸福，因为爱也是需要表达的，只有你善于表达，才能让她感受到，才能让她倾心于你并一辈子守候你。

说点暗示自己吃醋的话，让对方明白你的心

有些人要证明自己和情人爱得有多深，有些人会仿效某些模范夫妻，抓紧每个当众表现亲热的机会，来表示情人有多爱自己；也有些人选择反证，借刺激对方的醋意，来衡量爱情的深度——对方越容易为自己吃醋，便表示对方越爱自己。后者这一方法深受人们喜爱。可见，我们要想向对方表明爱意，可以说些暗示的“醋话”。

对于那些恋爱中的男女来说，都有这样的心理，那就是一旦存在了竞争者或者情感的威胁者，他们会立即采取措施，言语反击就是一个主动体现。比如，生活中，很多男孩会对自己心爱的女孩说：“为什么你身边总是有一些动机不良的人呢？我会替你赶走他们的。”乍听，这句话似乎很平常，但实际上，则是这个男孩的“醋话”，聪明的女孩儿一般都能听出个中含义，而如果这个女孩喜欢这个男孩，在听到男孩这些话后，自然会和其他男孩保持距离；而如果她对男孩并不在意，通常一笑了之。

在恋爱的过程中，很多人会采取类似的方法向心爱的人表明心迹：

贝贝与小鹏从大学就开始谈恋爱了，贝贝是学校的校花，追求的人自然不少，直到毕业后，那些追求者仍然不死心。其实，贝贝也知道，小鹏是爱自

己的，但有时候小鹏就像个榆木疙瘩，连句情话都不会说。于是贝贝想出个办法，她对小鹏说："我今天有个约会，是大学那个王志，今天下班后你不用等我了，自己回家吧。"

小鹏一听，心里急了，但又不知道说什么，只好点了点头。但下班后，小鹏却尾随贝贝到了约会地点。突然，小鹏看见那个王志正要对贝贝动手动脚，这时，他冲上前去，对王志说："我跟你说，贝贝是我女朋友，这辈子，她都是我的人，你休想打她主意。"小鹏一副想打人的架势，王志一看目的达到了，就乐呵呵地走了。而此时的小鹏一把把贝贝拥入怀中，对她说："以后任何男人的约会你都别去，我会对你好一辈子！"这时的贝贝心里已经乐开了花。

这个爱情故事中，女孩贝贝为了测试男朋友是否爱自己，她采取了一次试探法，把男孩小鹏的醋意激发出来。虽然是个小小的谎言，却给自己和恋人都吃了一颗定心丸。

在我国，男女青年热恋，一般较少像西方国家那样，十分明确地告诉对方"我爱你"。这种方法虽直截了当，但由于戳破了那层纸，便因失去了神秘感而索然无味。因而，示爱的方法多采用话不挑明，却让对方在焦急中意会。而通过说"醋话"进行暗示，也成了人们挑破关系的一个重要方法。

我们再来看一则爱情故事：

秋燕与栓保热恋，秋燕对栓保说："我想给你找个做饭的。"栓保说："她长个啥模样？"秋燕说："她长得和我一个模样。"栓保问："那她叫个啥嘛？"秋燕红着脸："她的名字…… 名字……我先不告诉你。"栓保说："反正到了那一天……"秋燕说："那一天到底是哪一天嘛？"栓保说："那一天就是那一天。"

这种示爱方式正是运用醋意来达到目的的，也的确十分特别。秋燕故意扮作媒人，以红娘的身份作掩护，于是，她便能较自由地透露自己的心迹，又避免了樱桃好吃口难开的羞涩。实际给对方设下了悬念，让栓保意会其情。而正因为秋燕运用了悬念意会之言语，才使得他们在恍惚迷离中沉浸于一种神秘而又甘甜的意趣中。如果一语道破，反倒会产生一种失落感。

的确，恋爱中的双方谁都不愿最先捅破那层纸，痛快淋漓地表露心迹。有许多本可成为美满姻缘的恋人，往往会在这种僵持中丧失勇气，错失了大好时机。而这种暗示则成了人们避免羞怯的一个好方法。

那么，我们如何利用这一心理策略向对方暗示爱意呢？

1.因人而异，注意“醋话”的度

曾经有人这样说：每个人都是一个独立的容器，容器的体积有别，容量自然不同。当一个茶杯碰上一个水杯，即使茶杯已倾尽所能，水杯还是觉得不够。相反，水杯却能轻易把茶杯斟满，只有两个体积相似的容器遇上，才能各得其所。也就是说，不是每一个人都愿意接受你的“醋话”的暗示，当然，这需要我们自己把握。

另外，正如每个人对酸性食物有不同的反应，有些人喜欢吃面时多加醋，只因想调调味道，有些人加了一点就感到酸溜溜，只因牙齿过敏。同一道理，相同的一件事，在别人身上能增添几分情趣，对对方而言却是翻江倒海。

比如，如果一段时间里你们关系紧张，你说过重的醋话，可能会导致对方自信心不足，也可能使其变成了惊弓之鸟……

2.因时而异，别让对方会错意

也就是说，针对双方关系的深浅，对于这种“醋话”的暗示，也是有要求的。如果彼此关系不深，我们应该注意调节“个体空间”距离，不要说些“醋意”很浓的话，不然就会引起对方的反感，特别是女性，会给人以轻浮之感。男方如这样，则又会被对方看作纨绔子弟。

同时，我们要注意说话的氛围，说话时要放松情绪，调节气氛。消除双方因过多顾虑而带来的过于谨慎的言谈是非常必要的，约会时因为一次“冷场”，往往会给双方带来较为严重的负面心理。这种负面心理会化作一种沮丧、退缩的行为，从而进一步影响以后约会的语言表达能力。

总之，如果我们能掌握利用醋话来暗示爱情这一心理策略的话，能给心爱的人吃一颗定心丸，这对于双方关系的促进是极有帮助的！

和对方谈论未来，让她感受到你的切实的爱

恋爱双方，欲要谈吐入机、渐入佳境，达到两情依依的目的，肯定会谈及未来。人们常说的海誓山盟就是对未来的承诺。但实际上，任何人、任何事都是处于不断地变化之中，以至于爱你一万年的承诺显得那么无力。爱情的世界也必须有面包、牛奶，而不是柏拉图式的恋爱。任何两个相爱的人经过了一段时间的了解后，势必会谈到结婚、生活等问题，但如果一个男孩对他心爱的女孩说："我可给不了你未来，我不喜欢结婚。"即使这个女孩非常喜欢这个男孩，估计她也会"扬长而去"。

那么，恋爱中的一方该怎样对另一方巧谈未来，从而让对方对彼此间的爱情产生更多的信心呢？

1.宣誓法

通常来说在情感特点上，女子更含蓄些，表现出娇嗔、矜持，但又带有过于羞涩、执拗的弱点。男子则显得外露、炽热、热情奔放。所以，一般来说，男孩为了获得女孩子的芳心和信任，都会在爱情渐入佳境时对女孩发誓。但也有一些情感炽热的女孩，她们性格大方，也会向心上人许下爱情的承诺。

丽丽与黎明从小一起长大，可谓青梅竹马，两小无猜。随着时间的流逝，他们的心虽相知但行为上却似有了距离。原因是黎明家穷，丽丽的父母不愿他们相好，怕女儿受苦。黎明知情，自感惭愧，只好压抑住对丽丽的爱。丽丽多次约黎明，他都借故推托。黎明心想，我们虽有爱慕之心，但并未相互挑明，为了不耽搁丽丽的前程，还是永远不挑明的好。当丽丽的父母要为她找对象时，丽丽决定无论如何都要跟黎明认真谈一谈。这天，她终于拦住了黎明，刚要挑明话题，黎明就准备离开。丽丽知道黎明的想法，便对黎明说："我看到一首诗，感觉写得很好，但又不完全理解，想叫你给我讲讲。"黎

明问她是什么诗。于是丽丽取笔写下:“上邪,我欲与君相知,长命无绝衰,山无棱,江水为竭,冬雷阵阵夏雨雪,天地合,乃敢与君绝!”黎明看完低声说:“东风恶,欢情薄。”丽丽知道这是陆游的词句,是说家人是他们爱情的障碍,便说:“我读不懂的诗,就是我的誓言,陆游与唐婉的故事不会重演。”黎明默默地点头,他们在苦涩的泪水中紧紧拥抱在一起。

丽丽在黎明不敢正视现实,回避爱情之时,巧用古诗质疑,表露心迹,让黎明知晓她对爱情的忠贞不贰,避免了有情人分道扬镳。

2.不要对爱人唱“我只在乎你”

《东京爱情故事》中完治对莉香说:让我来背负你的未来,太沉重了。莉香伤心之至,一个巴掌打过去。因为太爱完治,所以拼命想留在他身边,但最后只能远走他乡不带走一片云彩。

的确,任何人都不能承担另外一个人的未来,即使这两个人再相爱。因此,我们在和爱人谈未来的时候,不要说“如果没有你,我会活不下去”或者“你离开我,我就去死”之类的话。即使谈婚论嫁,爱情也应该保持一定的温度和距离,双方才能如沐春风。像《过把瘾》中杜梅那样拿菜刀逼方言说我爱你,得到的只能是愤然反抗。还是李敖说得好,只爱一点点。为此,要想给对方关于爱情的信心,我们需要注意以下几个方面:

(1)永远不说多爱你。卡斯特罗有句真知灼见:女人永远不要让男人知道她爱他,他会因此而自大。

(2)尽量不要在经济上有纠葛。金钱是个敏感的话题,恋爱中的男女一涉及现实利益马上翻脸的例子举不胜举。感情归感情,金钱归金钱,还是应该泾渭分明,免得赔了夫人又折兵。

(3)不要逼婚。太爱一个人就想要天长地久,这时候就会憧憬世俗婚姻了。不停地在男友面前提婚纱啊买房啊,把结婚的渴望明明白白地挂在脸上。如果对方想结婚不用你暗示也会去买戒指,反之,你的渴望只会吓跑他。

(4)不要天天厮守。爱情的生命力是有限的,要让爱情寿命长一点就要

保持一个适当的距离。如果有了肌肤之亲，千万别摆出一副非你莫嫁的样子。

(5)对方永远只是一部分。三毛曾经说我的心有很多房间，荷西也只是进来坐一坐。要有自己的社交圈子，别一谈恋爱就原地蒸发，和所有的朋友都断了往来，这样只会让你的生活圈子越来越狭窄。

邓丽君的《我只在乎你》，这首歌不要随便唱给爱人听，就算对方刚开始很感动，但渐渐地也会觉得压抑，说不定还会苦口婆心劝你说我有什么好的，不值得你这样。

总之，我们在和爱人谈及未来的时候，为了给足对方爱情的保证，凡事需要有度，说话也不例外，“一年之内我会成为千万富翁，给你最豪华的生活”这样的大话自然是不能说的，“我不能没有你”这样的话也会让对方窒息。在未来的问题上，我们只要把话说得真实、情感真挚，就会让对方领会我们的爱！

试试用撒娇耍赖的口吻说话，激发对方的怜爱

谈到“撒娇耍赖”，也许好多人会对此嗤之以鼻，尤其是那些个性强的女性，她们认为，女人应该独立，这个独立当然是指人格方面的独立。如果你失去独立的人格，那么就好比一朵娇艳却脆弱的花朵，一点点风吹雨淋，就会让你承受不了。此话不假，但在情感的天地里，那些能点燃男性爱的火焰的女性，多半是懂得撒娇之术的。因为从男性的心理角度看，他们或多或少都会有大男子主义，而且也对自己的爱人有保护的欲望，如果女人过于坚强，让男人无计可施，天长日久，男人会觉得，在女人面前自己太无能，而当一个娇弱的女性一出现，他的大男子主义绝对会极度膨胀，对你的爱也就会越加膨胀。

有位已婚女性这样回忆自己曾经的爱情故事：

“我永远都忘记不了，曾经有一次，跟先生通电话的时候，因为说了太久，我都不知道该说什么了，只好没话找话，如昨天晚上半夜被蚊子咬醒了，痒死了。没想到就这么一句话，竟让先生感动得无以复加，我们结婚后，一次闲聊中，先生告诉我当年我对他说我被蚊子咬了，他很感动。我很纳闷，这么一句话你感动什么呀？先生说，当时我在想，你连蚊子咬你这样的小事都告诉我，足以证明你很信任我，你在对我撒娇，意思是当时我要是在你面前该有多好，我可以为你赶蚊子。我当时乐得坦率地说，我其实那是没话找话。先生却不以为然。”

对于恋爱中的男女来说，这种小细节估计再熟悉不过了，但就是这样一句撒娇的话，则会激起男性想保护女性的欲望，双方的感情也会因此升温。

无论是在恋爱还是婚姻中，女人要想在男人面前永葆魅力，就一定要学会说娇嗔之语，说得他心花怒放，说得他心服口服，他自然会对你言听计从，爱恋满满。撒娇耍赖，可能对于那些天性软弱的女性相对容易。而对于那些性格较强的女性，似乎就不那么容易了，她们觉得不知道如何撒娇，如果硬要说点什么的话，就只剩下唠叨和争吵了。

对此，我们有以下几个对策，可供参考：

1.避开焦点

遥遥和男朋友约好下班去吃饭，已经到时间了，可遥遥由于当天的工作没有完成还不能出去。心想：男朋友一定会生气，他很在意这一点。忙完工作，到了约定地点，看见男朋友果然阴沉着脸，一副气呼呼的样子。遥遥缓慢地走了过去，说：“都是这双讨厌的凉鞋，早不崴脚，晚不崴脚，偏偏赶上这时候，唉，我疼点无所谓，可是却耽误了你的时间，真让我过意不去。”说完还一脸疼痛和自责的表情，男朋友心疼地说：“你该让我去接你嘛，快让我看看你的脚。”

2.欲擒故纵

有次吵架，老公要离家出走，小丽挡在门口说：“自古以来都是女人离家

出走，你这么做不符合事物发展的正常规律。”老公说：“你想怎么样？”小丽坚定地说：“我走，我要把属于我的东西全带走，哼！”说完不由分说拉着老公跑下了楼。老公问：“你究竟要干什么？”小丽说：“你是我的东西啊！”老公说：“我才不是东西呢！”说完自觉不妥又急忙改口说：“我是东西。”说完，两人都忍不住大笑，一片乌云就这样散了。

3.顺势找台阶下

下班后，洋洋想请男朋友小杰回家吃饭，给他打电话问他想吃什么菜。小杰想了半天说不知道。洋洋说：“那我买芸豆和黄瓜了。”小杰说：“天天吃，不烦啊？”洋洋提高了嗓门：“那你说买什么？”小杰生气地说：“随便，我不吃了。”然后挂断了电话。洋洋冷静一下，权衡利弊后，买了鱼和豆腐。然后给小杰打电话，欣喜地说：“我好不容易买到了‘随便’这种菜，你还吃吗？”小杰笑了说：“还是你厉害啊！我干嘛不吃。”洋洋说：“第一回买这种菜，我还不会做怎么办啊？”“我做。”小杰痛快地说。

4.随机应变

一日老公陪孙倩逛街，孙倩突然打起嗝来，任凭孙倩屏气、喝水也无济于事，孙倩直嚷嚷难受。老公不耐烦地说：“每天就你事多，再烦我就不陪你逛街了。”见状，孙倩很生气，觉得老公也太不体贴了，刚想发作，发觉自己不打嗝了，于是笑嘻嘻地说：“老公，你这吓唬人的招儿还真管用，我好了。”老公也顺水推舟地说：“当然了，我是故意那么说你的，否则能见效这么快。”

的确，当人们步入现实生活中，人们的激情会逐渐消退，对于女人来说，也逐渐丧失了撒娇的心情或者能力甚至变成了唠叨的妇人，难免让男人厌倦。女人，坚强与独立是不可缺失的，但在爱人面前，偶然的撒娇不会让你的爱人笑话你，只会让他更加爱你疼你怜你惜你。因此，撒娇吧，没什么大不了，将白领、高级管理、女强人的一面统统抛开，将柔弱的一面展现出来，这样会让你更加神采飞扬韵味十足。

女人会说软话，才能俘获男人的心

有人说，温柔是女人征服男人最有力的武器，这句话是有道理的。男人纵然是钢筋铁骨，听到了女人的柔声细语，也许仅仅是一声低唤，一阵呢喃……就会心甘情愿地醉倒在女人的温柔乡里，不愿醒来。

如今社会，在现实生活中，精明干练的"女强人"已经充斥在我们的周围，她们无论在事业上还是生活中，都与男人们平起平坐。她们对于爱情的口号是"自由、民主"，她们把恋爱当演讲台，对男性颐指气使甚至喜欢大放厥词。而事实上，这样的女人是否得到了幸福呢？实际情况则不是，这些女人总是职场得意，但在情场上，则以失意告终。原因很简单，她们太过强势。男人们振臂高呼：我们要女人味十足的女人！什么是女人味？有男人说，话语温柔的女人才有女人味。

事实上，女人较之男人来说，感情更为细腻、敏感，这也正是吸引男性的地方之一。所以作为女人，一定要懂得服软，学会说些"软话"，并要善于运用你的表情和语调，来增强说服男性的效果。

我们来看下面这则感人的爱情故事：

那时候，刘明在家乡的一个地产公司上班，负责一些行政工作。在他进公司半年后，对面空位上突然来了一个女孩：她长得算不上漂亮，皮肤甚至有点黑，眼睛也不大，但很文静。尽管刘明抬头就能看到她，但是她说话却不多。

午休的时候，同事们经常凑在一起聊天，她有时也会参与其中，说得不多，却总是一脸认真。刘明则坐在一旁，有时说上三言两语，品评人物与时事以及一些文学作品，每次都发现她很小心地听，眼睛盯着他，那眼神似乎有点复杂，但刘明确定她有一点儿崇拜他，这让他暗自高兴。

有一天下班，她怯生生地问刘明一个关于策划的问题，声音细细的，柔

柔的，刘明心想她的声音真好听，像音乐一样……正想着，忽然又听她说："是不太方便吗？要不就算了。"听到这儿，刘明才回过神来，忙答应道："没什么不方便啊，你先等会儿，我先看看关于这案子的资料。"她如释重负。

后来，刘明因为家里关系辞职去了北京，他和这个女同事便没怎么联系，只是偶尔发发短信。但刘明从没忘记这个声音甜美的女孩。"非典"那年，刘明突然给她打电话，说他回来了。她惊喜得声音都变了："你真的回来了！我要见你！"刘明答应了。那时候，各地把"非典"之可怕传得耸人听闻，他刚从北京回来，除了家人，所有人都对他避而不见。

见面时，刘明问她："你不怕我身上携带病菌吗？"她柔声道："怕。但你回来了，我想见你。"刘明心里很感动，他明白她的心思。他们并肩散步，过马路的时候，忽然来了一辆车，他揽过她的肩，把她让到了另一边。她只是看了看他，没有说话，但她的眼神里多了一丝甜蜜和喜悦。

然后，刘明大胆地牵起她的手，她要挣脱，但是刘明抓得更紧了。刘明就这样一直牵着她的手，再也没有松开，直到她嫁给他。

"柔情似水，佳期如梦。"多么感人的爱情故事。对男人来说，温柔是酒，只饮一滴，就可回味一生。作为女人，你可以没有迷人的脸庞，可以没有苗条的身材，但你必须懂得温柔，懂得向男人说软话。如果你坚持维护所谓的尊严，害怕失去自己在男人心目中的地位，继而抛弃温柔，对男人颐指气使，动辄大声呵斥，显示女性最粗糙的一面。那么，只能让心仪的爱情离你而去。要知道，一纸婚约无法永远守住一颗心，也没有哪份爱情会长久常新，婚姻本来就是鲜花绽放后的落英满地，走向平淡无味是必然的。但是婚姻是可以经营的，只要用心。而你温柔的细语就是维护婚姻最有力的武器，就像一只纤纤细手，只是轻轻一扶，再强悍的男人也会被征服的。

那么，爱情中，女人该怎样说软话呢？

1.女人也可以主动示爱

女孩似乎总是被动的、害羞的，即便遇到自己心仪的男生，也不敢大胆地表达。甚至有些女孩认为，作为一个女孩，不能主动示爱，否则就是失去

了尊严。但是，如果因为你所谓的尊严而错失一生的幸福，那该是多么遗憾。如果你爱他，不妨大胆地说出来吧。事实上，并不是所有男人都敢于主动追求女孩，他们虽然外表高大，却很可能是一个保守而又内向的人。也许，他们在心里暗暗地喜欢你，却不敢表达。如果你喜欢上了这样一个内向的男孩，那么不要沉默，使得一份美丽的恋情没有开始的理由，大胆地开口，让他知道你的心思。同时，人们说："女追男隔层纱"，懂得先服软，可能收获的却是一份真挚的爱情。

2.懂得示弱，让男人充当保护者的角色

比如，当你在工作中或是生活上遇到了不能解决的问题，你便可以寻求男性的帮助，对此，你可以这样说："我听说你在这方面很在行，你可不可以帮我看看，我这份策划还有什么不完美的地方？"另外，在这样的你来我往中，很容易碰撞出爱情的火花。

3.说话要给男人面子

在和男人说话的时候，有些女人像吃了"枪药"似的伤人，丝毫不给男人面子。这样的女人怎么能得到男人的爱恋呢？

一位学生物的女孩和一位中文系的男生相恋了。两人漫步在林荫道上，小伙子兴致勃勃地念了两句诗："春蚕到死丝方尽，蜡炬成灰泪始干。"正在他得意之时，姑娘则冷冰冰地说："真可笑！春蚕吐丝作成茧，变成蛹后飞出蛾，它怎么死了呢？"小伙子顿时不快，回敬道："这是古诗，是李商隐的绝作！""那李诗人也是无知。"两人争论得不相上下，最后不欢而散，分道而行。

本来，小伙子吟诗是信手拈来，略带转文之意。而女孩却不分语言环境和情绪气氛，语言傲慢且略带偏激，大大地刺伤了男孩的自尊心。

可见，女人在说话的时候，把话说软些，自然会中听得多。

总之，作为女人，不要在男人面前显示你的强势，甚至大声地斥责他。学会说"软话"，他自会乖乖成为你的俘虏。正像一位诗人所说的，"女性向男性'进攻'，温柔常常是最有效的常规武器"。

不把话说透，点到即止让对方回味

男性和女性之间的恋爱追逐就像一场别开生面的心理较量，无论哪方，谁只要先放弃自己的心理战场，谁就被俘虏了。语言是传递爱情力量的工具，故而有些人认为，最直白、透明化的语言最能表明一个人的内心世界，也最能传递最强大的情感力量。此话不假，但我们若是希望对方也能给予最热烈的情感回应，就不必把话说满。说话点到为止，才能让对方回味你的情意。

莉莉23岁，从小家教严格，是个很传统的女孩，从来没有考虑过在结婚前与男友发生更进一步的关系。她说她非常爱自己的男友，男友对她也很好，可以说是呵护备至。但最近两个月来，几乎每次独处的时候，男友都要求和她发生性关系，她不知道该怎么拒绝。起初男友只是暗示，她假装听不懂，把话岔开。可是由于莉莉性格温柔，从来没对他强硬过，所以，男友越来越“放肆”，经常用动作来赤裸裸地表达自己的欲望。

一天晚上，男友约她到家里看影碟。观看过程中，男友被影片中的一些情节刺激了，居然把她扑倒，莉莉哭了，从来没有哭得那么厉害。男友被莉莉的举动吓住了，只好作罢。

事后，男友神色非常痛苦，反复对她说“我爱你，为什么你不信任我？”莉莉哭了一夜，感到很无助。她不想跟男友分手，却又不知道该怎么让他明白，自己现在真的不想要。后来，朋友苏娜教了她一些说话的技巧，她说了一些严肃的话，令男友哑口无言，不仅打消了“邪念”，还对她肃然起敬。

她说：“新婚之夜是我一生中最美好的一刻，我希望能在那时和你互相拥有。既然你爱我，能不能帮我实现这个愿望？”从那以后，男友就再也没有提出这方面的要求。后来，结婚后，他对她说：“坦白地说，我忍得很辛苦，但也觉得，能够经受住诱惑的女人，我会加倍珍惜。”

莉莉的这种拒绝方法是值得很多女孩学习的。的确,面对爱人的要求,如果你板着面孔说不,甚至指责、嘲讽,结果不外乎是你坚持了原则,对方丢了面子,你们的感情因此蒙上阴影或者直接就散了。对于这样的情况,我们可以这样点到为止地说:

(1)我很爱你,如果你也真的爱我的话,请尊重我,尊重我的选择,也尊重你自己,让我们一起在自我约束中走向成熟,好吗?

(2)若真有缘分,我们总会属于彼此,既然你说你真的爱我,那为什么不把这最美的一刻留到新婚之夜呢?

(3)我想我们都不是小孩了,这种要求是很自然的,可是正因为我们不是小孩了,对待这种事更需要理智一点,不是吗?

当然,除了拒绝不合理的请求外,恋爱中我们说话需要把握度的地方还有很多。比如,与对方初次相识或者求爱过程中,说话点到为止,都能体现一个人说话的水平和艺术,也能让对方回味你"话中话"的含义,从而对其起到一定的心理作用。具体来说,可以根据以下几种情况,采取不同的说话方式:

1.暗示爱意

比如,一个男孩想对心爱的女孩表白,可以这样暗示:"上次跟你见面回去后,我又独自在公园里徘徊,虽然时间已经很晚了,可是我却没有一点儿倦意。我觉得那天的夜色,好美,好静!"这样说,显得神秘、温馨,如果那个女孩对你也有爱意的话,自然会明白你这些话的含义,也会作出相应的回应。

如果情况相反,女孩若想对心仪的男孩表明心意,可以这样说:"每次和你约会时,总是在衣柜里翻半天,老觉得每件衣服都不好看,真觉得自己有点发神经了……"这样说,则显得你俏皮、可爱,更深远的意思已经在语言中流露出来了,对方必定会为你所动。

2.说些善意的谎言

比如,有的女孩很会为自己的男友着想,担心对方的经济能力不够,因

此，在约会的时候说："不知道怎么回事，我对出租车有畏惧感。""每次坐在高级餐厅或咖啡厅时，我总觉得浑身不自在，觉得那种地方过于严肃，不适合我。说起来，我还是喜欢坐在阳台上欣赏夜色，吃自己煮的面，这样没有拘束感。"若对方没有充裕的经济能力，听到这些话，一定会被女方的温存体贴而感动。在恋爱中，这种善意的谎言通常是很容易被对方"识破"的，但却能收到很好的效果。

当然，在恋爱中，需要我们说话点到为止的情况还很多，当我们把握了这门说话的艺术，便可通过三言两语对对方的心理产生作用！

参 考 文 献

[1]吴文铭.受益一生的心理学启示[M].北京:中国纺织出版社,2008.

[2]成果.心理学的诡计[M].北京:中国纺织出版社,2010.